Mallorca

Zeit für das Beste

Highlights – Geheimtipps – Wohlfühlhotels

Veredelt das Meer nicht der Sonne dir Strahlen,
indem sie auf zahllosen Wellen sich brechen?
Und kann nicht das Meer erst im Sonnenlicht prahlen
mit all seinen Farben und glänzenden Flächen?

Sonette von Chopinski (1693)

BRUCKMANN

Mallorca

Zeit für das Beste

Lothar Schmidt
Holger Leue

BRUCKMANN

Seite 1: Zitrusfrüchte von der Insel
Vorangehende Doppelseite: Finca-Idylle

Oben: Hotel Tres, Palma
Mitte: Ländliches Mallorca
Unten: Im Sightseeing-Bus geht es zu den wichtigsten Sehenswürdigkeiten. Im Hintergrund La Seu.

INHALTSVERZEICHNIS

OSTEN & SÜDOSTEN

INSELMITTE MITTELMEERKÜSTE

MALLORCA VON A BIS Z

Oben: Geklöppelte Spitzentischdecke – für manche ein Sonnenschutz
Mitte: Die City mit Hafen in der Abendstimmung, vom Castell de Bellver aus gesehen
Unten: Türkisblaue Buchten gibt es auf Mallorca genügend.

DIE TOP TEN

LA CIUTAT (S. 30)

Palma, die Hauptstadt der Balearen, begeistert mit einer ebenso lebendigen wie malerischen Altstadt. Hauptattraktion ist die Kathedrale La Seu. Neben Museen und Baudenkmälern wie der gotischen Handelsbörse La Lonja, dem Kloster Sant Francesc und dem Castell Bellver überzeugt die Stadt mit tollen Restaurants und guten Einkaufsmöglichkeiten.

VALLDEMOSSA (S. 98)

Seit auf Mallorca der Tourismus blüht, zieht es Urlauber ins hübsche Bergstädtchen nordwestlich von Palma. Frédéric Chopin und Georges Sand waren die ersten. Sie verbrachten 1838 einen kalten Winter in der offen gelassenen Kartause. Noch heute kann man die Cartoixa und die Zimmer, in denen die Künstler wohnten, besuchen.

DEIÀ (S. 114)

Künstlerkolonie, Prominentennest und Zufluchtsort für Aussteiger – Deià hat schon viel erlebt. Dabei geht es in den wenigen Gassen des romantischen Dorfes ausgesprochen ruhig zu. Herrlich ist der Blick über die dem Meer zugewandte Seite der Tramuntana und vom Museumshaus des Dichters Robert Graves, der fast sein ganzes Leben hier verbrachte.

TAL VON SÓLLER (S. 120)

Bewacht von den höchsten Bergen der Serra Tramuntana öffnet sich das Tal von Sóller dem Meer. Die halbkreisförmige Bucht ist der einzige schiffbare Hafen der Nordwestküste. Avocado-, Feigen-, Oliven- und Zitrusbäume wachsen im milden Mikroklima. Die abgeschiedene Lage hat Sóller eine eigene Kultur und einen eigenen Dialekt beschert.

KLOSTER LLUC (S. 140)

Mallorcas geistige Mitte liegt in einem abgeschiedenen Winkel des Weltnaturerbes Serra Tramuntana. Das Monestir de Lluc ist der bedeutendste Wallfahrtsort der Insel – seit im 13. Jh. auf wundersame Weise eine schwarze Madonna gefunden wurde. La Moreneta gibt den Einheimischen Trost und Kraft in allen Lebenslagen.

CAP FORMENTOR (S. 160)

Geographisch gesehen ist die Halbinsel Formentor nur der nördliche Ausläufer des Tramuntana-Gebirges und das dazugehörige Kap der nördlichste Punkt der Insel. Tatsächlich ist sie ein dramatisches Naturspektakel aus Felsen und Meer. Auch einige Strände und ein Leuchtturm sind an diesem gebirgigen Finale, von dem man die Nachbarinsel Menorca ausmachen kann.

POLLENÇA UND ALCÚDIA (S. 152; 164)

Gleich neben den Tourismuszentren an der Bucht von Alcúdia liegt der Ort, der dieser Zone ihren Namen gegeben hat. Umschlossen von einer wehrhaften Mauer gibt es eine gut erhaltene Altstadt zu entdecken. Das benachbarte Pollença zieht seit über hundert Jahren Künstler an und führt auf einer Art Himmelsleiter über 365 Stufen in lichte Höhen.

COVES DEL DRAC (S. 198)

Mallorca wird von mehreren tausend Höhlen durchzogen. Die bekannteste ist die Drachenhöhle bei Porto Cristo. Und das zu Recht, schließlich verbirgt sich in ihrem Inneren aus Kuppelsälen voller Tropfsteinen auch der möglicherweise größte unterirdische See. Der ist seit Jahrzehnten Schauplatz eines sich täglich wiederholenden Konzerts.

TRAUMHAFTE BUCHTEN (S. 212)

Es ist eine Reise in den Reiseprospekt. Die Buchten (Cales) im Südosten sind der Natur so gut gelungen, dass man kaum glaubt, was man sieht. Tief eingeschnittene Buchten, in denen türkisgrünes Wasser an helle Sandstrände schwappt, Karstfelsen und Pinien rahmen die idyllischen Plätze, die Cala Mitjana, Cala Mondragó oder Cala s'Almunia heißen.

PUIG DE RANDA (S. 268)

Radler hecheln den 500 Meter hohen Tafelberg hinauf, Familien kommen zum Picknick, Pilger suchen die stille Einkehr und andere wollen einfach nur das grandiose Panorama genießen. Kontraste sind das nicht, sondern die Verbindung von Spiritualität, Freizeit und gelebtem Lokalpatriotismus.

Kennen Sie Mallorca?

Sicher kennen Sie die Balearen-Insel. Auch wer noch nie da war, hat schon viel von Mallorca gehört – von Freunden, die eben aus dem Urlaub zurückgekommen sind oder von Bekannten, die jedes Jahr hinfahren. Die einen trainieren mit dem Rennrad in der Serra Tramuntana, die anderen mit dem Golfschläger auf einer der 24 Anlagen. Die einen möchten die Mandelblüte sehen und wandern, die anderen in der Hauptstadt Palma shoppen und in einem luxuriösen Finca-Hotel relaxen. Die meisten der rund zehn Millionen Besucher, die jedes Jahr auf die Insel reisen, kommen im Sommer und verbringen die Zeit an einem der über 200 Strände. Vielleicht gehören Sie zu denen, die noch nie auf Mallorca waren und wollen endlich wissen, was dran ist, an der Lieblingsinsel der Deutschen.

Manchmal ist der Rummel um Mallorca schon fast unheimlich. Doch dann, wenn man am Flughafen Sant Joan gelandet ist oder mit der Fähre von Barcelona übergesetzt hat, ist der Zauber wieder da. Ganz unverbraucht und jenseits aller Klischees gelingt es dem spanischen Eiland, die Vorbehalte in Nichts aufzulösen. Mallorca ist eine Insel mit vielen Gesichtern – und eine der kurzen Distanzen. Die Welt der Reichen und des Luxus liegt nur wenige Kilometer neben der des Massentourismus, die an die Ferienhaussiedlung reicher Rentner stößt, die wiederum nur wenige Kilometer fahren müssen, um in einer rustikalen Dorfkneipe mit gebrochenem Spanisch oder sogar in katalanischem Dialekt, dem Mallorquinisch, den Kontakt zu den Einheimischen zu suchen.

Auf einer Fläche von rund 100 mal 80 Kilometern lassen sich die unterschiedlichsten Urlaubsträume ausleben. Wo findet man eine derart große Auswahl an außergewöhnlichen Landhotels, an Luxus-

Oben: Mit einem Glas Cava den Abend genießen.
Mitte: Deutsch-mallorquinische Freundschaft: Dieter Bohlen bei »Wetten dass …« in der Stierkampfarena von Palma
Unten: Zuschauerin bei »Wetten dass …«

hotels, an Golfplätzen? Wo am Mittelmeer stoßen Meer und Gebirge so malerisch aufeinander wie an der Costa Nord? Wo gibt es auf engstem Raum so viele gute Weingüter und gastronomische Vielfalt, wo können trinkfeste Kegelclubs ebenso glücklich werden wie Ruhe suchende Wanderer?

Mallorca kann so ziemlich alles. Das heißt natürlich nicht, dass alles nur eitel Sonnenschein ist. Der hohe Ausländeranteil schafft Spannungen. Der Wunsch nach einem Häuschen im Süden treibt die Immobilienpreise in Bereiche, die sich ein normal verdienender Mallorquiner kaum leisten kann. Der dichte Verkehr, die dichte Besiedlung und das fragile Wechselspiel aus Ökonomie und Natur – all das sind Begleiterscheinungen des Erfolgs.

Mallorca ist kein exotisches Reiseziel. Der Lebensstandard ist hoch, ebenso wie die Anforderungen an ein zivilisiertes Miteinander. Die Insel entwickelt sich schnell, erfindet sich immer wieder neu. Daneben bleibt das Alte erhalten, als ruhender Pol und Referenz, als lebendige Tradition.

Urlaub auf Mallorca

Sommer, Sonne und Strand

Der Aufstieg Mallorcas zum Urlaubsparadies hat unterschiedliche Gründe. Die wichtigsten heißen Sommer, Sonne, Meer und Strand. Die Balearen-Insel hat viele schöne Strände, an denen es sich sogar im Herbst noch angenehm baden lässt. An den weiten Buchten von Palma und Alcúdia wuchsen ab den 60er-Jahren die Tourismuszentren mit ihrer typischen und fast städtischen Architektur. Die Platja de Palma, Badia de Alcúdia, Magaluf, Palma Nova, Paguera, Cala Millor, Cala Ratjada und die Cales de Mallorca sind die Epizentren des Massen- und Pauschaltourismus. Wer sich für einen dieser Orte entscheidet, möchte eine komfortable

Oben: Das Kreuzfahrtschiff »AIDAdiva« im Hafen von Palma
Mitte: In den Gassen der Altstadt
Unten: Gemütliche Rast nach der Shoppingtour in Palma, hier in der Bar El Cuerno

Oben: Nur noch selten zu sehen – Eselsgespann im Landesinnern
Mitte: Im Dschungel des Palma Aquarium bei Can Pastilla
Unten: Noch immer werden einige Millionen von Oliven-, Mandel- und Johannisbrotbäumen auf der Insel kultiviert.

Unterkunft mit Pool, mindestens Halbpension, einen nahe gelegenen Strand und auch am Abend etwas unternehmen. Beach und Party bieten die Platja de Palma mit ihrem berühmten »Ballermann« sowie das britische Pendant Magaluf und Cala Millor im Nordosten.

Über das Wetter muss man sich im Sommer keine Sorgen machen. Auch wenn mal ein Tag nicht ganz so klar ist, erlebt man doch so gut wie nie einen verregneten Urlaub. Von den Touristenzentren kann man mit dem Mietwagen oder mit organisierten Bustouren zu Ausflügen über die Insel starten.

Ländlich und grün

Jahrelang bedienten die Medien das Bild von Mallorca als Partyhochburg. Der Ballermann faszinierte und polarisierte. Gefeiert wird dort noch immer. Gemessen an Gesamt-Mallorca ist er aber ein Randphänomen, und so wird er hier auch behandelt. Parallel zur Ballermann-Schelte wurde gebetsmühlenartig das »andere Mallorca« gepriesen. Statt Strand, Party und Beton wurden Landschaft, Landleben und Häuser aus Naturstein entdeckt. Das ist alles längst bekannt. Mittlerweile ist auch das Inselinnere touristisch voll erschlossen. Die herrlichen Landschaften sind ideal für Radtouren, für Wanderungen im Gebirge, für entspannte Tage in einem rustikalen Agroturismo, einem kleinen Landhotel oder einer Finca. Das Angebot an Unterkünften ist enorm. Darunter finden sich die womöglich schönsten und geschmackvollsten Häuser, die meist ebenso gute Restaurants besitzen. Auch wenn man von einem authentischen oder ursprünglichen Landleben nicht mehr sprechen mag, gibt es doch so etwas wie ein traditionelles Leben auf dem Land. Dazu gehören die Wochenmärkte, die Dorfkneipen und Landgasthöfe, die kirchlichen Feste und die Freundlichkeit der Bewohner. Entdeckungen in Naturparks, Wanderrouten, Trekkingrouten, Radsport, Vogelbeobachtung, Kajaktouren, prähistorische Fundstätten, Besichtigungen von historischen Fincas oder Weingütern – auf dem Land kann man viel erleben.

Aktiv unterwegs

Mit seiner abwechslungsreichen Landschaft etabliert sich Mallorca gerade als Ziel für Wanderurlauber. Hauptwandergebiet ist die Serra Tramuntana, die bis auf 1445 Meter ansteigt. Die spektakulärste Route, der GR 221, führt über 170 Kilometer an den höchsten Gipfeln der Tramuntana entlang. Schon seit vielen Jahren wird die Insel auch von Radsportlern besucht. Radprofis aus ganz Europa nutzen die guten Strecken und die Infrastruktur jedes Jahr zum Training. Vor allem im Frühjahr ist Radlersaison auf der Insel.

Der dritte Schwerpunkt liegt auf dem Golfangebot. Derzeit kämpfen Investoren und Umweltschützer darum, ob der 25. Platz gebaut werden darf oder nicht. Bei milden Temperaturen und angenehmer Meeresluft lässt es sich gut golfen. Entscheidend für den ausgezeichneten Ruf als Golferdestination ist die Qualität der Plätze, die sehr gute Erreichbarkeit und das Angebot an rund 40 Luxus- und Golfhotels.

Oben: Mallorca ist das beliebteste Ziel für Radsporttouristen in Europa.
Mitte: Biker und Kultur – auch das gibt es. Gesehen bei den Jardins d'Alfàbia.
Unten: Insel der Golfer – derzeit stehen 24 Plätze zur Verfügung.

Oben: Ab Anfang Februar blüht die Insel auf.
Unten: Pferdekutscher in Palma de Mallorca

Da es sich bei Mallorca um eine Insel handelt, die von einem oft türkisfarbenen Meer umgeben ist, sollte man den Wassersport nicht vergessen. Von Mai bis Oktober bietet das Wetter meist ideale Bedingungen. Bootsurlauber haben es gut. Sie können in den schönen und abgelegenen Buchten ankern und sehen beeindruckende Felslandschaften etwa am Kap Formentor, an der Steilküste von Cap Fabioler. Rund 500 Charterboote stehen auf der Insel zur Verfügung.

Wann nach Mallorca?

Die Insel präsentiert sich gerne als Ganzjahresziel, doch die Wirklichkeit sieht etwas anders aus. Ohne Zweifel kann man im Winter schöne Tage auf Mallorca verbringen. Allerdings können die, wie schon George Sand und Frédéric Chopin erleben mussten, regenreich und kühl sein. Schnee ist in der Tramuntana keine Seltenheit. Besonders im Januar wird es auch schwierig, eine Unterkunft zu finden, zumindest auf dem Land. In den Touristenzentren ist bis zur Osterwoche nichts los. Wer im Winter kommt, muss also seinen Standort gut wählen. Nichts falsch machen kann man mit einem Hotel in Palma.

Der Höhepunkt der ruhigen Wintersaison ist die Mandelblüte, die spätestens Anfang Februar beginnt. In dieser Zeit trainieren internationale Radsportteams auf der Insel, während Maler und Fotografen die schönsten Ansichten des weißrosa Blütenmeeres suchen. Spätestens ab der Osterwoche haben wieder alle Hotels, Fincas und Hostels geöffnet. Man findet eine blühende, grüne Insel vor, die sich an sonnigen Tagen von ihrer schönsten Seite zeigt. Mit angenehmen Badetemperaturen kann man erst ab Mai, Juni rechnen. In den Monaten März und April ziehen bisweilen heftige Stürme mit kräftigen Niederschlägen über die Insel.

Im Sommer wird es eng und trubelig. Vor allem im August, der in den Mittelmeerländern der klassische Urlaubsmonat ist, platzt die Insel aus allen Nähten. Bei den mitunter sehr heißen Temperaturen drängt es die Urlauber an die Strände, wo es entsprechend eng wird. Entspannt und fern vom Gedränge ist es selbst im Sommer in einem Finca-Hotel oder einem bewirtschafteten Agroturismo-Landhotel.

Wer nicht auf die Sommerferien angewiesen ist und trotzdem Sonne und sommerliche Temperaturen sucht, sollte sich für den September entscheiden. Das Meer ist noch warm und Baden kein Problem. Zum Wandern und Inselerkunden ist diese Zeit ideal. Das gilt auch noch für den Oktober, in dem es aber zu heftigen Regenfällen kommen kann.

Besonderes stimmungsvoll ist eine Reise zur Weihnachtszeit. Wer hat die schönste Weihnachtskrippe? Das fragen sich die Mallorquiner Jahr für Jahr, gehen von Kirche zu Kirche, von Kloster zu Kloster und Geschäft zu Geschäft und begutachten, was die Meister der Miniaturkunst geleistet haben.

Geografie

Mallorca ist die größte Insel der Balearen. Der Name »Balearen« leitet sich vom griechischen Wort für werfen oder schleudern ab. Die Bewohner der Inselgruppe sollen bekannt gewesen sein wegen ihrer Treffsicherheit im Steinschleudern. Neben Mallorca gehören zu den Balearen die kleinere, nördlich gelegene Insel Menorca sowie die Pityusengruppe mit Ibiza und Formentera. Neben den vier Hauptinseln zählen außerdem noch rund 150 kleinere Inseln wie etwa der südlich gelegene Cabrera-Archipel dazu. Die Inseln entstanden durch Auffaltungen vor mehr als 180 Millionen von Jahren und waren ursprünglich mit dem spanischen Festland verbunden.

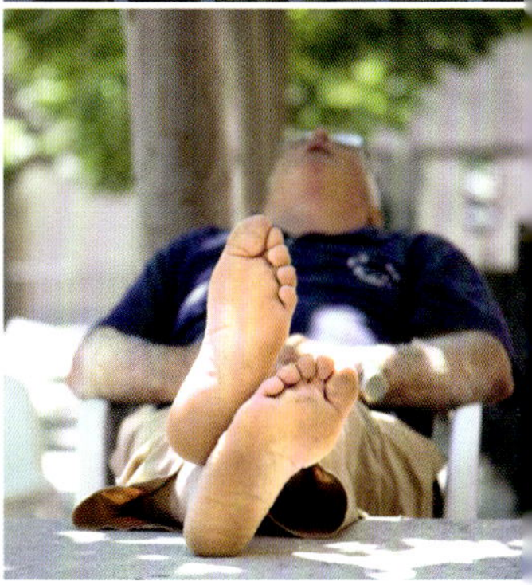

Oben: Rustikal und komfortabel, Agroturismo »Sa Pedrissa«
Mitte: Sonne und Reben – Portal des Weinguts Santa Catarina bei Andratx
Unten: Endlich Urlaub im Süden – Zeit zum Entspannen.

Küste bei Deià

Die bis zu 1445 Meter hohe Serra Tramuntana an der Nordwestküste verleiht Mallorca seinen besonderen Charakter und ist prägend für das Klima. Fast spiegelbildlich verlaufen entlang der Südostküste die Serres de Llevant, die allerdings nur 561 Meter Höhe erreichen. Dazwischen spannt sich eine fruchtbare Ebene. Diese sowie die beiden Gebirgszüge sind die drei großen Hauptlandschaften Mallorcas. Eine detaillierte Unterteilung unterscheidet sechs Landschaftszonen: die *comarques*.

Serra de Tramuntana

Das Gebirge zieht sich entlang der Nordwestküste. Im Südwesten beginnt der Höhenzug mit der Insel Sa Dragonera vor Sant Elm und reicht im Norden bis zur Halbinsel Formentor. Die Serra ist zwischen einem und 15 Kilometer breit und hat eine Länge von etwa 90 Kilometern. Nördlich von Sóller erhebt sich der höchste Gipfel, der Puig Major, mit 1445 Metern, weitere neun Gipfel erreichen eine Höhe von mehr als 1000 Metern. Die Landschaft ist vielfältig, fruchtbare Täler und Schluchten unterbrechen die Berglinien. Bei Port de Sóller findet sich der einzige natürliche Hafen der Küste. In dieser Region stehen nur kleine, manchmal steinige Buchten zum Baden zur Verfügung. Ausnahmen

Oben: Schroffe Bergwelt der Serra Tramuntana bei Sa Calobra
Unten: Für den Erzherzog Ludwig Salvator war es das Anwesen mit der besten Aussicht – Son Marroig bei Deià.

sind Port de Sóller und Cala Sant Vincenç mit etwas breiteren Sandstränden. In der Serra regnet es mehr als in den übrigen Teilen der Insel, und die Temperaturen fallen je nach Höhenlage deutlich kühler aus, im Winter ist sogar Schneefall möglich. 2011 wurde die Serra Tramuntana von der UNESCO zum Weltnaturerbe erklärt.

Es Raiguer

Die Region Es Raiguer, eine Übergangszone zwischen Gebirge und Ebene, erstreckt sich südöstlich, parallel zur Tramuntana. Sie reicht vom Umland Palmas über Marratxi, Santa Maria del Camí, Alaró bis Alcúdia und ist insgesamt vergleichsweise wasserreich.

Plà de Mallorca

Die zentrale Ebene der Insel wird von einzelnen Erhebungen wie dem Tafelberg Puig de Randa unterbrochen. Die Ebene wird intensiv für alle Arten von Landwirtschaft genutzt. Wein und Ackerbau, Obst, Mandeln, Oliven und Gemüse werden durch die Berge der Tramuntana vor kalten Winden geschützt. Im Sommer kann es sehr heiß werden, während die Winter mild und frostfrei sind. Am nördlichen Ende der Ebene bei Can Picafort hat sich ein

Oben: Traditionelle Landwirtschaft: Schafe »mähen« und düngen das Land.
Mitte: Auf dem Viehmarkt von Sineu
Unten: Typisch Mallorca – Windräder in der Ebene Es Pla

Oben: Tiefe Einschnitte an der Llevante-Küste führen zu traumhaften Buchten.
Mitte: Fantastische Höhlenwelten der Cova del Drac
Unten: Blick auf das Touristenzentrum Cala Millor

Feuchtgebiet gebildet, das als Naturpark geschützt wurde: Die artenreiche Albufera ist eine wichtige Station für Zugvögel. Ganz in der Nähe stellt die weite Bucht Badia de Alcúdia mit ihren kilometerlangen Sandstränden eines der Hauptzentren des Tourismus dar.

Llevant

Llevant heißt auf Deutsch »Osten« und lässt schon ahnen, dass diese Region an der Ostküste der Insel liegt. Sie beginnt mit der Halbinsel Llevant bei Artà und dem Naturpark Serres de Llevant und zieht sich mit dem gleichnamigen Gebirgszug nach Südwesten. Der höchste Berg der Serres ist der Puig de Morei mit 561 Metern. Neben Artà im Norden gehören zu dieser Region die Gemeinden Capdepera, Manacor, Son Servera und Sant Llorenç des Cardassar. Besser bekannt sind die Touristenzentren, die an den Buchten der Küste entstanden sind: Cala Ratjada, Cala Millor, Cales de Mallorca und Porto Cristo. Im porösen Karstgestein der Ostküste haben sich in Jahrhunderte Tropfsteinhöhlen gebildet. Die Coves d'Artà bei Canyamel sowie die Coves del Drac und Coves dels Harms bei Porto Cristo können besichtigt werden. Neben den touristischen Zentren gibt es einige unbebaute Buchten mit herrlichen Stränden. Klimatisch zeichnet sich die Region durch kurze, warme und feuchte Winter aus. Der Sommer ist trocken und zum Teil sehr heiß, in Küstennähe kann man es durch Meerwinde auch im Sommer gut aushalten.

Migjorn

Die südöstliche Spitze Mallorcas nennt sich wie der Wind, der aus dieser Richtung bläst. Der Migjorn schließt an die Ebene Es Plà und die Llevante an. Bis auf die Ausläufer der Serres de Llevant, die mit dem Klosterberg Sant Salvador eine Höhe von 509 Metern erreicht, ist die Region flach. Rund um Campos, dem Zentrum der Region, werden auf den Feldern Johannisbrot und Oliven, Mandeln und Kapern angebaut. Seit Jahrhunderten wird bei Ses Salines Salz aus dem Meer gewonnen. Die flachen Rückhaltebecken, in denen das Meerwasser verdunstet, liegen hinter einem Dünengürtel und dem Sandstrand Es Trenc. Vom nahe gelegenen Touristenzentrum Colonia Sant Jordi kann man zum Nationalpark der Cabrera-Inseln übersetzen. Vom Cap de Ses Salines, dem südlichsten Punkt der Insel, hat man einen guten Blick auf den Archipel. Der Migjorn zieht sich im Westen bis S'Arenal, wo er zwischen dem Cap Blanc und der Feriensiedlung Cala Blava als steile Felsküste ans Meer grenzt.

Palma

Die Hauptstadt Palma (auch »Ciutat de Mallorca«) umschließt die weite Bucht von Palma und gilt als eigene Region. Als Verwaltungssitz reicht sie im Südwesten von Cala Millor bis nach S'Arenal am östlichen Ende der langen Platja de Palma und dem gleichnamigen Tourismuszentrum, das durch den sogenannten Ballermann berühmt geworden ist. Palma ist das politische und wirtschaftliche Zentrum der Autonomen Region der Balearen und geht geschichtlich auf eine römische Stadtgründung zurück. An der Platja de Palma, auf der Höhe von Can Pastilla, liegt der einzige internationale Flufghafen der Insel.

Flora und Fauna

Pflanzen

Die Pflanzenwelt der Balearen-Insel ist durchweg mediterran. Wie auch in anderen Gebieten des Mittelmeers wurden in vergangenen Jahrhunderten die Wälder abgeholzt oder brannten nieder. An ihrer Stelle hat sich die Macchie breitgemacht mit ihrer typischen Mischung von Mastixsträuchern, wilden

Oben: Palma und sein Hafen
Mitte: Jugendstil und leckere *Ensaimadas* – die Bäckerei »Forn del Teatre«
Unten: Hauptsache romantisch – Häuser, Ziegel und Farben

Oben: Orangefarbener Hibiskus fasziniert.
Mitte: Blühende Bougainvillea – gesehen auf der Finca Sa Carrotja bei Porreres
Unten: Klatschmohn im Frühling

Oliven, Kermeseichen, Zwergfächerpalmen, Zistrosen, Rosmarin, Lavendel und Thymian. Eine Sonderform der Macchie ist die Garrigue, die Strauchheidelandschaft, die durch Beweidung entsteht. Wo sich Wälder erhalten haben, wachsen Steineichen und Aleppo-Kiefern. Letztere befinden sich vermehrt auf der Halbinsel Formentor und im südlichen Teil der Tramuntana. In den unbebauten Küsten- und Dünengebieten wachsen Strandhafer, Stranddistel, Wacholder, Dornginster, Strandflieder, Meeresfenchel und andere Arten. Im Feuchtgebiet Albufera bei Can Picafort gibt es vor allem Schilfpflanzen, Binsen, Orchideen, Pappeln, Weißdorn und weitere Arten. Weite Landstriche werden geprägt durch den Anbau von Wein, Mandel-, Johannisbrot- und Olivenbäumen. Orangen und Zitronen wachsen seit Jahrhunderten im Tal von Sóller.

Tiere

Die Insellage und die Besiedlung vor Jahrtausenden sind wohl mitverantwortlich, dass es keine wild lebenden großen Säugetiere gibt. 1909 wurden die Knochenreste einer heimischen Bergziegenart gefunden. Die Höhlenziege (*Myotragus balearicus*) gehört zur Gattung der Antilopen und wurde als Haustier gehalten. Der letzte Vertreter dieser Art lebte um 2000 v. Chr.

Kaum ein Besucher wird die scheue Ginsterkatze zu Gesicht bekommen. Sie lebt in der Serra Tramuntana in Steineichen- oder Pinenwäldern und ist in der Nacht aktiv. Hasen, Kaninchen, Igel sind ebenso anzutreffen wie Schildkröten sowie, besonders zahlreich, die Eidechsen. Eine eigene Art hat sich auf der Insel Sa Dragonera entwickelt. Freunde von Fledermäusen können auf ein knappes Dutzend unterschiedlicher Arten treffen. Geckos sieht man häufiger, ebenso wie die harmlose Hufeisennatter. Giftig ist dagegen der Biss der seltenen Kapuzinernatter.

Mallorcas vielfältige Vogelwelt umfasst rund 300 Arten, wobei etwa zwei Drittel von ihnen auf Durchreise sind und auf dem Weg nach oder von Afrika in der Albufera oder im Feuchtgebiet bei Ses Salines eine Rast einlegen. Die Population der beeindruckenden Mönchsgeier war in den vergangenen Jahren arg geschrumpft und wird nun wieder angesiedelt.

Im Meer um Mallorca leben Pott- und Finnwale, Delfine und Tümmler, Tintenfische, Muränen, Barsche und die hoch geschätzten roten Garnelen.

Umwelt- und Naturschutz

Angesichts der hohen Bevölkerungsdichte und der jährlich rund 10 Millionen Urlauber, die nach Mallorca kommen, fällt die Bilanz zwischen Naturschutz und den wirtschaftlichen Interessen recht positiv aus. Eines der größten Probleme Mallorcas ist der Gebietsschutz. Ohne den hartnäckigen Kampf von Umweltverbänden sähe die Insel wahrscheinlich überall so aus wie in Santa Ponsa oder Cala Millor oder an den Hängen rund um Port d'Andratx.

Selbst die Dracheninsel vor Sant Elm wäre mit Ferienhäusern bestückt worden, hätten nicht Umweltschützer vehement protestiert. Wichtigster Akteur, wenn es um das Bewahren der Landschaft, Artenvielfalt und Natürlichkeit Mallorcas geht, ist die *Grup Ornitològic Balear i de Defensa de la Naturalesa*. Der balearische Verein für Vogelkunde und Naturschutz wurde 1973 gegründet und hat in seiner Geschichte schon etliche Erfolge vorzuweisen. Ihm ist der Erhalt der Naturräume der Insel Sa Dragonera, der Platja des Trenc, der Cala Mondragó, des kleinen Feuchtgebietes s'Albufereta und des Cabrera-Archipels zu verdanken. Derzeit wird gegen den bereits genehmigten Bau des 25. Golfplatzes bei Muro gestritten. Mit Spenden-

Oben: Als zuverlässiges Arbeitstier kaum noch gefragt – der Esel
Mitte: Schwein gehabt – ein mallorquinisches porc negre (schwarzes Schwein) bei Son Real
Unten: Delfine im Palma Aquarium

Steckbrief Mallorca

Lage: Mallorca liegt ca. 180 km östlich vom spanischen Festland, auf der Höhe von Valencia. Es ist die größte Insel der Balearen, zu denen auch die Inselgruppe der Pityusen mit Ibiza und Formentera zählt.

Fläche: 3620 qkm (einschließlich der vorgelagerten Inseln)

Küste: 554 km

Hauptstadt: Palma de Mallorca

Flagge:

Amtssprache: Katalanisch und Spanisch (Castellano). Auf der Insel wird neben Spanisch der katalanische Dialekt Mallorquí gesprochen.

Einwohner: 870 000 Menschen leben auf Mallorca. Die größten Städte sind Palma de Mallorca (405 000 Einw.), Manacor (41 000 Einw.) und Inca (30 000 Einw.).

Währung: Euro

Zeitzone: MEZ und MESZ von Frühsommer bis Herbst.

Geografie: Grob lässt sich Mallorca in drei Zonen unterteilen. Im Nordwesten erhebt sich die Serra Tramuntana parallel zum Meer. Der Gebirgszug ist etwa 80 km lang und erreicht mit dem Puig Major eine Höhe von 1445 m. Parallel dazu verläuft an der Ostküste die Serres de Llevant mit max. 561 m Höhe. Dazwischen spannt sich eine weite, fruchtbare Ebene.

Staat und Verwaltung: Mallorca, Menorca, Ibiza und Formentera gehören zum Autonomiegebiet der Balearischen Inseln. Das Autonomiestatut trat 1983 in Kraft und ist mit dem eines deutschen Bundeslandes vergleichbar. Die Hauptstadt ist Palma de Mallorca, wo auch die Regierung, das *Govern de les Illes Balears* ihren Sitz hat. Sie wird alle vier Jahre gewählt. Das Parlament wählt den Regierungschef. Wie auch Menorca und Ibiza wird Mallorca von einem Inselrat (*Consell Insular*) verwaltet. Die Insel ist in 53 Gemeinden mit jeweiliger Verwaltung (*municipis*) gegliedert. Nach der Abwahl der Mitte-links-Regierung aus Sozialisten (PSOE), Linksbündnis (BLOC) und Unió Mallorquina (UM) regiert seit 2011 die Volkspartei (PP). Ministerpräsident ist José Ramón Bauzá (PP).

Wirtschaft und Tourismus: 80 % der Wirtschaftsleistung der Insel stammen aus den Sektoren Dienstleistung und Tourismus. Bauindustrie (rund 10 %) und Landwirtschaft (2,5 %) spielen eine untergeordnete Rolle.

Religion: 98 % der Bevölkerung gehören der röm.-kath. Kirche an.

Bevölkerung: Von den registrierten 870 000 Einwohnern lebt die Hälfte in der Hauptstadt Palma. Die Bevölkerungsdichte von 233,7 Einwohnern pro qkm liegt deutlich über dem spanischen Durchschnitt von 92 pro qkm. Der Anteil registrierter Ausländer liegt bei 22 %. In der Gemeinde Deià kommen 42,25 % der Bewohner aus dem Ausland.

geldern konnte das Gebiet von La Trapa bei Sant Elm erworben werden – mit dem Ziel, es in den ersten privaten Naturpark Spaniens umzuwandeln.

Umweltbewusstes Verhalten sollte auch für Urlauber selbstverständlich sein. Derzeit werden nur 20 Prozent des Mülls in Containern gesammelt und wiederverwertet. Der Hausmüll wandert in die Müllverbrennungsanlage Son Reus bei Palma, die derzeit erweitert wird. Viel hat sich in den vergangenen Jahrzehnten beim Abwasser getan. Kläranlagen kommen verstärkt zum Einsatz und bereiten Abwasser auf, etwa um damit Golfplätze zu bewässern.

Das Meer rund um Mallorca gehört zu den saubersten Küstengewässern am Mittelmeer. Verbesserungsbedarf gibt es noch beim Wasserverbrauch. Der ist nach wie vor sehr hoch, weshalb in Spitzenzeiten Tankschiffe die Versorgung ergänzen müssen.

Urlauber können Umweltprojekte mit dem Kauf der Grünen Karte, der *tarjeta verde*, unterstützen. Mit ihr erhält man Ermäßigungen für die Nutzung der öffentlichen Verkehrsmittel und beim Eintritt in Kulturzentren und bei Sport und Freizeitangeboten. Sie kostet 10 Euro und gilt zwei Wochen.

Naturschutzgebiete

L'Illa de Sa Dragonera

1995 wurde die Dracheninsel zum Naturpark erklärt. Die Insel vor Sant Elm ist ein Ausläufer des Tramuntana-Gebirges. Die Dragonera-Eidechse kommt nur auf dem bergigen Eiland vor.

Arxipèlag de Cabrera

Die Inselgruppe im Südosten bildet den einzigen Nationalpark Mallorcas. Die Hauptinsel wird zeitweise bewohnt und von Colonia Sant Jordi aus angesteuert. Auf dem Programm der Ausflugsboote steht auch die »Blaue Grotte«.

Oben: Die weite Bucht von Alcúdia teilen sich die Touristen mit den Zugvögeln. Die Seen hinter dem Grünstreifen gehören zum Feuchtgebiet S'Albufera.
Unten: Auf Mallorca ein seltenes Bild – Wasserfall beim Finca-Museum Sa Granja

Oben: Vergnügen pur im Naturpark Mondragó
Mitte: Reine Idylle – Schafe in einer Frühlingswiese
Unten: Ob zu Fuß oder mit dem Rad unterwegs: im Naturpark S'Albufera kann man auf unterschiedliche Art die Natur entdecken.

Parc Natural de la Península de Llevant

Die Llevante-Halbinsel nördlich von Artà wurde 2001 unter Schutz gestellt. Die karge, von Wind und Sonne gezeichnete Landschaft ist ein Rückzugsgebiet für Vögel. Idyllisch liegt in einem Hochtal die Ermita de Betlèm.

Parc Natural de Mondragó

Der größte Buchteinschnitt an der Südostküste Mallorcas ist von einem Naturpark umgeben. Neben zwei schönen Sandstränden gibt es eine artenreiche Vegetation sowie prähistorische Bauten.

S'Albufera de Mallorca

Das größte Feuchtgebiet der Balearen liegt hinter einem Dünengürtel an der Bucht von Alcúdia. Vogelfreunde können hier zahlreiche Arten beobachten. Rad- und Wanderwege führen durch die Sumpf- und Seenlandschaft.

Reserva Natural de s'Albufereta

Die »kleine Albufera« liegt an der Bucht von Pollença. Zur Beobachtung der Wasservögel und des seltenen Fischadlers muss man mit den Wegen am Rand des Gebietes vorliebnehmen.

Strände

Laut den Statistiken des Inselrates gibt es 208 Strände, davon sind drei Viertel Sandstrände, der Rest Kiesel- oder Felsstrände. 42 tragen die »Blaue Flagge«, erfüllen also hohe Umwelt- und Sicherheitsstandards. Die Wasserqualität ist im Allgemeinen sehr gut, während der Badesaison werden regelmäßig Wasserproben entnommen.

Die vielen herrlichen Strände haben allerdings den Nachteil, dass sie in der Hauptsaison tendenziell überlastet sind, doch darin unterscheidet sich Mallorca kaum von anderen Regionen des Mittelmeers.

Geschichte im Überblick

6000–4000 v. Chr. Erste Siedlungsspuren. Funde in Höhlen bei Esporles, Sóller und Valldemossa.

1300 v. Chr. Beginn der Talayot-Kultur mit charakteristischen Steinbauten, z.B. Ses Païses, Capocorb Vell.

123 v. Chr. Nach den Punischen Kriegen werden die Balearen von den Römern erobert. Danach allmähliche Christianisierung der Bevölkerung.

455–534 Vandalen besetzen Mallorca.

534–902 Mallorca fällt unter die Herrschaft des Oströmischen Reiches.

711 Tariq ibn-Nasyr landet bei Tarifa auf dem spanischen Festland. Beginn der Eroberung der Iberischen Halbinsel.

756 Abd ar-Rahman I. gründet das Emirat von Córdoba.

902 Truppen aus Córdoba erobern Mallorca. Beginn der maurischen Herrschaft.

929 Abd ar-Rahman III. ernennt sich zum Kalifen. Höhepunkt der arabischen Kultur.

1086–1147 Herrschaft der Almoraviden (Gruppierung strenggläubiger Moslems aus Marokko) auf dem span. Festland.

1229 Jaume I. erobert die Balearen im Zuge der Reconquista (Rückeroberung).

1276–1349 Mallorca ist unabhängiges Königreich.

1349 In der Schlacht von Llucmayor fällt Mallorca an den König von Aragón.

1492 Abschluss der Rückeroberung durch katholische Könige Ferdinand und Isabella.

1516 Der spätere Karl V. tritt als Carlos I. die spanische Thronfolge an. Vom Handel mit Lateinamerika bleiben die Balearen bis ins 19. Jahrhundert ausgeschlossen.

15.–18. Jh. Nach Übergriffen von Piraten wird ein Netz von Verteidigungstürmen errichtet. Inquisition und Vertreibung der jüdischen Bevölkerung, Ende des 18. Jahrhunderts wirtschaftlicher Aufschwung.

19. Jh. Politische Instabilität. Proklamation Amadeos zum König (1871), Zweite Republik (1873). Wiedereinsetzung der Bourbonen mit Alfons XII. (1874).

1936 Nach Staatsstreich durch General Franco besetzen seine Truppen die Insel. Diktatur bis 1975.

ab 1960 Gezielte Förderung Mallorcas als Urlaubsziel.

1993 Versuche, den Bauboom in geregelte Bahnen zu lenken. Ein Drittel der Küstenregion wird unter Naturschutz gestellt.

2003 Die erst 2002 eingeführte Ökosteuer wird wieder aufgehoben.

2006 Besucherrekord: 9,8 Mio. Touristen kommen nach Mallorca. Neue Autobahnen werden gebaut.

2007 Neue Mitte-links-Regierung unter Ministerpräsident Francesc Antich. Katalanisch soll erste Landessprache werden.

2009 Bombenattentate. Die baskische Terrorgruppe ETA zündet im Juli/August insgesamt vier Bomben in Palma. Zwei Polizisten finden den Tod.

2011 Spanien kämpft seit 2008 mit der Wirtschaftskrise.

Oben: Strand und Meer – Mallorca aus dem Bilderbuch
Unten: Sandkunst am Strand von Port de Pollença

Die längsten Strände finden sich in den Touristenzentren Platja de Palma und an der Badia de Alcúdia. Viel Sand und viel Masse kennzeichnen auch die Strände von Palma Nova, Magaluf und Cala Millor. Eine Sonderstellung genießt Es Trenc bei Colonia Sant Jordi im Süden der Insel. Bislang konnten alle Versuche, das Strandidyll mit Hotels und Apartments zu umgeben, abgewehrt werden. Die Nutzer des Webportals Tripadvisor haben ihn 2009 zum schönsten Strand Spaniens gewählt. 2011 wurde es der Strand von Alcúdia.

Der Süden und die Südostküste bieten wahre Strandparadiese, allerdings sind die schönsten Stellen nur zu Fuß oder mit dem Boot zu erreichen. Östlich von Es Trenc, zwischen Colonia Sant Jordi und Cap de Ses Salines etwa, sind es die Platja es Carbó und Caracol. Östlich des Kaps die Cala s'Almunia, die Cala Mondragó, Mitjana oder Sa Nau. Typisch für die letztgenannten sind tiefe, fjördähnliche Einschnitte in das felsige Karstgestein, das von mediterranem Grün bewachsen ist.

Besonders schöne Naturstrände befinden sich auch an der Nordküste des Naturparks der Llevante-Halbinsel bei Artà. Die Cala Torta und Cala Mitjana wurden – leider – durch eine ordentliche Asphaltstraße mit dem Rest der Welt verbunden und sind nun entsprechend gut besucht.

Malerisch präsentieren sich die Strände an der Ostseite der Formentor-Halbinsel, die Platja Formentor und Cala Murta. Die Nordwestseite ist dagegen felsig karg, was auch seinen Reiz hat. Die Tramuntana-Küste kann nur vereinzelt mit kleinen Buchten aufwarten, die Kies- oder Felsstrände bieten. Diese besitzen aber einen eigenen Charme, der manch einem besser gefallen wird als die sandigen Pendants der übrigen Küsten. Meistens müssen sich die Badegäste die schmale Bucht mit einigen Fischern teilen, die hier ihre Boote liegen haben.

Wer seinen Lieblingsstrand systematisch und per Suchmaschine lokalisieren möchte, findet unter www.mallorcabeachguide.com ein praktisches Werkzeug.

Kunst und Kultur

Mallorca steckt voller Kunst und Kultur. Zeugnisse aus prähistorischer Zeit, großartige Bauten der Gotik, herrschaftliche Landgüter des Mittelalters und der Neuzeit prägen das Bild der Insel.

Die frühesten Kulturleistungen gehen auf das 2. Jahrtausend v. Chr. zurück. Woher die ersten Siedler kamen, weiß man nicht genau. Sie brachten eine eigenständige Kultur hervor, die Talayot-Kultur. Ab etwa 1400 v. Chr. errichten die Urmallorquiner runde, manchmal auch eckige Steintürme in Megalithbauweise. Zyklopenmauern wie in Ses Païsses schützen die Siedlungen vor Angreifern. Die mehrstöckigen Rundbauten dienten als Schutz- oder Sakralraum oder Grabanlage. Aus Bronze wurden Waffen wie Beile und Schmuck gefertigt.

Mit der Besetzung der Insel durch die Römer im Jahr 123 v. Chr. endet die Talayot-Zeit. Die Römer errichten die Städte Palma und Pollentia, brachten eine neue Sprache und ab dem 1. Jahrhundert auch nach und nach das Christentum. Im Norden bei Pollença ist eine Brücke über den Torrent de Sant Jordi erhalten geblieben, und bei Alcúdia kann man die Reste der ehemaligen Stadt Pollentia besichtigen. Die beste Adresse für Funde aus der Antike ist das Museu Monogràfic de Pollentia in Alcúdia. Aus römisch-frühchristlicher Zeit sind die Reste der Kirche von Son Peretó in Manacor bemerkenswert.

Nach dem Niedergang des Römischen Reiches im 5. Jahrhundert ergreifen die Vandalen die Herrschaft, ehe im ersten Drittel des 6. Jahrhunderts das Byzantinische Reich unter Kaiser Justinian sich die

Oben: Für die meisten Besucher ist der Badetourismus der wichtigste Grund für einen Mallorca-Urlaub – wie hier in Santa Ponsa.
Mitte: Einmal ein König sein – die Platja de Palma ist fest in deutscher Hand.
Unten: Gemeinsamer Spaß – trinkfeste Urlauber auf dem »Ballermann«

Oben: Dolmen bei Son Real
Mitte: Ruinen einer bronzezeitlichen Siedlung
Unten: Fundamente des römischen Pollentia und die Kirche Sant Jaume in Alcúdia

Inselgruppe einverleibte. Was blieb erhalten? Die dürftigen Reste einer Kapelle bei Portocristo und der Kapelle Son Fiol in Santa Maria del Camí.

Wer über Mallorca herrschte, als im Jahr 902 die Araber vom spanischen Festland übersetzen, ist nicht ganz klar. Von 902 bis 1229 waren die damals als »östliche Inseln von al-Andalus« bezeichneten Balearen ein Teil der islamischen Welt und machten eine ähnliche Entwicklung durch wie der Staat Córdoba. Zuerst gehörte die Inselgruppe zum Kalifat von Córdoba (902–1015), dann folgte die Eingliederung in das Taifa-Reich von Denia (1015 bis 1076) unter den Emiren Muyahid und Ali. Als dieses Teilreich den Taifa von Zaragoza zugeschlagen wurde, erhielten die Balearen den Status eines unabhängigen Teilreichs unter der Führung der Emire al-Murtadà und Mubashir. 1115 kamen sie unter die Herrschaft der Almoraviden. Schließlich eroberten 1203 die Almohaden die Insel.

Aus der 300-jährigen Herrschaft der Araber über Mallorca blieb, was das bauliche Erbe betrifft, wenig erhalten. Die Mauren bauten die Festungen von Capdepera, Alaró, Santueri und das Castell del Rei an der Nordküste aus. In Palma zeugen ein maurischer Torbogen in der Stadtmauer und die arabischen Bäder von der vergangenen Epoche. Nachhaltiger blieb der Einfluss in der Landwirtschaft, in der Terrassierung der Hänge bei Estellencs und Banyalbufar und ihrer Bewässerung sowie mit der Einbürgerung neuer Kulturpflanzen. Beispiele romanischer Baukunst gibt es fast keine, Ausnahme ist das Oratori de Santa Ana bei Alcúdia.

Mallorca wurde erst 1229 von den Christen zurückerobert, zu einer Zeit, als die Gotik bereits der vorherrschende Baustil war. Zunächst wurde es Teil der Krone von Aragonien. Nach dem Tod Jaumes I. erklärte sein Nachfolger Jaume II. das mallorquinische Königreich gemeinsam mit den nordkatalanischen Grafschaften und der Stadt Montpellier zu einem unabhängigen Reich, das sich bis 1349 halten konnte. Danach fiel es wieder der katalanisch-aragonischen Krone zu.

Durch die wirtschaftliche Blüte im 13. und 14. Jahrhundert waren die finanziellen Mittel für die großen Bauvorhaben wie die Kathedrale Sa Seu, das Castell de Bellver und die Handelsbörse Sa Lotja vorhanden. Diese Bauwerke sind die Höhepunkte sakraler, profaner und militärischer Architektur der Gotik auf den Balearen. In der Altstadt von Palma sind das Kloster Sant Francesc und sein Kreuzgang hervorzuheben.

Das Mittelalter prägten Kriege und Unruhen wie die Judenpogrome von 1391 und 1435, die Germanies-Aufstände und der Handwerkeraufstand von 1521–1523. Wichtigster Künstler dieser Epoche ist Guillem Sagrera, der Architekt von Sa Lotja. Seine Fertigkeiten als Bildhauer kann man an der Portada del Mirador der Kathedrale bewundern.

Ende des 19. Jahrhunderts entwickelte sich vor allem in Barcelona der Modernisme, der mit der neoklassizistischen Ästhetik der Zeit brach. Natürliche Formen kommen in dieser Spielart des Jugendstils, die sowohl in der Architektur als auch in der Kunst vorkommt, nicht nur als Dekor, sondern als konstituierende Elemente zum Einsatz. Dem strenggläubigen Antoní Gaudí, dem wichtigsten Vertreter dieser Kunst, wurde die Neugestaltung des Chors in der Kathedrale von Palma anvertraut. Auch die Klosterkirche von Lluc gestaltete er im frühen 20. Jahrhundert um. Das schönste Bauwerk dieser Epoche ist zweifellos das 1903 fertiggestellte Gran Hotel an der Plaça Weyler in Palma.

Im 20. Jahrhundert kamen viele Künstler, vor allem Maler, nach Mallorca. Ihre Motive finden Sie in der Serra Tramuntana. Der bekannteste ist Hermen Anglada Camarassa.

Oben: Mittelalterlicher Wehrturm Torre de Canyamel bei Capdepera
Unten: Höhepunkt des Jugendstils auf Mallorca – das Grand Hotel von Palma. Als es 1903 eröffnete, war es das luxuriöseste Haus auf der Insel.

PALMA – DIE STADT

Vorangehende Doppelseite: Hauptsehenswürdigkeit ist die gotische Kathedrale La Seu im Süden der Altstadt unweit der Küste.
Mitte: Mehr als 400.000 Menschen leben in der Hauptstadt Palma.
Unten: Auch in der Nacht ein Tempel des Lichts – die Kathedrale La Seu

1 Centre històric – Altstadt

Schönes Palma

Die lebendige Hauptstadt, die von den Mallorquinern einfach »Ciutat« (»Stadt«) genannt wird, ist eine eigene Reise wert: Unter Palmen flaniert man am Hafen entlang, schaut sich in Museen spanische und internationale Kunst an, erkundet verwinkelte Gassen und findet auch zum Einkaufen beste Bedingungen vor.

Die Hauptstadt von Mallorca ist zugleich der Parlaments- und Regierungssitz der Balearen sowie die einzige Universitätsstadt der Insel. In der Altstadt liegen die Hauptattraktionen, die Kathedrale, das Kloster Sant Francesc, der Almudaina-Palast, herrschaftliche Adelspaläste sowie die arabischen Bäder. Das alte Hafenviertel Sant Pere ist das Zentrum des Nachtlebens, der Restaurants und Kunstgalerien. Etwas außerhalb des Zentrums liegen das Miró-Museum, das Castell Bellver mit großartigem Blick über die Bucht und das Poble Espanyol.

Geschichte

Als die Römer das heutige Mallorca 123 v. Chr. eroberten, bauten sie zwei größere Städte, Pollentia an der Nordostküste und Palmaria Palmensis im Südwesten. Nach dem Zerfall des Römischen Reiches wurden ab Mitte des 5. Jahrhunderts die Vandalen die neuen Herrscher. Als das Kalifat von Córdoba 903 die Insel eroberte, wird Palma, das die Mauren Medina Mayurca nennen, ausgebaut und befestigt. Es wurden Moscheen errichtet, die Medina und der innere Bezirk, die Almudaina-Festung. Mit dem Einzug der Christen unter Jaume I. blieb Palma Residenzstadt. Nach und nach verschwanden die Zeugnisse der arabischen Kultur, die Almudaina wurde zum Palast ausgebaut. Mallorca entwickelte sich im 13. und 14. Jahrhundert zum Verkehrsknotenpunkt im westlichen Mittelmeer. Der Handel blühte, mit ihm kamen Reichtum. 1838 wurde erstmals eine feste Fährverbindung mit Barcelona eingerichtet. 1901 fielen die Stadtmauern. In der Altstadt war es zu eng geworden, außerdem wollte man die hygienischen Verhältnisse verbessern. Der Stadtring mit den Straßen Avinguda de Portugal, Alexandre Rossello und Villalonga folgten den ehemaligen Mauern. Heute leben mehr als 400 000 Menschen in der Hauptstadt. Mit seinen Baudenkmälern, Museen, Galerien, außergewöhnlichen Hotels und Restaurants und einem lebendigen Nachtleben gehört Palma zu den schönsten Städten des Mittelmeers. Um auch in Zukunft attraktiv zu sein, versucht man einen behutsamen ökologischen Weg einzuschlagen und mit Metro, Tram und Radwegnetz die Verkehrsprobleme in den Griff zu bekommen.

Sa Portella – rund um La Seu

Die meisten Palma-Besucher werden von der strahlenden Kathedrale La Seu (s. S. 40) und dem Königspalast Palau de L'Almudaina (s. S. 46) mit seinen Türmen und Zinnen angezogen. Am Fuß des Hügels, dem ältesten Siedlungsgebiet der Stadt, liegt ein kleiner lauschiger Garten, der S'Hort del Rei. Sofern man nicht von Rosmarin oder Nelken verkaufenden Roma-Frauen bedrängt wird, ist dies ein angenehmer Platz, um sich mit einem Buch oder der Tageszeitung auf einer der Bänke niederzulassen.

Obwohl sich im Kathedralbezirk Sa Portella die wichtigsten Sehenswürdigkeiten befinden, ist es in den Gassen hinter der *Seu* still. Selbst das sehenswerte Diözesanmuseum auf der Rückseite der Kathedrale lockt nicht allzu viele Besucher an. Dabei kann man den Besuch des Bischofspalasts (Palau

Infos und Adressen

JÜDISCHES LEBEN IN PALMA

Das Judenviertel *Es Call* entwickelte sich im Mittelalter zu einem bedeutenden Zentrum im Mittelmeer. Dort lebten auch die großen Kartografen Jehuda und Abraham Cresques, der Talmudist Jonah Desmaestre und die Astronomen Isaak Nifoci und Vidal Efrai. Die erste Generation der christlichen Einwanderer schikanierte die Juden mit Pogromen, während man am Hof das Wissen und Können jüdischer Berater und Finanzverwalter schätzte. Unter den katholischen Königen Ferdinand und Isabella verschlechterte sich die Situation dramatisch. Eine Ideologie von der Reinheit und Überlegenheit des christlichen Blutes zwang alle Nichtchristen, sich taufen zu lassen oder ohne Hab und Gut das Land zu verlassen. In den folgenden Jahrhunderten lebten die zum Christentum konvertierten *xuetóns* (katalan. »Jüdlein«) unter dem wachsamen Auge der Inquisition am Rand der Gesellschaft. Seit den 70er-Jahren des letzten Jahrhunderts gibt es wieder eine kleine jüdische Gemeinde.

Skulpturen im Palau March

Oben: Palmas Altstadt soll die größte in Europa sein.
Mitte: Der weise Philosoph – Ramón Llull grüßt die Besucher der Altstadt.
Unten: Urbane Kultur – Lifestyle und Design sind in Palma zu Hause.

Diocesà) aus dem 13. und 17. Jahrhundert seit seiner Restaurierung noch mehr genießen. Erlesene Kirchenkunst wie gotische Tafelbilder, Skulpturen, liturgische Kostbarkeiten werden dort ebenso gezeigt wie Gemälde, die eine Vorstellung des historischen Palma vermitteln.

Von der *Mirador* mit der schönen Aussicht über die Bucht von Palma gelangt man über die Gassen Palau und Sant Pere in die *Portella*, wo sich ein Besuch in der Casa Museu Lladó anbietet. In dem Stadthaus lebte und arbeitete der Maler Joaquim Torrents Lladó (1946–1993). Das edle Ambiente und die meisterlichen Arbeiten lohnen den Besuch. In derselben Gasse hat auch das Museu de Mallorca seinen Sitz. Der große Stadtpalast, in dem das wichtigste Museum der Insel residiert, entstand im 16. Jahrhundert durch die Zusammenlegung mehrerer kleiner Gebäude und gehörte dem Grafen Amayans. Die Fundamente stammen von einem maurischen Vorgängerbau. Die Sammlung beginnt mit Funden ab der Frühphase der Talayot-Kultur. Eine Grabhöhle und ein Turmbau aus der Megalithzeit, ein *talaiot*, wurden nachgebaut, original sind die verzierten Graburnen, die in Son Oms gefunden wurden. Über die Siedlungsphasen der Römer, Goten, Byzantiner, Araber erzählen Keramiken, Schmuck, Waffen und andere Objekte, bevor man die Gemäldesäle mit Werken des 15. bis 18. Jahrhunderts erreicht. Der jüngste Ausstellungsteil widmet sich dem Modernisme, dem spanischen Jugendstil.

Eine Vorstellung von der alten arabischen Kultur Mallorcas bekommt man in den Banys Àrabs, den arabischen Bädern in der *Can Serra*. Durch den ehemaligen Obst- und Gemüsegarten des Herrenhauses Can Fontirroig betritt man die Anlage aus dem 10. Jahrhundert. Auf zwölf Säulen spannt sich ein Gewölbe über den zentralen ehemaligen Heißraum, der wahrscheinlich noch von den Christen genutzt wurde. Die typische Aufteilung der in Andalusien erhaltenen Bäder gliedert sich in einen Kaltbaderaum zum Waschen, einen Dampf- oder Heißbaderaum zum Regenerieren und einen Warmbaderaum, in dem man sich ausruhen konnte.

Nebenan, im verschachtelten Palast Can Formiguera (Hausnummer 11), wohnte zeitweilig der Erzherzog Ludwig Salvator. Der einstige Besitzer, der Graf Santamaria de Formiguera, ist angeblich die historische Person hinter dem »Comte Mal«, dem »bösen Graf«, der als unheimlicher Reiter durch eine Reihe von Legenden spukt.

Weiter südlich, im ehemaligen Judenviertel Es Call, lohnt ein Blick in die Església Monti-Sion, die von den Jesuiten im ausgehenden 16. Jahrhundert auf den Fundamenten einer Synagoge errichtet wurde. Hinter dem Barockportal verbirgt sich ein vergoldetes Altarretabel von Camilo Silvestre Perinos (1607). An der reizvollen Plaça de Sant Jeroni passiert man die ehemalige Ordensburg der Templer, El Temple. Die Klosterkirche des Franziskanerklosters Claustre wurde im 13. Jahrhundert auf den Resten einer Moschee errichtet. Nach einem Brand musste die Fassade im 17. Jahrhundert erneuert werden. Das Hauptportal schmücken die Skulpturen der Philosophen Johannes Duns Scottus auf der linken und Ramon Llull auf der rechten Seite. Ins Innere der Basilika, die nur aus einem Langhaus besteht, gelangt man über das Seminargebäude. Zunächst betritt man den herrlichen spätgotischen Kreuzgang, dessen unterschiedliche Bauphasen sich an den Kapitellen ablesen lassen. Die darüberliegende Galerie wurde im 16. und 17. Jahrhundert hinzugefügt. In der Seitenkapelle links des Hauptaltars liegt der Philosoph Ramon Llull begraben. Den Alabastersarkophag hat 1487 Guillem Sagrera geschaffen.

AUTORENTIPP!

IN KLEINEN PORTIONEN

Ein opulentes Abendmahl ist schön, hemmt aber den Bewegungsdrang. Vor allem in einer Stadt wie Palma ist es schade, Stunden in einem Restaurant zu verbringen, während draußen durch die vermutlich warme Sommernacht gut gelaunte Menschen ziehen. Es gibt eine Alternative: das *tapeo*, die typisch spanische Kombination aus Essen und Ausgehen. Die kleinen Häppchen *(tapas)*, die man sich zu einem Glas Wein oder Bier bestellt, wurden zwar vom Festland importiert, aber was spielt das schon für eine Rolle. Wer es probieren möchte, hier einige empfehlenswerte Stationen:

Für den Anfang bietet sich die **Bar Bosch** (Plaça Joan Carles I) an.

Nebenan im **Lizarrán** (C/ Brondo 6) kann man sich erst einmal einen Tapas-Überblick verschaffen.

La Bodeguilla (C/ Jaume 3) hat das Häppchen-Prinzip auf edle Art weiterentwickelt – was sich auch in den Preisen niederschlägt. Hervorragend ist die Auswahl an Weinen.

Einige Meter weiter in der **Taberna El Burladero** (C/ Concepció 38) wird es typisch spanisch.

Weinliebhaber sollten einen Stopp im **Wineing** (C/ Apuntadores 24) einlegen, wo es knapp 50 offene Weine zu verkosten gibt.

La Cueva (C/ Apuntadores 5) hat leckere Fleischspieße im Tapasprogramm.

Eine Institution ist **La Taberna Del Caracol** (C/ San Alonso 2). Die Taverne mit der klassischen Tapas-Auswahl liegt ein gutes Stück hinter der Kathedrale in Richtung der Arabischen Bäder.

Avinguda Gabriel Alomar i Villalonga
Carrer Aragó
Avinguda Alexandre Rosselló
Plaça d'Espanya
El Corte Inglés
Carrer Manacor
Frederic Mistral
SA GERRERIA
Mercat de l'Olivar
Pl. de Sant Oliver Antoniet
Museu d'art espanyol contemporani
Basílica Sant Francesc
Santa Margarita
C. Oms
Pl. Major
Gran Hotel
CALL
Ajuntament
Museu de Mallorca
Banys Àrabs
Casa Museu J. Torrents Lladó
Museu Diocesà
Catedral
Palau March Museu
Palau de l'Almudaina
Parc de la Mar
Jardines de S'Hort del Rei
Pl. Almirante Moreno
Comandància de Marina
Passeig des Born
Casal Solleric
Convento Les Teresianes
Passeig de la Rambla
Institut National Seguridad Social
Santa Magdalena
Monges Caputxines
Capella de la Misericòrdia
Centro de Cultura "Sa Nostra"
C. Concepció
Convento Concepción
Carrer Unió
Plaça Costa C. Berga Mercat
Circulo de Bellas Artes
Via Roma
Passeig Mallorca
Torrente La Riera
Avinguda Jaume III
Sa Llotja
Pl. Drassana
Capella Sant Feliu
Padres Teatinos
Museu Es Baluard
Baluard de Sant Pere
Passeig de Sagrera
Port de Pescador
Muelle Pescadores
Junta Port Palma
Avinguda Antoni Maura
Instituto Politécnico
Plaça Sa Faxina
Avinguda de l'Argentina
Carrer Comte de Barcelona
Indústria
Carrer Ramón y Cajal
Jardines d. San Telmo
C. Contramoll
0
150 m
N

Stadtrundgang Altstadt Palma

A Palau March Museu – Im Stadtpalast des ehemaligen Magnaten March werden Skulpturen von Moore, Chillida u. a. Künstlern gezeigt. Palau Reial 18, Apr.–Okt. Mo–Fr 10 bis 18.30, Sa bis 14; sonst Mo–Fr 10–17 Sa bis 14 Uhr.

B Palau de l'Almudaina – Im 14. Jh. wurde die ehemalige maurische Residenz zum Königspalast ausgebaut. C/ Palau Reial, Di–So 10–20 Uhr, Okt.–März bis 18 Uhr.

C Catedral – La Seu, die Kathedrale von Palma, ist das Wahrzeichen der Stadt und ein Meisterwerk gotischer Kirchenbaukunst.
Plaça die Almoïna, April/Mai/Okt. 10–17.15, Juni–Sept. 10–18.15, Nov./März 10–15.15, Sa 10–14.15 Uhr, www.catedraldemallorca.info

D Museu Diocesà – An der Rückseite der Kathedrale zeigt das Diözesanmuseum bedeutende Kirchenkunst sowie Malerei der Gotik bis zum Barock. C/ Mirador 5, Mo–Sa 10–14 Uhr.

E Casa Museu J. Torrents Lladó – Museumshaus des Malers J. Torrents Lladó (1946–1993) mit rund einhundert Gemälden. Portella 9, Mitte Juni – Mitte Sept., Di–Fr 11–19, So 10–14, sonst Di–Fr 10–18, Sa 10–14 Uhr, www.jtorrentsllado.com

F Banys Àrabs – Die ehemaligen arabischen Bäder aus dem 10.–12. Jh. sind eines der wenigen Überbleibsel muslimischer Architektur. C/ Serra 7, Apr.–Nov. 9–19.30, sonst bis 18 Uhr.

G Museu de Mallorca – Das wichtigste Museum der Insel zeigt archäologische Funde, gotische Kunst und historisches Kunsthandwerk von Mallorca. C/ Portella 5, Di, Mi, Fr, Sa 10–14 und 17–19, Do 10–14 und 18–21, So 10–14 Uhr, www.museudemallorca.es

H Basilica Sant Francesc – Klosteranlage aus dem 13. und 17. Jh. mit herrlichem Kreuzgang. Grabkapelle von Ramón Llull.

I Museu d'art espanyol contemporani – Sammlung moderner und zeitgenössischer spanischer Kunst. C/ Sant Miquel 11, Mo–Fr 10–18.30, Sa 10.30–14 Uhr.

J Gran Hotel – 1903 im Jugendstil eröffnet, beherbergt das Gran Hotel heute die La Caixa-Stiftung und eine Ausstellung mit Gemälden von H. A. Camarasa. Pl. Weyler 3, Mo–Fr 10–21, So 10–14 Uhr.

K Casal Solleric – Der herrschaftliche Stadtpalast aus dem 17. Jh. dient heute als städtisches Ausstellungszentrum. Passeig des Born 26, Di–Sa 10–14 und 17–21, So 10–13.30 Uhr.

L Sa Llotja – Die ehemalige Handelsbörse, das bedeutendste Bauwerk gotischer Profanarchitektur, wurde im 15. Jh. erbaut. Passeig Sagrera, unregelmäßige Öffnungszeiten.

M Museu Es Baluard – In Palmas Museum für zeitgenössische Kunst sind Werke von Miró, Picasso, Barceló, Gauguin, Magritte u. a. zu sehen. Plaça Porta Santa Catalina 10, Di–So 10–21, im Winter bis 20 Uhr, www.esbaluard.org

Stolze Schönheit – Palma, Stadt am Meer

Oben: Das Herz der Stadt – die Plaça Major
Unten: Schönheit des Jugendstils. Der Modernisme kam über Barcelona nach Mallorca.

Ungeachtet ihrer neugotischen Hauptfassade wurde die dreischiffige Església Santa Eulalia im 14. Jahrhundert erbaut. Bereits 1236, unmittelbar nach der Rückeroberung Mallorcas, hatte man eine Kapelle an der Stelle errichtet. Das Kruzifix, das Jaume I. bei seinem Feldzug gegen die Mauren bei sich trug, wird in der Capella Sant Crist aufbewahrt.

Bis zur Plaça Cort, wo der Hauptstrom der Touristen verläuft, sind es nur ein paar Meter. Die dreieckige Plaça dominiert das beeindruckende Rathaus, das Ajuntament. Im Stil eines italienischen Renaissance-Palasts zeigt seine Fassade den typischen Marès-Stein von Santanyí; der Marmor des Sockels wurde in Binissalem gebrochen. Das weit ausladende Dachgesims wird von elf holzgeschnitzten Figuren getragen. Am Stadthaus Can Corbella gegenüber lässt sich der Stil des Neomudéjar erkennen.

Auf dem Rückweg in Richtung Kathedrale liegt rechter Hand das Museu Palau March. Der mallorquinische Magnat Joan March (1879–1962), ehemaliger Schweinehirt und nun fast reichster Mann Spaniens, platzierte seinen riesigen Palast direkt neben das Parlament, angeblich als Reaktion darauf, dass ihn die Aristokraten Palmas nicht in ihre Paläste einluden. Der Palast beherbergt u. a. eine Sammlung illuminierter Handschriften, alte Seekarten (14. und 15. Jh.) und eine Weihnachtskrippe aus Neapel.

MAL EHRLICH

NACH PALMA – ABER NICHT AM SONNTAG

Der Sonntag ist ein schwieriger Tag in Palma. Am Vormittag lässt sich noch etwas unternehmen, viele Museen haben geöffnet, die Gläubigen zieht es in die Messe, und in den Cafés werden die Sonntagsausgaben der spanischen Zeitungen gewälzt. Doch spätestens ab 14 Uhr ist Schluss. Alles hat zu, die Straßen sind leer, die Stadt braucht Ruhe.

Vila de Dalt – die Oberstadt

Die Oberstadt schließt sich nördlich an das ehemalige muslimische Viertel Sa Portella an. Zwischen den Plätzen Cort, Maior, Olivar und Espanya erstreckt sich das Geschäftsviertel von Palma. Sehenswert sind die Modernisme-Häuser an der Plaça Marquès del Palmer. Die Plaça Maior mit ihren einheitlichen Fassaden entstand im 19. Jahrhundert. Straßenkünstler, Marktstände und Cafés bevölkern den rechteckigen Platz, wo man – wie überall in der Innenstadt – gut auf seine Wertsachen achten sollte. In der *Sant Miquel* reiht sich Laden an Laden, aktuelle Mode, Haushaltswaren, Schmuck – hier findet man, was man braucht. Im Stadtpalast mit der Hausnummer 11 zeigt die Fundació Juan March ihre Kunstschätze. Das Museu d'Art Espanyol Contemporani ist, wie der Name schon sagt, auf zeitgenössische spanische Kunst spezialisiert. Zu sehen sind Werke von Picasso, Gris, González, Miró, Dalí sowie Künstlern aus Cuenca und Madrid der 1960er-Jahre.

Einige Häuser weiter wurde nach der Reconquista wahrscheinlich die erste Kirche gebaut. Die Església de Sant Miquel steht auf den Resten einer Moschee. Sehenswert sind das gotische Portal und die Marienfigur Nostra Senyora de la Salut. Auf der anderen Straßenseite folgt das Kloster Sant Antoni Abad, das im 18. Jahrhundert erbaut wurde. Jedes Jahr am 17. Januar kommen viele Mallorquiner mit ihren Haustieren, um sie segnen zu lassen. Auf der Plaça Olivar ist die Markthalle Palmas: Der Mercat Olivar ist am Vormittag der ideale Ort, um sich mit frischen Lebensmitteln zu versorgen. Von der Plaça Espanya verkehren der historische Zug nach Sóller, aber auch Bus, Bahn und Metro stadtauswärts.

Vila de Baix – Unterstadt

Der Passeig des Born ist nicht nur das Zentrum der Unterstadt, er ist die gefühlte Mitte von ganz Pal-

Oben: Pool muss sein – Dachlandschaft vom Hotel Tres aus
Mitte: In der Altstadt von Palma
Unten: Jeder ist anders – eine freundliche Dame in Palma de Mallorca

Oben: Es gibt sie noch – Fischer im Hafen von Palma.
Unten: Blick auf den Hafen von Portixol

ma. Am oberen Ende der Promenade, die von Platanen gesäumt wird, lädt die Bar Bosch, das bekannteste Café der Stadt, zu einer Erfrischung ein. Der Palast Casal Solleric (18. Jh.) schräg gegenüber wurde zum Kulturzentrum umfunktioniert (Touristinfo). An der Plaça Mercat sind zwei Jugendstilhäuser, die schon auf das Highlight vorbereiten, das an der nächsten Straßenecke wartet: Das Gran Hotel wurde von dem katalanischen Architekten Lluis Domènech i Montaner entworfen, von dem auch in Barcelona einige wegweisende Bauten des Modernisme stammen. Als das Hotel 1903 eröffnete, bot es einen bis dahin nicht gekannten Luxus. Während des spanischen Bürgerkriegs musste es schließen und sein langsamer Verfall begann. 1987 ließ der neue Eigner, die Stiftung La Caixa, das Gebäude restaurieren. 1992 wurde es von der UNESCO zum Weltkulturerbe ernannt und ein Jahr später als Kulturzentrum der Fundació La Caixa eröffnet. Im Untergeschoss befinden sich ein Café und eine Kunstbuchhandlung, in den oberen Etagen eine Mediathek und eine ständige Ausstellung.

Sant Pere

Westlich des Passeig des Born liegt das einstige Fischerviertel Sant Pere. Heute haben sich in den Gassen um die *Apuntadores* viele Restaurants angesiedelt. An der Plaça Drassana wurden früher Schiffe gebaut. Guillem Sagrera begann 1421 mit dem Bau der Handelsbörse Sa Llotja. Der gotische Hallenbau ist von einzigartiger Schönheit: Der dreischiffige Innenraum wird von in sich gedrehten Säulen gestützt. Neben den fein gearbeiteten Maßwerkfenstern fallen an der Außenfassade die kleinen Türme auf sowie eine Engelsfigur über dem Portal, die Handel und Händler beschützen sollte. Neben La Llotja schließt sich das Consolat de Mar an. Das Gebäude des ehemaligen Seehandelsgerichts ist aktuell der Amtssitz des Ministerpräsidenten der Balearen.

Infos und Adressen

INFORMATION

O.I.T. Municipal de Palma-Casal Solleric. Passeig des Born 27, Tel. 902 10 23 65, Fax 902 10 23 65.
O.I.T. de Mallorca (Consell de Mallorca). Plaça de la Reina 2, Tel. 971 17 39 90, Fax 971 17 39 94, oit@conselldemallorca.net, www.infomallorca.net
O.I.T. Municipal »Es Rentadors«. Av. Argentina 1, Tel. 902 10 23 65, Fax 902 10 23 65, palmainfo@a-palma.es, www.palma-virtual.com

ESSEN UND TRINKEN

Simply Fosh. Neues Konzept des englischen Sternekochs. Spitzenküche zu erschwinglichen Preisen. Tagesmenü für 20 €. So geschl. C. Missió 7a, Hotel Convent de la Missió, Tel. 971 72 01 14.
Portixol. Sehr gutes Hotelrestaurant im alten Hafen- und neuem Szeneviertel Portixol. C. Sirena 27, Tel. 971 27 18 00.
13%. Lecker, einfach und natürlich – so isst der urbane Mensch im sympathischen Souterrain-Bistro. C. Sant Feliu 13, Tel. 971 42 51 87.

ÜBERNACHTEN

Tres. Der Klassiker unter den Designhotels der Stadt. Klares skandinavisch inspiriertes Design in einem zentral gelegenen Stadtpalast. Schöne Dachterrasse mit Pool. C. Apuntadores 3, Tel. 971 71 73 33, Fax 971 71 73 72, reservation@hoteltres.com, www.hoteltres.com, DZ: ab 170 €.

Die Junior Suite im Hotel Tres

Die Carrer Sindicat – eine sehr beliebte Einkaufsstraße

Palacio Avenida. Italienisches Design in einem ehemaligen Lichtspielhaus der 1940er-Jahre. Alexander Rossello 42, Tel. 971 90 81 08, Fax 971 90 81 09, www.urhotels.com, DZ: ab 90 € (Aktionspreis).

EINKAUFEN

Modeboutiquen, Feinkost, Schmuck und Accessoires sind in den Straßen Jaume II und Jaume III sowie in der C./ Sant Miguel und dem Passeig des Born vertreten. Mode internationaler Designer bekommt man vor allem am Passeig des Born und in den Gassen östlich davon. Palma wird mehr und mehr ein Zentrum für den Kunsthandel. In den Markthallen Mercat Olivar und Santa Catalina kaufen auch viele Restaurants frische Zutaten ein (Mo–Sa 7.00–14.00 Uhr). Der Flohmarkt Es Rastre findet am Sa vormittags im Altstadtviertel Sa Portella rund um die Plaça Villalonga und die Plaça des Camp statt.

NACHTLEBEN

In den Gassen hinter der Llotja im Altstadtviertel Puig de Sant Pere. Cocktailbar Abaco (C/ Sant Joan 1), Opio (C/ Montenegro 12), Jazz Voyeur Club (C./ Apuntadores 5). Am Passeig Maritim westlich der Festung Sant Pere befinden sich weitere Bars und Diskos, wie der Klassiker »Tito's«, wo vor sehr langer Zeit sogar schon Marlene Dietrich zu Gast war.

2 Kathedrale La Seu

Der Tempel des Lichts

Seit der Künstler Miquel Barceló eine Seitenkapelle in der prächtigen und pompösen Kathedrale La Seu ausgestaltet hat, ist ein Besuch in Palmas größtem Kunstschatz erst recht Pflicht. Wenn sich die Sonne durch die riesigen Buntglasrosetten bricht, erstrahlt das Innere besonders prächtig.

Die Urlauber auf den Kreuzfahrtschiffen sind wahrhaftig zu beneiden: Das Erste, was sich aus der Ferne abzeichnet, wenn ihr Schiff sich dem Hafen von Palma nähert, ist ein monumentaler Block, ein helles sandfarbenes Bauwerk: La Seu (»der Bischofssitz«), eine der schönsten gotischen Kathedralen der Welt.

Im Sonnenlicht treten die massiven Strebe- und Stützpfeiler besonders eindrucksvoll hervor, sie geben dem Baukörper Rhythmus und Struktur. Fast scheinen sie wie Kühlrippen, als wäre der Gottestempel eine gigantische Licht- und Erleuchtungsmaschine. Vom Meer oder dem Parc de la Mar zeigt sich die ganze Schönheit der rund 120 Meter langen Südfassade. Der 15 Meter hohe und tiefe Einschnitt der Porta Mirador, des »Aussichtstors«, könnte auch an den Eingang einer Moschee erinnern, würde er nicht von den fünf Propheten und fünf Erzvätern geschmückt. Die wunderbaren Steinmetzarbeiten des Portals wurden ab 1380 von den Meistern Jean de Valenciennes, Pere Morey, Guillem Sagrera und anderen ausgeführt. Die prächtige Haupt- oder Westfassade entstand deutlich später. Im Bereich des Portals überwiegt die Renaissance-Baukunst des 16. Jahrhunderts, ansonsten erkennt man neogotische Elemente des ausgehenden 19. Jahrhunderts.

Westfassade der Kathedrale La Seu mit großer Fensterrose

La Seu mit charakteristischen Außenstreben

Geschichte

Kirchen sollen nicht nur ein Haus Gottes sein, sie dienen auch zur Überzeugung oder Überwältigung der Gläubigen. Besonders nach der Rückeroberung Mallorcas durch den erst 21-jährigen König Jaume I. von Aragonien waren Zeichen der Überlegenheit und der Macht der neuen christlichen Herrscher gefragt. Ob die Kathedrale von Palma de Mallorca tatsächlich einem Gelübde des jungen Herrschers zu verdanken ist oder es doch eher sein Nachfolger Jaume II. war, der den Bau in Auftrag gab, ist umstritten.

Um das Jahr 1300 wird mit dem Bau der Kathedrale begonnen. Der erste Architekt war Ponç des Coll, der die Dreifaltigkeitskapelle errichtet hat. Sie befindet sich hinter der Königskapelle, der Capella Reial, in der Apsis. Letztere wurde wiederum von Jaime Fabre erbaut, der bereits in Barcelona an einer Kathedrale mitgewirkt hatte. Mitte des einer 14. Jahrhunderts entstehen der dreischiffige Zentralraum sowie Teile der Puerta del Mirador. Nach Vollendung des Hauptportals 1601 wird die Kathedrale geweiht. Bis ins frühe 20. Jahrhundert hinein erfolgen an dem Bau immer wieder Verän-

Infos und Adressen

LICHTSPIEL

Zwei Mal im Jahr – meist im Februar und im November – hat die Morgensonne den richtigen Winkel. Sie strahlt durch die 1236 bunten Glasteilchen der großen Rosette der Ostfassade und projiziert sie an die gegenüberliegende Wand, direkt unter die Rosette der Westfassade. Der beste Blick auf die Kathedrale bietet sich vom Parc de la Mar (links). Die Parkanlage, dessen Herzstück ein Teich mit hoher Wasserfontäne ist, wurde in den 60er Jahren des letzten Jahrhunderts angelegt. Vorher schwappte das Wasser des Mittelmeers bis an die alten Stadtmauern Palmas.

Das Hauptportal der Kathedrale La Seu

Oben: Der Hauptaltar mit Baldachin, gestaltet von Antoni Gaudí.
Unten: Abendmahlszene im Innern der Kathedrale La Seu

derungen und Ausbesserungsarbeiten. Vor allem nach einem Erdbeben im Jahr 1851 müssen Teile neu errichtet werden. Zwischen 1904 und 1914 übernimmt der katalanische Architekt Antoni Gaudí die Umgestaltung des Innenraums. Die letzte Episode in der Baugeschichte von La Seu stellt die Ausgestaltung der Capella de Sant Pere durch den mallorquinischen Künstler Miquel Barceló dar.

Innenraum

Bevor man sich vom lichten und hohen Hauptschiff verzaubern lässt, betritt man die Anlage durch die Sagristia de Vermells. Dort, wie auch in den angrenzenden gotischen und barocken Kapitelsälen, ist ein Teil des Domschatzes zu sehen. Unter anderem werden eine 120 Kilogramm schwere Monstranz aus vergoldetem Silber, eine Marienfigur aus dem 13. Jahrhundert sowie gotische Tafelbilder gezeigt.

Beim Betreten der Kathedrale ist man erst einmal überwältigt: Die Proportionen des Raumes, die schlanken Säulen, die die hohen Seitenschiffe von dem nur wenig höheren Mittelschiff trennen, erzeugen eine einmalig lichte und leichte Atmo-

Barocker Figurenschmuck

sphäre. Fast schwebend erscheint der massive 43 Meter hohe Kirchenraum. Durch die angeblich größte Fensterrosette der Welt, einem Farbrad mit 12,5 Metern Durchmesser, sowie durch eine weitere gegenüberliegende Rosette wird der Sakralraum in ein verzaubertes Licht getaucht.

Im ältesten Teil, der Trinitätskapelle, befindet sich eine Marienfigur aus dem 14. Jahrhundert. In den Sarkophagen ruhen die Könige Jaume II. und III. Den Hauptaltar krönt ein Baldachin, den Antoni Gaudí entworfen hat. 1912 wurden die schwebend wirkenden 35 Lampen montiert. Unter den 18 Seitenkapellen verdient die Capella Sant Pere, früher rechts neben dem Hauptaltar, besondere Erwähnung: Miquel Barceló, einer der renommiertesten spanischen Gegenwartskünstler und gebürtiger Mallorquiner, hat darin die alte Bindung von Kunst und Kirche erneuert. 2007 wurde die Capella Sant Pere (auch Capella del Santissimo), die sieben Jahre hinter schwarzen Plastikplanen versteckt war, der staunenden Öffentlichkeit präsentiert. Thema des Raumkunstwerks ist das »Wunder der Brotvermehrung« oder »die Speisung der 5000«.

Die Kapelle des Miquel Barceló

Miquel Barceló (geb. 1957 in Felanitx) gilt als derzeit teuerster Gegenwartskünstler Spaniens. Der Biennale-Künstler und gebürtige Mallorquiner bezeichnet sich selbst als Atheisten, dennoch wurde ihm die Ausgestaltung der Capilla del Santissimo anvertraut. So mutig und liberal zeigt sich die Kirche nicht immer. 15 Tonnen Terrakotta hat Barceló mit vollem Körpereinsatz in sieben Jahren bearbeitet, hat Tonkrüge, Schaltiere und Schädel in das weiche Material gedrückt. Angesichts mehrerer Tausend Stücke gebrannten Tons, die 300 Quadratmeter Wand umkleiden, und der schwarz-

AUTORENTIPP!

GESCHICHTEN UND GESCHICHTE

Wo gibt es die schönsten Weihnachtskrippen, wo war das jüdische Viertel, wie sieht es in einem historischen Herrenhaus aus oder welche Geschichten und Legenden erzählt man sich in Palma? Zu diesen und anderen Themen werden geführte Stadtrundgänge in mehren Sprachen angeboten. Die Kathedrale La Seu gehört mit zur Tour »Palma Monumental«. Die Kapelle von Miquel Barceló wird während einer zweistündigen Führung detailliert beschrieben. Die geführten Touren starten an der Plaça Cort und werden auf Katalanisch, Spanisch, Englisch und Deutsch angeboten. Anmelden kann man sich telefonisch unter 971 72 07 20 oder im Touristenbüro.

Die Capella de Sant Pere wurde von Miquel Barceló ausgestaltet.

Oben: Detail der Barceló-Kapelle – Thema ist die Speisung der 5000.
Mitte: Domschatz
Unten: Im Dommuseum der Kathedrale

grauen Fenster, die das Sonnenlicht filtern, als wäre man einige Meter unter der Wasseroberfläche, fühlt sich der Betrachter wie Jonas im Wal. Eine Stimmung, die gut ist fürs Gebet, sagt der Künstler. An der linken Wand sieht man allerlei Fische und das Meer. Rechts dagegen wachsen die Früchte der Erde aus der Wand: Brot, Feigen, Auberginen, Granatäpfel und Tonkrüge. Mit den Krügen will Barceló eine Verbindung zwischen der Speisung der Fünftausend und der Hochzeit von Kanaan herstellen. In der Mitte, hinter dem fünf Tonnen schweren Altarblock ist eine blasse, kaum sichtbare Christusfigur auszumachen. In ihr soll sich Barceló selbst verewigt haben.

Manchen Mitgliedern des Domkapitels geht die künstlerische Freiheit an diesem Punkt zu weit. Überhaupt wäre die ungewöhnliche Zusammenarbeit wohl nie ohne das Engagement des verstorbenen Bischofs Teodor Ubeda zustande gekommen. Nach eigenem Wunsch wurde er in der Kapelle zwischen dem Altarblock aus Binissalem und der umstrittenen Christus-Darstellung beigesetzt.

Dommuseum

Das Dommuseum befindet sich in den Kapitelsälen und der ehemaligen Sakristei. Die bedeutendsten Stücke sind eine 120 Kilogramm schwere Monstranz aus Silber, eine gotische Marienskulptur von Guillem Sagrera, Barockkandelaber, Tafelbilder und ein Reliquienschrein, der ein mutmaßliches Stück vom Kreuz Jesus aufbewahrt (Eintritt 4 Euro; Nov.–März Mo–Fr 10–15.15, April–Mai Mo–Fr 10–17.15, Juni–Sept. 10–18.15 Uhr. Sa das ganze Jahr über von 10–14.15 Uhr; www.catedraldemallorca.org).
Im Museumsshop werden Bücher, Souvenirs, religiöse Andenken und Bildnisse verkauft.

Rundgang Kathedrale

A Rosette
Die knapp 100 qm große Buntglasrosette in der Ostfassade gilt als größte der Welt.

B Capella Reial
Hauptaltar von Antoni Gaudí von 1912. Königskapelle mit Chorgestühl aus dem 15. Jh.

C Trinitätskapelle
Ältester Teil der Kathedrale mit den Sarkophagen der Könige Jaume II. und Jaume III.

D Capella Sant Pere
Ausgestaltung von Miquel Barceló (2007), »Die Speisung der 5000«.

E Capella Sant Antoni de Padua
Geplant von Guillem Sagrera; Altarretabel von Francisco de Herrera (18. Jh.).

F Capella Verge de la Corona
Kapelle aus dem 14. Jh., Altaraufsatz im churrigueresken Stil des 18. Jh.

G Capella Sant Martí
Kapelle des hl. Martin, Altaraufsatz von F. de Herrera von 1725 und barockem Gemälde.

H Capella Sant Benedict
Glassarg des Märtyrers Vicentius (2. Jh.), bemerkenswertes Kunstschmiedegitter.

I Capella del Baptisteri
Taufkapelle mit valenzianischen Malereien.

J Capella de Sant Sebastià
Barockkapelle u. a. mit Bildnissen der Helden von Alaró, G. Cabrit und G. Bassa.

K Capella de Sant Jeroni
Altaraufsatz von Gaspar Oms aus dem 16. Jh. Rechts bemerkenswertes Grabmal aus 19. Jh.

L Capella de Corpus Cristi
Bedeutender Altaraufsatz von Jaume Blanquer Mitte des 17. Jh.

M Hauptkanzel
1531 von Juan de Salas gearbeitet.

N Kreuzgang
Kleiner Kreuzgang des Domkapitels mit Zisterne.

O Alter Kapitelsaal
Gotischer Kapitelsaal mit Gemälden.

P Neuer Kapitelsaal
Barocker Kapitelsaal mit Reliquienschrein und Portal im Churrigueresk-Stil.

Q Sacristia Vermells
Sakristei mit Domschatz und Marienstatue von Guillem Sagrera.

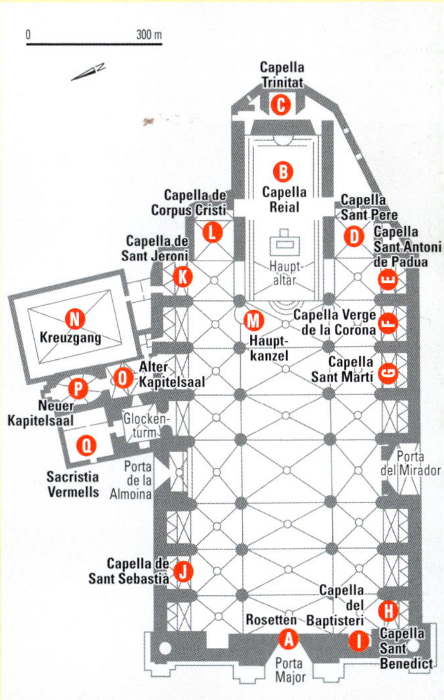

Mitte: Trutzig und wehrhaft – der Königspalast Almudaina
Unten: Blick in den Thronsaal mit kostbarem Boden- und Wandteppich

3 Palau Reial de l'Almudaina

Palast der Könige

Gegenüber dem Hauptportal der Kathedrale thront der Almudaina-Palast. Die offizielle Residenz der spanischen Könige war einst eine arabische Zitadelle. Im Salón Gótico empfängt der spanische König einmal im Jahr Gäste. Neben dem prächtigen Thronsaal sollte man sich unbedingt auch die gotische Kapelle Santa Ana ansehen.

Wo immer sich in einer alten Stadt ein strategisch günstiger Hügel erhebt, kann man sicher sein, dass sich darauf frühe Siedlungsspuren finden. So verhält es sich auch in Palma. Die bescheidene Erhebung, auf der sich die Kathedrale und der Königspalast, der Palau Reial de l'Almudaina befinden, wurde schon von den Römern genutzt und vermutlich waren sie nicht die Ersten, die auf diese Idee kamen. Die Goten machten es ihnen nach und danach die Mauren, die die Insel um 903 eroberten.

Sie bauten die Festung zu einer Al-Mudaina aus, wie der innere Bezirk einer befestigten maurischen Siedlung genannt wird. Damals reichten die Wellen des Mittelmeers noch bis an die Festungsmauern, und die Schiffe des letzten muslimischen Regenten Abu Yahya konnten einen kleinen Hafen innerhalb der Zitadelle anlaufen. Der Arc de la Mar an der Südseite des Palastareals, das einstige Meerestor, ist heute eines der wenigen Relikte, das aus maurischer Zeit erhalten geblieben ist. Der Zugangskanal zu dem 18 Meter breiten Bogen existiert allerdings heute nicht mehr. Ebenfalls noch aus maurischer Zeit stammen die Mauern, die die Festung zur Meeresseite hin schützen. Die Torre de l'Angel, der frei stehende Turm mit der Figur des Erzengels Gabriel, ist das Wahrzeichen der Anlage.

Palast für die Könige von Mallorca

Mit dem Bau der Residenz wurde erst nach der Reconquista begonnen. Über das genaue Datum sind sich die Historiker nicht einig, es könnte 1281 oder 1309 gewesen sein. Unter Jaume III., Mitte des 14. Jahrhunderts, waren die Arbeiten abgeschlossen.

Pere Salvat, der Baumeister des Castell Bellver, plante auch den Palast, den Jaume II. gelegentlich als Sommerresidenz nutzte. Die meiste Zeit weilte der König jedoch in Perpignan, wo die Könige von Mallorca einen Sitz besaßen, der dem von Palma sehr ähnelte. Noch heute ist die Almudaina einer der offiziellen Königspaläste der spanischen Monarchie, in dem König Juan Carlos jeden Sommer eine Audienz abhält. Die rechteckige Anlage hat mit ihren massiven Mauern eher Festungs- als Palastcharakter. Lediglich zur Meeresseite hin öffnet sich das Gebäude mit einer arkadengestützten Loggia. 14 zinnenbewehrte Wachtürme umgeben den Bau, in dem heute auch die Kommandantur des Militärs untergebracht ist. Der einstige Burgfried, die Torre de Homenatge, wurde möglicherweise schon von den Mauren gebaut. Er wird von einer Bronzefigur des Erzengels Gabriel bekrönt.

Besichtigung

Der Besucherrundgang der nur teilweise zugänglichen Anlage beginnt auf dem Patio de las Armas, dem »Waffenhof«. Im Rahmen einer Führung oder mit Audioguide betritt man seitlich des Innenhofs die gotische Capella de Santa Ana mit einem romanischen Marmorportal. Über den Patio de las Reinas, den »Hof der Königinnen«, mit den ehemaligen arabischen Bädern schließen sich die Gebäudeflügel Palau del Rei und Palau de la Regina an, die nur dem Königspaar vorbehalten waren. In Ersterem ist der große Audienzsaal, der Salón Gótico, und der kostbare Thronsaal.

Infos und Adressen

INFORMATION

Palau Reial:
Tel. 971 21 41 34,
www.patrimonionacional.es

Öffnungszeiten:
April–Sept. Di–So 10–20 Uhr, sonst Di–So 10–18 Uhr.

Führungen:
Die Besichtigung ist im Rahmen von Gruppenführungen oder alleine mit Audioguide möglich.

Gratis in den Palast:
Die Liegenschaften der spanischen Krone sind Staatseigentum und werden vom Patrimonio Nacional verwaltet. Bis auf den privaten Miravent-Palast im Westen Palmas, wo die Königsfamilie sich im Sommer aufhält, und dem Hauptwohnsitz Zarzuela bei Madrid können die königlichen Paläste besichtigt werden. Den Almudaina-Palast besucht man am besten mittwochs zwischen 17 und 20 Uhr im Sommer und zwischen 15 und 18 Uhr im Winter. Dann ist der Eintritt für EU-Bürger frei. Ausweis nicht vergessen!

Das Arbeitszimmer von König Juan Carlos

AUTORENTIPP!

GALERIERUNDGANG DURCH SANT PERE

Um einen Eindruck über das aktuelle Kunstgeschehen zu bekommen, bietet sich ein Rundgang durch die Galerien Palmas an. Im Viertel Sant Pere (zwischen Born und Museum) hat sich eine lebendige Galerieszene entwickelt. Die Galería Joanna Kunstmann in der C/ Sant Feliu 18 zeigt zeitgenössische, meist figurative Kunst. Zu den wichtigsten der Insel gehört die Galería Major zwei Häuserecken weiter in der C/ Can Sales 10. Die Galerie Kewenig bespielt das Oratorio de Sant Feliu in der gleichnamigen Straße. Eigentlich ist dieses Gebetshaus ein spätromanisches Schmuckstück, fast zu schade für seine neue Funktion. In der C/ Sant Feliu stößt man auf weitere Galerien, ebenso in der C/ San Jaime, die aber schon etwas außerhalb des Viertels liegt.

4 Museum Es Baluard

Eine Festung für die Kunst

Palmas Museum für moderne und zeitgenössische Kunst ist ein echtes Highlight. Kontrastreich fügt sich die moderne Architektur in die Mauern der ehemaligen Festung Es Baluard ein. Die Sammlung zeigt eine hochkarätige Auswahl moderner Kunst, die Wechselausstellungen sind Positionen zeitgenössischer Künstler vorbehalten. Auch wer an Kunst kein so großes Interesse hat, wird zumindest die Caféterrasse mit schöner Aussicht über die Bucht schätzen.

Obwohl es erst wenige Jahre besteht, kann man sich das Zentrum für moderne Kunst heute schon nicht mehr wegdenken. Das avantgardistische Bauwerk, das sich auf mehreren Rampen in die ehemalige Festungsanlage Baluard de Sant Pere duckt, gibt dem vielfältigen Kunstschaffen der Insel einen angemessenen Ort.

Kunstsammlung Pere A. Serra

1997 stellten die Stadt Palma und die Inselregierung 17,5 Millionen Euro für Restaurierung und Ausbau der ehemaligen Festung am nördlichen Ende von Sant Pere bereit. Hinter den alten Mauern versteckt sich heute ein strahlend weißer Mu-

Museum Es Baluard

seumsbau, der mit Kunstwerken aus der Sammlung Pere A. Serra bestückt wurde. Der Großverleger – zur Grup Serra gehören mehrere Zeitungen und Radiostationen sowie das deutschsprachige »Mallorca Magazin« – hat im Lauf seines Lebens Werke der klassischen Moderne von Cézanne, Gauguin, Picasso gesammelt, ebenso wie Miró, Magritte, Giacometti und Künstler der 80er- und 90er-Jahre wie Sigmar Polke, Anselm Kiefer, Julian Schnabel und Miquel Barceló. Bis 2013 hat der deutsche Sammler Hans Grothe dem Haus vier Werke von Anselm Kiefer überlassen. Grothe plant mit der Inselregierung ein Kiefer-Museum auf Mallorca.

Spannend, weil nur an wenigen Orten zu sehen, sind die Landschaftsmalereien mit mallorquinischen, katalanischen und mediterranen Sujets von Santiago Rusiñol, Joaquim Mir, Hermenegild Anglada-Camarasa oder Manuel H. Mompó.

Kunst und Kultur gratis

Die Stadt Palma organisiert das ganze Jahr über zahlreiche Veranstaltungen wie die Internationale Woche des Tanzes, Palma amb la Dansa, mit Aufführungen von April bis Mai. Jedes Jahr im August kann man Konzerte, Film- und Theateraufführungen im Parc de la Mar zwischen Kathedrale und Meer im Rahmen des Sommerprogramms Palma Nit a Nit verfolgen. Kostenlosen Eintritt zu wechselnden Ausstellungen hat man in den Stadtpalästen Casal Solleric (Passeig des Borne), Casal Balaguer (C/ Unió), im Kulturzentrum La Misericordia in der gleichnamigen Straße und im Kulturzentrum Sa Nostra (C/ Concepciò). Ebenfalls frei ist der Eintritt im Museum für spanische zeitgenössische Kunst der Stiftung Joan March (C/ Sant Miquel) und mittwochs der Eintritt in den Almudaina Palast (für EU-Bürger).

Infos und Adressen

INFORMATION

Fundació Es Baluard Museu d'Art Modern i Contemporani de Palma: Plaça Porta Santa Catalina 10, Tel. 971 90 82 00, www.esbaluard.org

Öffnungszeiten: Mitte Juni–Sept. Di–So 10–21 Uhr, Rest des Jahres bis 20 Uhr.

Führungen: Mi und Do um 16.30 Uhr werden Gruppenführungen angeboten. Anmeldung unter 971 90 82 01.

Museumsrestaurant: Eine Kombination aus historischer und zeitgenössischer Architektur. Von der Caféterrasse aus genießt man das Panorama über Bucht und Hafen von Palma.

Es Baluard Restaurante: Nicht weit vom Museum liegt diese Anlaufstation für Feinschmecker und Freunde kreativer mallorquinischer Küche. Trotz der Qualität eher gutbürgerliche als edle Atmosphäre. Plaça Porta de Santa Catalina 9, Tel. 971 71 96 09, So geschl.

Schwerpunkte der Sammlung sind zeitgenössische Kunst und mallorquinische Malerei des 20. Jh.

Mitte: Museum Fundacio Pilar i Joan Miró
Unten: Rafael Moneo entwarf 1993 den sternförmigen Museumsbau.

5 Museum und Atelier Joan Miró

Miró und Mallorca

1956 zogen Joan Miró und seine von der Insel stammende Frau Pilar nach Mallorca. Im modernistischen Atelierhaus von Josep Lluis Sert arbeitete der Künstler bis zu seinem Tod 1983. Durch den Verkauf von Bildern aus dem Nachlass konnte die Stiftung den sternförmigen Museumsbau finanzieren, den der spanische Stararchitekt Rafael Moneo entworfen hat.

Joan Miró gehört zu den wenigen Künstlern des 20. Jahrhunderts, deren Arbeiten eine enorme Breitenwirkung hatten und haben. Via Plakat und Kunstdruck und allerlei Nachahmungen haben es die Strichmenschen im typischen Miró-Design bis in die Kinderzimmer dieser Welt geschafft. Das ist verblüffend, zumal der Katalane eine eigene, durchaus private Bildsprache entwickelt hat, die sich nicht ohne Weiteres erschließt. Zweifellos aber strahlen die Werke häufig etwas Fröhlich-lebendiges aus, etwas Heiteres, das man sofort mit dem Süden und dem Mittelmeer in Verbindung bringt. Die reinen, unvermischt aufgetragenen Farben kontrastieren mit schwarzen Linien, die sie zu Formen oder Figuren verbinden. Miró-Bilder wirken zeichenhaft-primitiv und scheinen einer Welt der Fantasie oder Poesie zu entstammen, die nur auf den ersten Blick dekorativ wirkt.

Neben Barcelona mit seinem Miró-Museum ist Palma de Mallorca durchaus ein geeigneter Ort, um sich mit dem Schaffen des Spaniers Joan Miró und seinem Arbeitsumfeld vertraut zu machen.

Vom Buchhalter zum Künstler

Joan Miró wurde 1893 in Barcelona geboren. Bevor er sich an der Academia Gali einschrieb, arbeitete er als Buchhalter. Schon nach drei Jahren beschloss der 22-Jährige die Ausbildung abzubrechen und die Laufbahn eines freien Künstlers einzuschlagen. Die wichtigsten Einflüsse erfährt er aus Paris, wo er zunächst die Malerei der Fauvisten und Kubisten kennenlernt. Im Jahr 1918 fand seine erste Einzelausstellung in Barcelona statt, in der bedeutenden Galerie Dalmau. Ein Jahr später reiste er erstmals nach Paris, wo er mit seinem schon berühmten Landsmann Picasso zusammentraf. 1921, zur großen Zeit des Surrealismus, zog er in die französische Hauptstadt. Miró lernt Bretón und seine Anhängerschaft kennen und greift deren Konzept der »automatischen Malerei« auf, die durch verschiedene Techniken versucht, die Bereiche des Unterbewussten in die Werke einfließen zu lassen. Nach Versuchen mit der Collage zeigen die Arbeiten jener Zeit bereits die für Miró typische Abstrahierung zu zeichenhaften Formen.

Leben auf Mallorca

In den 1950er- und 1960er-Jahren erreichte der Katalane den Höhepunkt seines Erfolgs. 1956 verlegte Miró seinen Wohnsitz nach Mallorca. Durch seine Mutter und seine Frau Pilar, die beide von der Insel stammten, gab es enge Bindungen zur Insel. Zu dieser Zeit wurde er bereits in zahlreichen Museen Europas ausgestellt, das MoMa in New York bereitete eine Retrospektive vor. Trotz der internationalen Anerkennung lebte und arbeitete Miró auf Mallorca weitgehend isoliert. Bis Ende der 1970er-Jahre gab es keinen öffentlichen Auftrag für den zurückhaltenden Katalanen, dennoch wurde Mallorca zu einem wichtigen Abschnitt in seinem Leben. Auf dem Grundstück der

AUTORENTIPP!

NOCH MEHR ARCHITEKTUR

Das von Josep Lluis Sert entworfene Atelier-Studio von Joan Miró ist eins der wenigen herausragenden Gebäude der 50er- bis 70er-Jahre. Architekturkenner werden bei dem Namen Jørn Utzon (geb. 1918) aufhorchen. Der dänische Architekt wurde vor allem durch die Oper von Sydney berühmt, an der er zwischen 1956 und 1966 arbeitete. 1971–1972 baute er sich auf Mallorca seinen Alterssitz. Das Wohnhaus Can Lis liegt an den Klippen von Porto Petro. Mit seiner klaren Struktur und der Verwendung lokaler Materialien (Marès-Stein) gilt es als Neuinterpretation eines mediterranen Hauses. 1994 baute er sich ein zweites Haus weiter im Landesinneren, das Can Feliz en s'Horta de Felanitx. Auch von diesem Bau im Valle de Calonge aus ist das Meer zu sehen, über ihm thront stolz das Castillo de Santueri. Federico Climent hat ein Buch über die beiden Häuser geschrieben, die leider nicht besichtigt werden können.

Buchtipp: Jørn Utzon, Dos Casas en Mallorca, Federico Climent, Conselleria de Turisme, 2000

Ein Highlight der modernen Architektur – das Atelierhaus von Joan Miró

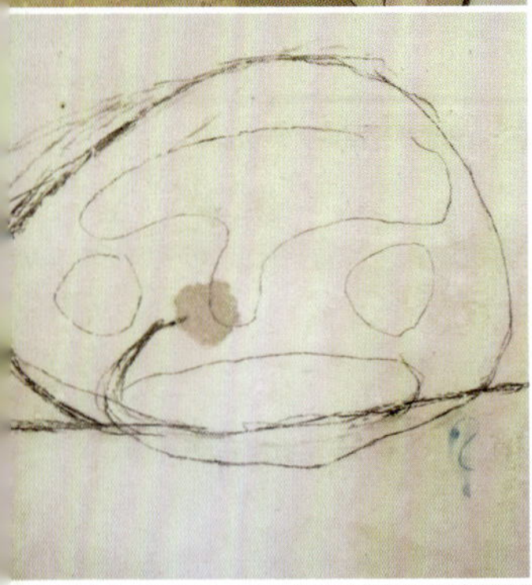

Oben: Graffiti-Zeichnungen in Mirós Wohnhaus
Mitte: Keramikarbeiten von Miró
Unten: Wandzeichnungen im Wohnhaus des Künstlers

Finca Son Abrines ließ er sich von seinem Freund, dem Architekten Josep Luis Sert, ein Atelierhaus bauen. Sert, der seinerzeit zu den wichtigsten Architekten Spaniens gehörte, entwarf ein Gebäude, das durch seine gebrochene Dachstruktur auffällt, die zum einen die traditionelle Form der *volta catalana* aufgreift und andererseits an die gespreizten Flügel von Möwen erinnert.

Im angrenzenden Landhaus Son Boter, das eine gewisse Baronin von Münchhausen als Pension führte, wurden Gäste untergebracht. Später kaufte der Künstler die trutzige *masia*, ein Bauernhaus aus dem 17. Jahrhundert, hinzu und nutzte sie als Werkstatt für Keramik und Skulptur.

Mit zunehmendem Alter wendet sich der Künstler immer wieder neuen Ansätzen und Arbeitsbereichen zu, seine Kunst wird experimenteller. Er entwickelt den sogenannten Sobreteixismus, Materialbilder aus Textilien, er malt Kirchenfenster und entwirft riesige Skulpturen.

Fundació Pilar i Joan Miró

Aus Sorge um sein kreatives Erbe, das Atelier und das Landgut Son Boter rief er 1981 gemeinsam mit seiner Frau Pilar eine Stiftung ins Leben. Neben dem Atelierhaus und der Finca erhielt die Stadt Palma gut einhundert Gemälde als Schenkung. Rund 40 Arbeiten werden bei Sotheby's versteigert und garantieren die Finanzierung eines Museumsbaus, der im Jahr 1993, zehn Jahre nach dem Tod des Künstlers und zu seinem 100. Geburtstag, fertiggestellt wurde.

Besichtigung

Der modern-elegante Bau von Rafael Moneo wird im Inneren durch transparente Alabasterscheiben erhellt. Neben der sehenswerten Gemäldesamm-

Im Atelier des Meisters

lung befinden sich in der Miró-Stiftung auch eine Bibliothek, ein Dokumentationszentrum, eine Werkstatt und ein Café. Im Außenbereich wurden Skulpturen des Künstlers aufgestellt.

Unbedingt sehenswert ist das von Sert entworfene Atelierhaus. Mit den farbigen Türen in Rot, Gelb und Blau und den Backsteinwänden, die von einer weißen Betonstruktur getragen werden, erinnert die Fassade an eine konstruktivistische Komposition, deren Strenge durch die Bogenfragmente des Dachs aufgelockert wird. Im Inneren befindet sich das große Malatelier Mirós: Pinsel, die Staffeleien, Werkbank und zahlreiche Entwürfe und einige fertige Bilder machen den Eindruck, als hätte er die Arbeit nur für einen Moment unterbrochen. Etwas oberhalb, in Son Boter, hatte der Meister seine Skulpturenwerkstatt eingerichtet. Gelegentlich malte er auch in diesem Anwesen aus dem 17. Jahrhundert. Das Haus Son Abrines, in dem Pilar und Joan Miró lebten, befindet sich heute im Privatbesitz und kann nicht besichtigt werden.

Infos und Adressen

INFORMATION

Fundació Pilar i Joan Miró:
Joan de Saridakis 29, Sommer Di–Sa 10–19, im Winter bis 18 Uhr, So ganzjährig 10–15 Uhr.
Neben dem Museumsbau mit wichtigen Werken aus dem Nachlass des Künstlers kann sein Atelierhaus besichtigt werden.

Anfahrt:
Stadtbus Linie 3, Haltestelle Marivent oder Linie 6, Haltestelle Joan de Saridakis.

Die Fassade des Atelierhauses von Pilar und Joan Miró

6 Castell Bellver

Rundburg mit Ausblick

Fünf Kilometer vom Stadtzentrum entfernt wacht das Castell Bellver über der Bucht von Palma. Die Festung aus dem 13./14. Jahrhundert ist die einzige Rundburg Spaniens, sie wurde schon bald als Gefängnis genutzt. Im Inneren findet sich ein Innenhof mit einem doppelstöckigen Rundgang, und vom Dach der Anlage bietet sich eine grandiose Aussicht.

Schon für die ersten Reisenden, die im 19. Jahrhundert nach Mallorca kamen, gehörte das Castell Bellver zum Besichtigungsprogramm. Sie ließen sich, wie es Jules Verne in seiner Erzählung »Clovis Dardentor« beschreibt, von einem Kutscher auf den Hügel im Westen der Stadt Palma bringen und genossen, genauso wie die Touristen von heute, das Panorama über den Hafen und die Bucht von Palma de Mallorca.

MAL EHRLICH

SCHATTEN DER SCHÖNHEIT

Man schätzt und bewundert sie und kein Reiseführer wagt es, ihre Schönheit zu bezweifeln. Der Glanz und die Pracht von Palästen, Schlössern und Gotteshäusern bereichert jede Reise, ist manchmal sogar ihr eigentlicher Grund. Doch sobald man sich mit der Historie eines Bauwerks befasst, trifft man häufig auf eine dunkle, manchmal verdrängte Seite. So auch beim Castell de Bellver. Da ist klare Schönheit der Architektur – und da sind die Gräuel, die hinter diesen Mauern geschahen: Das Leid der politisch Inhaftierten, das Pogrom an den Juden, die hier im 15. Jahrhundert den Tod fanden.

Mitte: Das Castell de Bellver, von dem sich eine grandiose Aussicht bietet.
Unten: Das Museum der Festungsanlage

Der kreisrunde Innenhof des Burgpalasts ist einzigartig.

Von der königlichen Residenz zum Staatsgefängnis

Schon aus einiger Entfernung erkennt man die charakteristische Form der Anlage. Bellver gehört zu den wenigen Rundburgen Europas. Noch im 13. Jahrhundert, nach der Rückeroberung Mallorcas durch König Jaume I., wurde mit dem Bau auf dem rund 100 Meter hohen Hügel begonnen. Es sollte eine Sommerresidenz entstehen, die zugleich die strategisch wichtige Position über dem Hafen nutzt. 1311 konnte der Sohn des ersten mallorquinischen Königs, Jaume II., einziehen und das Regierungsgeschäft von der neuen Residenz aus leiten. Die Planung der in Spanien einzigartigen Anlage hatte der Architekt Pere Selvá übernommen, der auch den Umbau des Almudaina-Palastes begleitete.

1343 musste Bellver nach der Belagerung durch den König von Aragón übergeben werden. Die Witwe des gefallenen Königs Jaume III. sperrte man ins Burgverlies. Mitte des 15. Jahrhunderts bekam das Kloster Valldemossa die Aufgabe, die

AUTORENTIPP!

GANZ SPANIEN IN EINEM DORF

In der Nähe des Castell de Bellver beim Kongresszentrum liegt das Poble Espanyol. Das »Spanische Dorf« besteht aus 22 berühmten Bauwerken. Etwa dem Haus El Grecos aus Toledo, dem Innenhof der Alhambra, auch Valencia, Madrid, Teneriffa, Ciudad Real und Córdoba sind vertreten. Als das Dorf 1967 errichtet wurde, galt es im franquistischen Spanien, die nationale Einheit aller Regionen zu demonstrieren. Zugleich wollte man den Touristen zeigen, dass es in Spanien noch mehr zu sehen gibt als die Strände von Mallorca. Der neue Eigentümer, der Immobilienunternehmer Mathias Kühn, hat das Dorf zu einer edlen Ausgehzone verwandelt. Im »Nuevo Pueblo Español« finden sich ein modisches Fusionsrestaurant, das Alhambra Lounge Café und eine Chillout-Bar im Nachbau der Kathedrale.

Im Poble Espanyol – das »Spanische Dorf« besteht aus 22 Bauwerken.

Oben: Blick vom Burgberg
Mitte: Das Castell de Bellver ist der einzige runde Festungsbau in Spanien.
Unten: Sammlung des Kardinal Despuig Danneto im Castell de Bellver

Festung zu unterhalten. Die Mauern von Bellver trotzten nicht nur den zahlreichen Angriffen der Piraten, die im 16. und 17. Jahrhundert zu einer wahren Plage wurden, sie eigneten sich auch bestens, um dahinter all jene einzusperren, die den Plänen und Machenschaften der jeweiligen Machthaber gefährlich werden konnten. Bellver wurde Staatsgefängnis. Besonders gefürchtet war die Torre de Homenatge, der »Ehrenturm«, in dessen Sockel sich *la olla* (»das Loch«) befindet. Der Name lässt schon vermuten, dass die Insassen des gefürchteten Verlieses nicht unbedingt damit rechnen konnten, noch mal ein freies Leben zu führen. Der prominenteste Gefangene war der Schriftsteller und Staatsmann Gaspar Melchor de Jovellanos. Wegen seiner Kritik an der Staatsführung Karls III. wurde er 1790 verbannt und zwischen 1802 und 1808 in Bellver eingesperrt. Allerdings hatte er eine etwas angenehmere Zelle. Man findet sie beim Rundgang im ersten Obergeschoss.

Brunnen im Innenhof der Burg von Castell de Bellver

Rund und rätselhaft

Der kreisrunde Grundriss der Burganlage ist in Spanien einzigartig. Nach einer bislang nicht schlüssig belegten Theorie ist die Formgebung vom Mystiker und Missionar Ramón Llull beeinflusst. Llull hatte ein System von Kreisen entwickelt, das eine Art Mechanik der Logik simulieren sollte und mit dessen Hilfe er Antworten auf grundlegende Fragen zu finden hoffte.

Im Zentrum der runden Festung öffnet sich ein repräsentativer Innenhof, der den Residenzcharakter der Anlage unterstreicht. Ein doppelstöckiger und einheitlicher Arkadengang umschließt die freie Mitte mit seiner frühgotischen, rational anmutenden Eleganz. Vier Türme umgeben die Festung, wobei die Torre de homenatge frei steht und durch eine kleine Brücke mit dem Hauptbau verbunden ist.

Rundgang mit Aussicht

Besucher finden im Erdgeschoss ein Museum zur Stadtgeschichte Palmas (Museu d'Historia de la Ciutat). Dort wird die Geschichte der Hauptstadt der Balearen von der Bronzezeit bis zur Gegenwart dokumentiert. Im Obergeschoss sind der Thronsaal und die Sammlung klassischer Skulpturen zu sehen. Die Figuren wurden vom kunstsinnigen Kardinal Antoni Despuig Dameto (1745–1813) gesammelt, der einer der reichsten Familien der Insel entstammte. Ursprünglich befand sie sich im Herrenhaus Raixa (s. Highlights S. 226 ff.), wo der Kardinal logierte. Der Burgfried, die Torre de homenatge kann nach Anmeldung im Rahmen einer geführten Tour besichtigt werden. Unübertroffen ist die Aussicht vom Dach der Festung. Da das Castell de Bellver und das Museum bis 2013 restauriert werden, muss man davon ausgehen, dass nicht immer alle Bereiche zugänglich sein werden.

Infos und Adressen

INFORMATION

Castell Bellver:
Camilo José Cela, April–Sept. Di–So 10–19 Uhr; Sept., Okt., März, Apr. bis 18 Uhr; Nov.-Feb. bis 17 Uhr.

Anfahrt:
Buslinie 50 (Sightseeingbus, Haltestelle Bellver), Buslinie 3 und 46 (Haltestelle C/ Joan Miró 16).

Poble Espanyol:
Poble Espanyol, tägl. 9–19 Uhr.

Das Kastell bei Nacht

7 Platja de Palma

»Einer geht noch«

Man mag darüber streiten, ob die Platja de Palma zu den Hauptsehenswürdigkeiten Mallorcas gehört oder nicht. Ohne Zweifel ist der kilometerlange Sandstrand mit den Orten Can Pastilla, Les Meravelles und S'Arenal aber ein Epizentrum des Tourismus. Weltberühmt wurde Spaniens Keimzelle des Massentourismus durch den »Ballermann«. Jetzt soll das Areal zur Vorzeigeregion für einen nachhaltigen Tourismus werden. Die wilden Jahre sind bald vorbei.

Die Platja de Palma verändert sich. Jedes Jahr ein bisschen. Anfang des 20. Jahrhunderts standen ein paar Fischerhütten am Strand. Heute ragt an der Küste ein urbanes Gebilde auf, das aussieht, als wäre es von einer Sturmflut an den Strand gespült worden. Es wurde viel und schnell gebaut in den letzten 60 Jahren. Den meisten Touristen gefällt es, den

Mitte: Die Hauptattraktion der Platja de Palma bleibt der lange Sandstrand.
Unten: Hauptsache Spaß – Partyurlauber am »Ballermann«

MAL EHRLICH

GANZ NORMAL?

»Die Playa de Palma ist viel besser als ihr Ruf«, sagt Marco Gulpen. Der Deutsche betreibt die Pension »Dos Pins« in Las Maravillas an der Platja. Wer nicht »das Extrem« wolle, womit Gulpen die Zone zwischen den *balnearios* sechs und sieben meint, muss nur einige Meter in die eine oder andere Richtung laufen, dort könne man ganz normal Urlaub machen. Jeder, der einmal da war, weiß, dass er recht hat. Der Strand ist bestens, und der Rest ist das typische Tourismusding. Vielleicht liegen die Probleme der Platja nicht so sehr in betagten Hotelanlagen, sondern darin, dass der Mythos »Ballermann« nicht mehr ins Bild des edleren Mallorcas passt.

Partytouristen am »Ballermann« sowieso. Durch das exzessive Trinkverhalten der Urlauber wurde der Begriff »Ballermann« zeitweise zum Synonym für den gesamten Küstenabschnitt. Das war ebenso falsch wie den Bereich »Arenal« zu nennen. Arenal ist nämlich nur der südöstlichste Teil des Touristenzentrums, nach Osten hin schließt sich Les Meravelles an und dann Can Pastilla. Der Hort deutscher Trink- und Grölkultur beschränkt sich auf eine schmale Zone zwischen den Strandbars sechs und sieben.

50 Jahre Massentourismus

Die Tourismusstrategen sind vom Ruf der Platja de Palma wenig begeistert. Zwar wurde die Uferpromenade in den 90er-Jahren zu einem attraktiven, autofreien Boulevard umgestaltet, doch den einfachen Hotelkästen aus der Gründerzeit des Massentourismus fehlt häufig Komfort und Luxus. Im Hintergrund der Debatte, die schon seit Jahren die Insel beschäftigt, geistert auch der Begriff »Ballermann«. Bei der kollektiven Sprachleistung, das spanische *balneario* (»Bad«), das in Wirklichkeit eine Strandbar ist, zum »Ballermann« zu verballhornen, war mit großer Wahrscheinlichkeit Alkohol im Spiel. Das exzessive Feiern am *balneario* sechs war über Jahre hinweg legendär. Der »Ballermann« wurde zum Synonym für einen vornehmlich deutschen Tourismus, der – wie die Sangría – Unterschiedliches mixte: Ein bisschen rheinischen Karneval und Kiez, Oktoberfest- oder Festzeltatmosphäre, dazu Sonne und Süden und die Sicherheit, weit weg von zu Hause zu sein. Und schon hat man eine tragfähige Basis für den enthemmten Ausnahmezustand.

Urlaub als Volksfest

Die Party am »Ballermann« hat sich einerseits in riesige Bierhallen und Diskotheken verlagert, andererseits wurde sie am Strand und in den *balnearios* auf

AUTORENTIPP!

AKTIV IN ARENAL

El Arenal (kastilisch) oder S'Arenal, wie es auf Katalanisch heißt, ist ein guter Ausgangspunkt für ausgedehnte Radtouren durch den Süden der Insel. Die Gemeinde Llucmajor, zu der Arenal gehört, hat ein Streckennetz von 400 km für Radler ausgeschildert, darunter auch zwei Routen für Mountainbiker. Eine leichte und landschaftlich schöne Tour führt vom Aqualand Arenal entlang der Steilküste zum Cap Blanc, an der Talayot-Siedlung Capocorb Vell vorbei und über den Camí de sa Torre zurück. Die genaue Beschreibung der 38 km langen Strecke gibt es in den Tourismusbüros der Gemeinde Llucmajor und als Download im Internet: www.llucmajor.org

Eine typische Bettenburg mit zum Teil günstigen Unterkünften

Oben: Der Mega-Park in der Schinkenstraße auf dem »Ballermann«
Mitte: Symbole deutscher Kultur
Unten: Auch bei frisch gebackenen Abiturienten ist die Party am »Ballermann« beliebt.

ein ziviles Maß zurechtgestutzt. Der legendäre Sangría-Eimer ist mittlerweile Objekt des (bislang nur angedachten) Tourismus-Museum und dem nächtlichen Feiern unter freiem Himmel wurde durch eine strenge Lärmverordnung ein Riegel vorgeschoben. Trotzdem tobt im Sommer die Party: Wenn die deutsche Bierseligkeit in Fahrt kommt, wird auf den Tischen des »Oberbayern«, des »Bierkönig« oder »Mega-Park« getanzt. Bei Letzterem handelt es sich um eine Bierhalle mit einem Fassungsvermögen von 8000 Menschen. Tanzende Gogos und nicht mehr ganz taufrische Schlagerstars gehören zum Unterhaltungsprogramm. Zweifelhafte Gassenhauer, die nur im alkoholisierten Zustand zu ertragen sind, werden dann voller Inbrunst mitgegrölt. Der Ballermann polarisiert: Entweder man macht mit oder einen großen Bogen um die Party. Ansonsten ist der acht Kilometer lange Sandstrand mit seinen 16 Balnearios ein ganz normales Ziel des Massentourismus. Exzessiv ist heute nur noch die Zahl der Hotelbetten, die mit rund 50 000 beachtlich ist.

S'Arenal

Am südlichen Ende der Platja de Palma liegt Arenal. Es ist der älteste und am engsten bebaute Teil des Strandabschnitts mit zum Teil günstigen Unterkünften. Gerade hier hat sich die Inselregierung ein ambitioniertes Projekt auferlegt: S'Arenal und die gesamte Platja de Palma sollen zum Modell für einen nachhaltigen Massentourismus werden. Den Wettbewerb hat ein holländisches Architekturbüro gewonnen, das eine Frischzellenkur aus Design und ökologischem Know-how vorsieht. Einige Hotels werden abgerissen werden, andere modernisiert. Städtische Plätze und Grünzonen sollen dem Betonstreifen neue Lebensqualitäten geben. Rund drei Milliarden Euro sollen in den kommenden zehn Jahren investiert werden. Der »Ballermann« soll bleiben, allerdings in einem Spaßbereich domestiziert werden.

Infos und Adressen

INFORMATION

O.I.T Municipal Platja de Palma. Plaça de les Meravelles, Platja de Palma, Tel. 971 26 45 32, www.playadepalma.es

Oficina d'Informació Turística mòbil. Avda. Miramar con calle Berga, S'Arenal, Tel. 971 66 00 50

Oficina d'informació turística. C/ Trencadors esquina Terral 23, S'Arenal, Tel. 971 44 51 42, www.llucmajor.org

ÜBERNACHTEN

Hotel Ciutat Jardí. Das älteste Hotel an der Playa de Palma ist auch das schönste. 1921 wurde es strandnah in einer Mischung aus Kolonial- und Jugendstil erbaut. Seine 20 Zimmer sind stilvoll-neutral eingerichtet. Die Atmosphäre der Anlage lebt vom parkähnlichen Garten und den eleganten Gemeinschaftsräumen. C/ Illa de Malta 14, Ciutat Jardí, Tel. 971 74 60 70, www.hciutatj.com. DZ ab 150 €.

AKTIVITÄTEN

Jetski, Wind- und Kitesurfing, Parasailing, Banana-Boat, Beachvolleyball. Auf dem Radweg, der entlang der Promenade bis nach La Palma führt, genießen Inliner und Radler den Blick auf die Bucht.

Aquacity. Das größte Spaßbad der Insel liegt am Ortsausgang von Arenal in Richtung Cala Blava (15. Mai – Ende Sept. tägl. 10–17 Uhr, Juli und Aug. bis 18 Uhr).

NACHTLEBEN

Das Nachtleben konzentriert sich auf die Zone hinter den Balnearios 5 bis 8, spielt sich also nicht in Arenal, sondern im Ortsteil Les Meravelles ab. Dort befinden sich die Bierhallen und Hofbräuhaus-Imitate wie »Bierkönig« und »Mega-Park« sowie die Schinkenstraße mit ihren zahlreichen Lokalitäten. In den Freiluftlokalen beginnt in der Saison (April bis September) das allabendliche und feucht-fröhliche Massengelage. Animiert von DJs, Schlagerstars, Gogo-Tänzerinnen oder einfach durch eine Sportübertragung auf Großleinwand kommt die deutsche Seele in Schwingung. Ab Mitternacht verlagert sich das Geschehen in die Diskotheken. Prostitution und Kriminalität sind feste Größen im Nachtleben rund um den »Ballermann«.

Bierkönig. Riesiges Lokal mit Festzeltatmosphäre, Schinkenstraße.

Bamboleo. Beliebtes Lokal mit dem typischen Musikmix aus Schlagern, Mallorca-Hits und Gassenhauern, Schinkenstraße.

Mega-Park. Ein 8000 Besucher fassender Biergarten mit Außenwänden, die ein gotisches Kastell nachahmen: gegenüber dem Balneario 5.

Riu Palace. Die größte Disco an der Platja de Palma ist bei jüngerem Publikum beliebt. Internationale DJs in den Sommermonaten: C/ Llaut.

Party im Mega-Park

SÜDWESTEN

9 Portals Nous

Im Hafen des Luxus

Wer hat die teuerste Jacht, wer hat das schnellste Auto? In Portals Nous kann man zeigen, ob man es zu etwas gebracht hat. Der dazugehörige Hafen Porto Portals ist Mallorcas Jetset-Adresse. Schicke Boutiquen, edle Restaurants und die Kulisse sündhaft teurer Jachten machen die Atmosphäre des Privathafens aus. Weiter westlich schließen sich mit Palma Nova und Magaluf die Hochburgen des britischen Massentourismus an.

Vorne blitzen weiße Jachten im Sonnenlicht, von denen manche so hoch ins Blau ragen wie mehrstöckige Häuser. Weiter hinten tanzen Sonnenreflexe auf dem Meer, das je nach Tageszeit silbrig, kupfern oder golden den Himmel spiegelt. Ein Mann stellt sein Luxusfahrzeug verbotenerweise an der Mole ab, vielleicht hat er etwas auf seinem Boot vergessen. Er grüßt den Nachbarn, der die abgedunkelten Fenster seiner Motorjacht putzt, als wäre es meditative Übung. Das Leben kann so

MAL EHRLICH

NICHTS FÜR KLEINE KINDER

Für die Spektakel der Unterhaltungs- und Freizeitparks von Magaluf gibt es keine Altersbeschränkung. Allerdings ist die Abenteuertour durch das House of Katmandu mit seinen Grusel- und Illusionseffekten nichts für kleine Kinder. Das gilt auch für das Spaß- und Freizeitbad Western Water Park. Um etwas vom teuren Eintritt zu haben, sollte der Nachwuchs mindestens sieben oder acht Jahre alt sein. Familien mit größeren und kleineren Kindern sind im Aqualand am besten aufgehoben. Außer in Magaluf gibt es diesen Wasserspaß auch in S'Arenal.

Vorangehende Doppelseite: Im Hafen der Bucht Port d'Andratx liegen öfter hunderte kleine Boote.
Mitte: Urlaub auf der Jacht
Unten: Die Hafenpromenade von Puerto Portals

schön sein – wer kann es sich leisten? In Porto Portals fühlt man sich wie in der Kulisse für einen Hollywoodfilm – eines Films, indem es um die Nöte und Vergnügungen der oberen Zehntausend geht.

Exklusiv und teuer

Ist Marbella schön oder Monaco? Nein, darum geht es nicht, auch nicht in Porto Portals, dem Hafen von Portals Nous. Es geht um Träume, Sehnsüchte, ums Haben und ums Zeigen. Und darum, dabei zu sein oder sich im Glanz der anderen zu sonnen. Porto Portals ist Spaniens Jetset-Hafen, ein Ort der High Society, der Schönen und Reichen. Selbstverständlich tummeln sich auch viele Normalsterbliche am schicken Hafenkai, in den Bars und Restaurants. Und das ist auch gut so, denn ohne Zuschauer macht auch der Urlaub auf der größten Jacht keinen Spaß.

Historische Wurzeln hat der Hafen im Westen von Palma nicht. Er wurde erst in den 1980er-Jahren angelegt. Eigner ist ein deutscher Unternehmer, dem übrigens nicht nur Porto Portals gehört, sondern auch der malerische Weiler Biniagual und das gleichnamige Weingut bei Binissalem. 2011 hat der Jetset-Hafen sein 25-jähriges Bestehen gefeiert. Zweifellos eine Erfolgsgeschichte – die 670 Liegeplätze gehören nicht nur zu den teuersten des Mittelmeerraums, es ist auch schwer, an einen zu kommen. Wer seine 18-Meter-Jacht dauerhaft in Porto Portals parken möchte, muss mindestens eine Million Euro für den Liegeplatz investieren.

Zum Luxus auf See gesellt sich der an Land. Parallel zum Hafen findet sich eine Shopping- und Gastrozone mit edlen Boutiquen und exklusiven Restaurants. Neben dem Tristán (siehe Seite 70 ff.) gibt es weitere ausgesprochen gute Adressen, wo es neben dem Genuss auch immer ums Sehen und

AUTORENTIPP!

ZUM BADEN IN DIE BUCHT VON PORTALS VELLS

Die Küste zwischen Palma und Port d'Andratx ist dicht bebaut. Die Strände sind von Apartments und Hotelanlagen umstellt. Idyllisch und weitgehend natürlich ist die Bucht von Portals Vells mit ihren drei Sandstränden. Am südlichsten gibt es übrigens auch ein Strandlokal, die Bar »Es Repos«. Wer gerne hüllenlos ins Meer steigt, findet in der Nachbarbucht El Mago einen 20 Meter breiten FKK-Sandstrand. Vom Parkplatz des südlichen Strands von Portals Vells führt ein Pfad zur Cova Mare de Déu. Ein Händler aus Genua soll im 15. Jh. vor der Küste in Seenot geraten sein, konnte sich aber retten und stiftete zum Dank eine Marienfigur, die lange Zeit in der künstlichen Höhle stand. Die *cova* wurde später von Seeleuten und Anwohnern der Region als Kapelle genutzt.

Anfahrt. Von Magaluf aus in Richtung El Toro. Kurz hinter dem »Aqualand« fährt man in der abknickenden Rechtskurve geradeaus. Die Nebenstraße führt durch einen Golfplatz. Am ersten Abzweig geht es links zum Strand El Mago, weiter geradeaus erreicht man den Parkplatz des Strandes von Portals Vells.

Infos und Adressen

CASTELL BENDINAT

Noch bevor man von Palma nach Portals Nous kommt, gleich bei der Autobahnabfahrt nach Illetes, fällt ein schlossähnliches Herrenhaus auf. Das Castell Bendinat wurde Ende des 19. Jh. im neogotischen Stil erbaut. Die Ursprünge der Anlage gehen auf ein Landgut im 13. Jh. zurück. Die Legende erzählt, dass beim ersten Essen, das der König Jaume I. nach der ersten siegreichen Schlacht gegen die Mauren 1229 einnahm, gesagt haben soll: »bé hem dinat!« (»wir haben gut gegessen«), woher der Ort seinen Namen erhalten habe. Übrigens soll dieses erste Festessen auf mallorquinischem Boden lediglich aus Zwiebeln bestanden haben. Das Herrenhaus ist in privatem Besitz und kann nur einmal im Jahr im Rahmen einer Gruppenführung besichtigt werden (Termin bitte in der Touristeninformation erfragen).

Geballter Luxus – Puerto Portals hat die teuersten Liegeplätze Mallorcas.

Gesehenwerden geht. Es macht Spaß, nach Portals Nous oder Porto Portals zu kommen, nur eines darf man nicht: neidisch sein. Man sollte sich freuen können an der großen Geste.

Palmanova und Magaluf

Verlässt man Portals Nous auf der alten Landstraße in Richtung Andratx kommt man zunächst am Marineland vorbei. In dem Tier- und Vergnügungspark hat man sich auf Dressurshows mit Delfinen und Seehunden spezialisiert. Kurz darauf passiert man eines der besten Inselhotels, das St. Regis Mardavall. Vom äußerst luxuriösen Ambiente kann man sich bei einem Imbiss auf der Terrasse des »Aqua« überzeugen. Das informellere der beiden Hotelrestaurants bietet frische mediterrane Leckereien.

Dann ändern sich Atmosphäre und Klientel: Palmanova und Magaluf sind die Epizentren des britischen Massentourismus. Sozusagen das Pendant zur Platja de Palma, nur mit Fish and Chips statt Bratwurst und Pommes. Viele Hotelhochhäuser, darunter einige ältere Semester, prägen die Szenerie. Zweifellos bietet Magaluf ein großes Freizeitangebot, darunter attraktive Spaßbäder. Wer sich für Wasserrutschen begeistert, ist im »Aqualand« richtig. Der »Western Water Park« ist eine Mischung aus Vergnügungs- und Wasserpark vor Westernkulisse. Der Hingucker ist allerdings das »House of Katmandu«, die neueste dieser Freizeitanlagen. Das Gebäude sieht aus wie ein buddhistischer Tempel, der vom Himmel gefallen und auf dem Dach gelandet ist. Im Inneren gibt es einen multimedialen Parcours mit Illusionsräumen, Irrgarten, einer Kältekammer und anderen Kuriositäten. Erzählt wird die Geschichte eines gewissen Kilgore Goode, einem Abenteurer, der auf der Suche nach einem antiken Juwel gefährliche Situationen meistern muss. Indiana Jones lässt grüßen.

Infos und Adressen

INFORMATION

OMIT Municipal Illetes. Passeig d'Illetes 4, Im Centre Comercial l'Auba, Illetes. Tel./ Fax 971 40 27 39, omtilletes@calvia.com, www.visitcalvia.com

OMIT Magaluf. Pere Vaquer Ramis 1, Magaluf, Tel. 971 13 11 26, omtmagaluf@calvia.com

ESSEN UND TRINKEN

Flanigans. Hier speisen auch Juan Carlos und die königliche Familie gerne. Treffpunkt der Jachtbesitzer und anspruchsvollen Residenten. Wie beim »Tristán« (siehe Seite 70 ff.) ist Reservierung empfohlen. Porto Portals, Local 16, Tel. 971 67 91 91.

ÜBERNACHTEN

Hotel Bendinat. Traumhaft gelegen, an einer Felsklippe und von Pinien umgeben ist dieses Traditionshotel. Mit seinen 52 Zimmern ist das Haus angenehm überschaubar. Liegt direkt am Meer, zum nächsten Strand sind es 500 Meter. C/ Andres Ferret Sobral 1, Portals Nous, Tel. 971 67 57 25, www.hotelbendinat.es, DZ 100–156 €.

St. Regis Mardvall Mallorca Resort. Das Fünf-Sterne-GL-Haus liegt direkt an der Küste. Allerdings ist es weniger die Lage als die ausgesuchte Qualität, die für das Hotel sprechen. Fünf Restaurants und eine sehr große Spa stehen den Gästen zur Verfügung. Passeig Calvià, Costa d'en Blanes, Tel. 971 62 96 29, www.luxurycollection.com/mardavall, DZ ab 280 €.

NACHTLEBEN

BCM Planet Dance. Mallorcas größte Disco mit Platz für 5000 Gäste. Im Sommer tägl. ab 23 Uhr. Avinguda S'Olivera, Magaluf, www.bcm-planet-dance.com

AKTIVTIPPS

Marineland. Aquarien und Dressurshows mit Delfinen (11.45 und 15.45 Uhr) und Seelöwen (10.30 und 13 Uhr). Eintritt 22,50 €, Kinder bis 12 Jahre 16,50 €. C/ Gracilaso de la Vega 9, Costa d'en Blanes, Tel 971 67 51 25, Mitte Feb.–Okt. tägl. 9.30–16.30 Uhr, www.marineland.es

Aqualand. Spaßbad mit vielen Rutschen und Wasserspielzonen. Auch für kleine Kinder geeignet. Eintritt 21,50 €, Kinder bis 12 Jahre 14,50 €. Ctra. Cala Figuera, Magaluf, Tel 971 13 08 11, www.aqualand.es, Juni–Aug. tägl. 10–17, im Aug. bis 18 Uhr.

Western Water Park. Wasser- und Vergnügungspark mit Westernambiente. Eintritt 25 €, Kinder bis 12 Jahre 16,50 €. Ctra. Magaluf – Sa Porrasa, Tel. 971 12 12 03, www.westernwaterpark.com

House of Katmandu. Das Gebäude sieht aus wie ein buddhistischer Tempel, der auf dem Kopf steht. Im Inneren gibt es Gruselkammern, eine Begegnung mit einem Yeti und andere Abenteuer zu bestehen. Eintritt 18 €, Kinder bis 12 Jahre 10 €. Av. Pere Vaquer Ramis 9, Tel. 971 13 46 60, www.katmandupark.com, im Sommer tgl. 10–24, sonst bis 22 oder 18 Uhr.

Pool im Aqualand

10 Tristán

Spitzenküche auf Mallorca

Das Tristán am noblen Jachthafen von Portals Nous halten viele Feinschmecker für das beste Restaurant der Insel. Als Chefkoch Gerhard Schwaiger 1986 begann, war Mallorca nach seiner Einschätzung noch »eine gastronomische Einöde«. Heute ist die Balearen-Insel ein Ziel für Gourmetreisende. Wichtig ist dem deutschen Chefkoch des Sternerestaurants, frische Produkte der Insel zu verarbeiten.

Es ist mal wieder ein sonniger Vormittag auf Mallorca. Am Hafen von Portals Nous herrscht eine arbeitsame und zugleich entspannte Atmosphäre. Die Terrassen der Lokale werden für den Tag vorbereitet, und an den Luxusjachten bringen Männer in weißen Arbeitskitteln die verchromte Reling auf Hochglanz. Auch auf der Außenterrasse des »Bistro del Tristán« wird noch gearbeitet. Vielleicht noch eine halbe, höchstens eine Stunde, dann ist es mit der Ruhe vorbei, dann beginnt wie jeden Tag in der Saison das Schaulaufen der Gäste und ein langer arbeitsamer Tag in der Küche.

Gerhard Schwaiger, Executive Chef des »Tristán«, das viele Gourmets für das beste Restaurant der Insel halten.

Das Projekt – ein Spitzenrestaurant für Mallorca

Gerhard Schwaiger kam vor 26 Jahren nach Mallorca. Sein Projekt, eine Spitzengastronomie auf der Ferieninsel aufzubauen, ist ihm ohne Zweifel gelungen. Das Tristán liegt in erster Reihe am Hafen, dort, wo die größten Jachten liegen. Es gibt keinen Zweifel, welches das renommierteste Restaurant am Platz ist. Dabei zeigt sich, dass der Deutsche aus Memmingen auf Äußerlichkeiten keinen großen Wert legt. Was ihm am Herzen liegt und wofür er kompromisslos arbeitet, ist die

Gerhard Schwaiger mit Küchenchef Klaus Brunmayr

Qualität seiner Küche. Er ist erst zufrieden, wenn alles stimmt, wenn ein Essen genau so aussieht und schmeckt, wie er es sich vorgestellt hat.

Doch der Anfang war schwer. Es fehlten die Produkte, es fehlte die Infrastruktur, vieles musste importiert werden. Das Team kämpfte gegen die ungünstigen Strukturen, gegen das entspannte Lebensgefühl der Insulaner, das die Urlauber lieben, das Arbeitstier Schwaiger aber Nerven kostet. Improvisieren und reduzieren, anders geht es am Anfang nicht. Im Nachhinein war es ein Glück, sagt Schwaiger, »denn so konnte ich im Tristán einen eigenen Stil entwickeln.«

Lokal und saisonal

Heute hat Gerhard Schwaiger keine Probleme mehr, frische Himbeeren im Winter und grünen Spargel im Herbst zu bekommen. Alles ist immer verfügbar, unabhängig davon, woher die Zutat kommen mag oder welche Jahreszeit gerade ist. Und das gefällt dem Küchenchef gar nicht. »Die Küche wird beliebig und der Gast ist überfordert«, sagt er.

Aber der Memminger kannte noch die Zeit, als er mit dem auskommen musste, was die Märkte an lokalen Produkten hergaben – und dabei ist er ge-

Infos und Adressen

DER CHEF KOCHT

In der ersten Etage des Tristán bietet Gerhard Schwaiger vormittags Themen-Kochkurse an. Die Teilnehmer (mindestens sechs Personen) bereiten zwischen 11 und 15 Uhr zusammen mit dem Meister vier saisonale Gerichte zu. Zu jedem Gang wird ein passendes Getränk ausgewählt und anschließend verkostet. Näheres unter www.formulaschwaiger.com oder Tel. 971 67 72 77.

Gerhard Schwaiger wurde 1959 in Memmingen geboren. Wichtige Lehrjahre hat er im berühmten »Tantris« in München bei Heinz Winkler verbracht, der ihn 1986 ins Tristán nach Mallorca mitnahm. Nach dem Ausscheiden von Heinz Winkler im Jahr 1989 übernahm er die Geschäftsführung. Gleich im ersten Jahr (1987) durfte sich das Tristán über einen Michelin-Stern freuen, und im Jahr 1989 feierte Herr Schwaiger mit seinem Team den zweiten Stern, der ihm 2010 aberkannt wurde.

Auf die Details kommt es an.

Oben: Bar »d'Es Mercat« in der Markthalle Santa Catalina
Unten: Chefkoch Gerhard Schwaiger prüft auf dem Markt Angebot und Reife der Produkte.

blieben, bei der saisonalen marktfrischen Küche. Mehrmals die Woche geht er zum Mercado de Santa Catalina in Palma oder am Sonntag auf den Markt von Santa Maria del Camí und prüft den Reifegrad der Produkte, schaut, was gerade gut ist. Für herausragend hält er die Qualität des heimischen Gemüses und des Weins. Eine Delikatesse ist auch die rote Gamba – sofern man sie bekommt: Das Meer um Mallorca ist überfischt. Nur zu einem Bruchteil lässt sich mit dem Fang der Bedarf der Insel decken. Das Gleiche gilt für landwirtschaftliche Produkte, für Feldfrüchte, Obst und Fleisch. Mallorca ist zu klein, um allein mit heimischen Produkten die 870 000 Einwohner und jährlich rund 10 Millionen Urlauber zu ernähren.

Andererseits sieht sich das Tristán-Team als Verfechter einer lokalen und nachhaltigen Küchenphilosophie. Doch auch wenn der *local-food*-Gedanke nicht konsequent praktiziert wird: Endlose Lieferwege sind dem Memminger ein Gräuel. Dann geht er lieber auf einen Bauernmarkt. Die vorhandenen ländlichen Strukturen zu unterstüt-

MAL EHRLICH

FALSCHER ANSPRUCH

Kochen ist eine Kunst. Spätestens seit spanische Köche wie Ferrán Adria die Küche revolutioniert haben, sind überraschende Dekonstruktionen, Sphären und Schäume an der Tagesordnung. In der Spitzengastronomie haben diese Kunststücke ihren Platz. Die Versuche mittelmäßiger Lokale, mit kühnen Schichtungen, unvermeidlichen Balsamico-Malereien und zweifelhaften Gemüseessenzen oder Pürees zu punkten, gehen dagegen auf die (Geschmacks-)Nerven. Gutes Kochen ist zunächst einmal eine Frage des handwerklichen Könnens – und keine Augen- beziehungsweise Balsamico-Wischerei.

Fisch frisch vom Markt – ein Muss in der Spitzengastronomie

zen, hält er für eine moralische Pflicht eines Kochs. Außerdem sind Qualität und Geschmack einfach besser.

Vielleicht braucht ein Koch, der sich bis in die Spitzenklasse vorarbeiten will, auch eine Portion Sturheit oder sagen wir Konsequenz. Es überrascht, dass der Chefkoch des »Tristán« seine Gerichte nicht an dem Geschmack der Zeit ausrichtet, sondern nur daran, was er gut findet und was ihm schmeckt. So suchte man etwa in den 1990er-Jahren und zur Jahrtausendwende vergebens nach Fernöstlichem, als in den Metropolen der Welt nichts ohne Sushi und Sashimi ging. Auch das arabische Erbe, das in Spanien und auf Mallorca so beflissentlich hervorgekramt wird, die Verbindung von süß und salzig ist nichts für den Deutschen. Es schmeckt ihm nicht, also macht er es nicht. Gemessen an den Kreationen der sogenannten Molekularküche Spaniens arbeitet der Deutsche eher klassisch, ist mehr an Aroma und Geschmack interessiert als an überraschenden Innovationen.

Das »Tristán« ist ein glamouröser Ort. Nur wenige Meter von der Hafenmole entfernt und mit Blick auf die Jachten und das Meer genießen die Gäste im neu gestalteten und modernisierten Ambiente

AUTORENTIPP!

GROSSE KÜCHE ZU KLEINEN PREISEN

Gute Küche hat ihren Preis. Die Arbeit der Köche und die Verarbeitung von qualitativen und frischen Produkten sind nun einmal kein Schnäppchen. Erfreulich, dass es Adressen gibt, die den Weg einer erschwinglichen Spitzenküche versuchen. Hier zwei interessante Restaurants, die nicht die Klasse eines »Tristán« erreichen, aber doch auf ihre Art überzeugen:

Genestar. Etwas außerhalb der Altstadt von Alcúdia bietet das »Genestar« beste mediterrane und kreative Küche. Der Chefkoch verzichtet auf ein großes Angebot und serviert nur im Menü. Das hält die Preise im angenehm günstigen Rahmen. Modernes, angenehmes Interieur.
Pl. Porta de Mallorca 1, Alcúdia, Tel. 971 54 91 57, www.genestarestaurant.com, Jan sowie So mittags im Sommer, sonst Mi und So abends geschl. Menü ab 25 €.

Simply Fosh. Nach Jahren im Read's Hotel in Santa Maria del Camí hat Sternekoch Marc Fosh ein neues Arbeitsfeld entdeckt: Spitzenküche zu demokratischen Preisen. Im Hotel Convent de la Missió, C/ Missió 7a, Palma, Tel. 971 72 01 14, www.simplyfosh.com, So geschl. Das Tagesmenü gibt es für 22 €, das Degustationsmenü kostet 65 €.

Oben: Palmen an der Promenade sorgen für die richtige Urlaubsstimmung.
Mitte: Umgebung des »Tristàn« – Luxusjachten in der Marina von Portals Nous
Unten: Puerto Portals ist Mallorcas Jetset-Adresse.

Das Restaurant und das Bistrot des »Tristán«

die Kunst Schwaigers und seines Küchenteams. Im Sommer kann es durchaus sein, dass König Juan Carlos sich zum Besuch anmeldet. Dann gelten besondere Sicherheitsvorkehrungen. Ansonsten ist es dem Chefkoch egal, welcher Promi gerade welches Essen bestellt hat. »Es wäre ein Betrug an den anderen Gästen, wenn ich für Claudia Schiffer anders oder besser kochen würde«, sagt er. So wie er es sagt, kann man ihm glauben.

Prominente Gäste hin oder her: Sobald serviert wird, ist ohnehin das Essen der Star. So ein Abend im »Tristán« ist ein kostspieliges, aber vielleicht auch unvergessliches Vergnügen. Bei einem Degustationsmenü – serviert in sieben Gängen – könnte es so aussehen: Calçots auf zwei Arten mit Süßkartoffeln, Königskrabbe und Wurzelgemüse mit Zitronen-Thymian-Fond; Blätterteigtarte mit Puntalette-Nudeln, spanischen Morcheln, Trüffeln und Petersilienessenz; Seezunge und Mallorquinische Gamba in der Brotkruste, gratinierter Blumenkohl mit Erbsensprossen und Brokkoli-Bärlauch-Püree; Feldsalatcoulis mit Paella Sushi; rosa gebratene Wachtelbrust mit Blattspinat, Rosmarincreme und Polenta; Stilton mariniert mit altem Portwein, Comté Grand Reserve mit Schnittlauchbrot und Feigen; Mallorquinische Erdbeeren mit Mandeln. Guten Appetit!

Mallorcas Spitzenrestaurants

Tristán. Chef: Gerhard Schwaiger. Elegant und in erster Reihe am Jachthafen bietet das Restaurant klassisches, mediterranes Flair und höchste Qualität bei Speisen und Service. Günstiger und weniger offiziell ist »El Bistrot de Tristán« im selben Gebäude. Porto Portals, Local 1, Tel. 971 67 55 47, www.grupotristan.com, März–Okt., Mo geschl., Degustationsmenü 159 €.

Plat d'Or. Chef: Rafael Sánchez. Klassisch elegant mit dezenter Modernität gibt sich das Restaurant im Arabella Sheraton Son Vida Hotel. Die Kreationen von Rafael Sánchez bauen auf ausgesuchte mediterrane Grundlagen auf, wie Stockfisch, weiße Bohnen oder *botifarró*-Wurst und interpretieren sie individuell und kreativ. Nur am Abend geöffnet. C/ Vinagrella, Palma de Mallorca, im Arabella Sheraton Golf Hotel Son Vida, Tel. 971 78 71 00, www.mallorca-resort.com, Menü ab 55 €.

Es Racó d'Es Teix. Chef: Josef Sauerschell. Das familiär geführte Restaurant serviert wahre Geschmackserlebnisse. Besonders schön sitzt man an einem Sommerabend auf der Terrasse. Sehr angenehmer Service. Beispiele: Terrine vom *foie gras* und Kaninchen mit grünem Spargel; Wolfsbarsch mit Risotto von Meeresfrüchten und Orangen; Mandelparfait mit Ananascarpaccio in *solivellas*-Olivenöl. C/ Sa Vinya Vella 6, Deià, Tel. 971 63 95 01, www.esracodesteix.es, 15. Nov.–Jan. sowie Mo und Di geschl., Degustationsmenü ab 72 €.

Es Molí d'En Bou. Chef: Bartomeu Caldentey. Klare Linien und modernes Ambiente passen zum innovativen Stil von Tomeu Caldentey. Der 40-jährige Chefkoch war der erste Mallorquiner, der mit einem Michelin-Stern ausgezeichnet wurde. Unterschiedliche Menümöglichkeiten. Kreative mediterrane Küche. Liles, Sa Coma, Tel. 971 56 96 63, www.esmolidenbou.es, im Jan. und Mo geschl., Degustationsmenü ab 85 €.

El Olivo. Chef: Guillermo Méndez. Im edlen Hotel La Residencia in Deià speist man in einem rustikalen Saal. Ausgesuchter Service, innovative Küche und mitunter prominente Kundschaft gehören zu einen Abend im »El Olivo«. Finca Son Canals, im Hotel La Residencia, Deià, Tel. 971 63 90 11, www.hotel-laresidencia.com, Jan. geschl., Degustationsmenü 99 €.

Es Fum. 2011 hat der Österreicher Thomas Kahl für das Restaurant des St. Regis Mardavall Resort einen Michelin-Stern erkocht. Kahl, der bei Pierre Gagnaire und Johann Lafer gearbeitet hat, setzt auf kreative Menüs und persönlichen Service. Inselspezialitäten wie die rote Gamba aus Sóller oder Lamm aus Orient treffen auf exotische Zutaten und viel Experimentierfreude. Passeig Calvia, Costa d'en Blanes, Tel. 971 62 96 29, www.restaurant-esfum.com, Do–Mo ab 19.30 Uhr geöffnet. Das 6-Gänge-Menü kostet 128 €.

Ravioli mit Fenster – ein Klassiker des »Tristán«

Die malerische Bucht von Port d'Andratx

11 Port d'Andratx

Umschwärmte Hafenschönheit

Der natürliche Hafen von Port d'Antrax wird malerisch von Felsen gerahmt. An der Hafenmole und in den mondänen Cafés pflegt man einen entspannten und aufwendigen Lebensstil. Kein Wunder, Port d'Andratx ist die teuerste Wohngegend Mallorcas. Der Hauptort Andratx im Landesinnern versprüht noch den ländlichen mallorquinischen Charme. Davon überzeugt man sich am besten an einem Mittwoch, wenn Wochenmarkt ist.

Es bleibt ein Geheimnis, weshalb es attraktiver ist, seine Villa neben, über oder unter die des reichen und manchmal prominenten Nachbarn zu drängen, als an einen anderen, ebenso schönen, aber weiträumigeren Ort der Insel zu ziehen. Da die Welt nun mal so ist, wie sie ist, kleben die millionenschweren Bauten aus Glas und Beton an den Felsnasen um Port d'Andratx wie die sprichwörtlichen Schwalbennester.

Ebenfalls zu den Grundgesetzen unserer Welt gehört, dass da, wo viel ist, auch gerne viel genommen wird. Damit sind nicht nur die enormen Boden- und Immobilienpreise in Port d'Andratx gemeint, sondern auch die Anfälligkeit von Politik und Baubranche für illegale Geschäfte.

Mit Korruption zum Wachstum

Ein wenig Wasser darf man schon in den Wein gießen, der hier einmal für das Hafenstädtchen Port d'Antratx und seine idyllische Umgebung stehen soll. In einem anderen Ort wäre es eher ungewöhnlich, dass ein Bürgermeister mit dem Porsche unterwegs ist. Nicht in Andratx: Jetset-Bürgermeister Eugenio Hildalgo wollte sich eigentlich ei-

Der Hafen von Port d'Andratx – von Felsen eingerahmt

nen Ferrari zulegen, doch seine Parteigenossen von der Partido Popular (PP) sollen ihm zu einem weniger auffälligen Fabrikat geraten haben. Hidalgo machte, was er wollte. Eigenmächtig umging er die strengen Bebauungsgesetze, mit denen die Balearenregierung ab den 1990er-Jahren den urbanistischen Wildwuchs bekämpfen wollte. Zu diesen Gesetzen gehört etwa, dass nur auf Grundstücken von mindestens 14 000 Quadratmetern gebaut werden darf. Und nur dann, wenn bereits ein Haus, und sei es eine Ruine, darauf steht. Man nehme also irgendeine Bauernhausruine und baue sie provisorisch auf dem Grundstück auf, das Bauland werden soll. Im November 2006 wurde der Bürgermeister von Andratx wegen des Verdachts auf Geldwäsche, Amtsmissbrauch und Bestechlichkeit festgenommen.

Höchste Immobilienpreise

Mit schöner Regelmäßigkeit beschäftigen ähnliche, vielleicht nicht ganz so große Skandale wie der von Andratx die mallorquinische Öffentlichkeit. Ihre Attraktivität ist zugleich Segen und

Infos und Adressen

INSEL FÜR GOLFER

Mal kurz nach Mallorca zu jetten, um an einem Charity-Turnier teilzunehmen oder einfach nur zum Golfen und Entspannen – das ist für viele schon fast selbstverständlich. Zumindest in den Kreisen der Gut- bis Besserverdienenden. Internationale Prominenz aus Sport, Politik, Wirtschaft und Medien ist regelmäßig auf einer der derzeit 24 Anlagen zu finden. Die Verbindung von Erreichbarkeit, Infrastruktur, Hotel- und Restaurantangebot und Exklusivität auf Mallorca ist in Europa unschlagbar. Der Platz mit der höchsten Promi-Dichte ist die Anlage von Golf d'Andratx beziehungsweise das Clubrestaurant »Campino«. Jedes Jahr im Herbst steht das sportliche Großereignis an, die Mallorca Classics.

Weitere Informationen:
Golf-Verband der Balearen;
www.fbgolf.com oder
Vereinigung der Golfplätze der Balearen (ACGB);
www.mallorcagolfisland.com

Auf ins Grün – golfen auf Mallorca

Oben: Ein Haus wie eine Skulptur – das Studio Weil
Unten: Dynamisch gefaltet – der Libeskind-Bau verschränkt innen und außen.

Fluch für die Balearen-Insel. Wo Immobilienpreise innerhalb von zehn Jahren um über 200 Prozent steigen können und selbst ein einfaches Haus mit Meerblick mindestens 1,5 Millionen Euro kostet wie in Port d'Andratx, ist die Versuchung naturgemäß groß, auf Abkürzungen oder krummen Wegen ans große Geld zu kommen. Übrigens sehr hoch im Kurs stehen die 120 Villen, die der russische Architekt Pedro Otzoup entworfen hatte. Der im Jahr 2000 verstorbene Architekt kam zur rechten Zeit nach Mallorca. Mit seinen Villen im mediterranen Stil, in denen etwa alte Balken aus Olivenholz und Natursteine zum Einsatz kamen, prägte er einen Trend. Eines seiner größeren Häuser besaß Topmodel Claudia Schiffer, die es jedoch vor einigen Jahren an einen russischen Milliardär verkauft hat. Das luxuriöse Anwesen liegt auf der Landzunge zwischen Camp de Mar und Cala Fornells. In Cala Fornells hat der Architekt auch eine große Wohnanlage gebaut.

Im mondänen Hafen

Das spannendste Haus im mondänen Hafenort hat der amerikanische Architekt Daniel Libeskind ent-

MAL EHRLICH

DER BERG IST VOLL

Knapp 30 Prozent der Gemeindebewohner von Andratx sind Ausländer. Die größte Gruppe stellen die deutschen Landsleute dar. Ein Plätzchen im sogenannten Düsseldorfer Loch hat seinen Preis, und der soll in Port d'Andratx höher sein als an jedem anderen Ort der Insel. Daher wird jedes nutzbare Fleckchen bebaut und zu Geld gemacht. Die schöne Landschaft wuchert mit Beton zu. Den Einheimischen ist das zu Recht suspekt, auch wenn viele dabei gut verdienen. Ist Port d'Andratx noch zu retten?

Ein Galerieraum des Studios Weil

worfen. Das Studio Weil der amerikanischen Künstlerin Barbara Weil liegt an der Südostseite der Bucht und kann nach Anmeldung besichtigt werden. Die offene Struktur von ineinander verschränkten Kreisbögen ist aber auch gut von außen zu erkennen. Ansonsten spielt sich das Leben von Port d'Antrax rund um den schönen natürlichen Hafen ab. Das Zentrum liegt an der südöstlichen Seite der Bucht. Hier befinden sich die Cafés und Restaurants, hier liegen die Segel- und Motorjachten der reichen Residenten aus Deutschland, England, Spanien und Russland. Wie auch an anderen Marinas fallen die klassischen Holzboote auf, die Llaüts, die zum Teil noch als Fischerboote, häufiger aber als Freizeitboote im Gebrauch sind. Von zwei Firmen in Marratxi werden sie noch gebaut.

Es lohnt sich auch, die Parallelstraße zur Hafenpromenade entlangzugehen. Hier finden sich Shops und Boutiquen und die Dorfkirche. Fährt oder geht man auf dieser Seite der Bucht weiter,

AUTORENTIPP!

WEINPROBE AM SONNTAG ÖKO

Das Weingut fügt sich so malerisch in die Berglandschaft oberhalb von Andratx ein, als hätte es sich ein Maler erdacht. Tatsächlich ist es noch gar nicht alt, sondern wurde erst 1985 von der schwedischen Familie Lundqvist aufgebaut. Zum Teil ragen die Weinkeller in den Berg hinein. Im romantischen Gewölbe lockt jeden Sonntag ab 12 Uhr eine offene Weinprobe die Touristen auf den Berg. Nachdem man sich von der Qualität der Produkte – neben Wein gibt es auch eine Reihe lokaler Spezialitäten – überzeugt hat, kann man auf einem Rundgang die Bodega kennenlernen und das eine oder andere kulinarische Souvenir erstehen.

Bodegas Santa Catarina. Crta Andratx – Capdellá, km 4, Andratx, Tel. 971 23 54 13, www.santa-catarina.com, Mo–Fr 10–18 Uhr. Offene Weinprobe und Besichtigung So

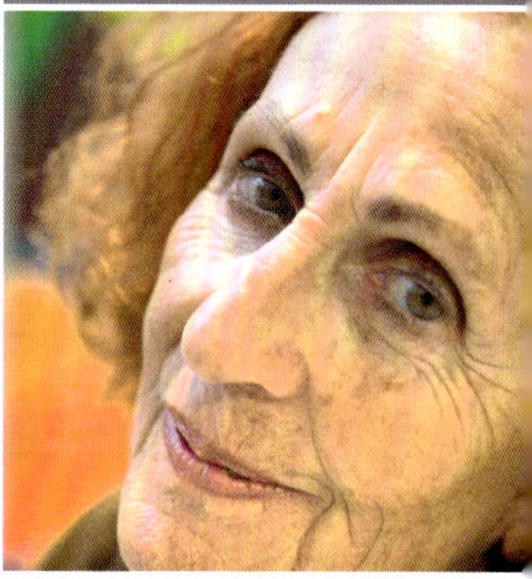

Die Künstlerin Barbara Weil

Oben: Am Kap de sa Mola
Unten: Blick über Port d'Andratx

kommt man am Libeskind-Bau vorbei, durchquert ein Villenviertel und erreicht an der Südspitze das Cap de sa Mola mit schöner Aussicht. Einen Badestrand gibt es hier allerdings nicht.

Andratx

Wenn nicht gerade Mittwoch und Markttag ist, wird der Hauptort Andratx von den Besuchern gemieden. Zu Unrecht, denn das Landstädtchen hat den typisch mallorquinischen Charme, der den Dörfern Südfrankreichs näher ist als denen des spanischen Festlands. Die Wehrkirche Santa Maria geht auf das 13. Jahrhundert zurück. Vom Kirchplatz hat man einen schönen Blick über den alten Ortskern. Am Ortausgang fällt das neugotische bzw. historistische Stadtschloss Son Mas auf, in dem das Rathaus untergebracht ist. Jeden Mittwochvormittag, wenn auf dem Wochenmarkt Früchte, Gemüse, lokale Wurst- und Käsespezialitäten, Kleidung und anderes zum Verkauf stehen, wird es eng und lebhaft im Städtchen.

Im 19. Jahrhundert war Andratx ein Zentrum für Seifenherstellung und Holzverarbeitung. Mit der Industrialisierung auf dem Festland, vor allem um Barcelona, waren die Mallorquiner jedoch nicht mehr konkurrenzfähig. Es begann eine harte Zeit, viele suchten ihr Glück in Kuba, das damals eine spanische Kolonie war. Erst mit dem Tourismus ab Mitte des 20. Jahrhunderts ging es wieder aufwärts. Andratx hat auch ein für seine Größe bemerkenswertes Kunstzentrum. Das Centro Cultural Andratx wurde von den dänischen Galeristen Jacob und Patricia Asbaek gegründet. Es liegt an der Straße in Richtung Es Capdellà. Neben der sehenswerten Sammlung zeitgenössischer Kunst finden regelmäßig Sonderausstellungen statt. Auch ein Museumsshop und eine Cafeteria laden zum Besuch ein.

Infos und Adressen

INFORMATION

OIT Port d'Andratx. C/ Fàbrica, Es Port, Tel. 971 67 13 00.
O.I.T. Andratx. Av. de la Cúria 1, Andratx, Tel./Fax 971 62 80 19, info-andratx@andratx.cat, www.andratx.cat

WICHTIGE SEHENSWÜRDIGKEITEN

Hafen. von Port d'Andratx. Treffpunkt und Zentrum des Ortes. Auf der Promenade lässt sich die gesamte Hafenbucht erkunden.
Studio Weil. Architekt Daniel Libeskind hat das Galeriehaus für die amerikanische Künstlerin Barbara Weil gebaut. Besichtigung nach Voranmeldung, Tel. 971 67 16 47.
Centro Cultural Andratx. Kunstzentrum, Ausstellungen zeitgenössischer Kunst. C/ Estanyera 2, Andratx, Tel. 971 13 77 70, Di–Fr 10.30–19, So 10.30–16 Uhr, www.ccandratx.com

ESSEN UND TRINKEN

Miramar. Ausgezeichneter Service und ausgezeichnete Fischgerichte. Vielleicht das beste Restaurant am Platz. Seit Jahren eine sehr gute Adresse an der Hafenpromenade. Av. Mateo Bosch, Tel. 971 67 16 17, Hauptspeisen ab 20 €, Tagesmenü 20 €.
Barlovento. Entspannt genießt man auf den Terrassen des Restaurants und schaut dabei über die Bucht. Sehr gut gelingt der Küche die Paella mit Meeresfrüchten für 24 € pro Person. Camí Vell d'es Far 1, Tel. 971 67 10 47.

ÜBERNACHTEN

Villa Italia. Nach der Renovierung hat das intime Luxushotel an Komfort und Qualität gewonnen. Der Charme ist weitgehend erhalten geblieben, auch wenn man sich für ein zeitgemäßes Design entschieden hat. Die schönsten Zimmer sind im alten Villengebäude und kosten ab 280 €. Camino de San Carlos 13, Port d'Andratx, Tel. 971 67 40 11, www.hotelvillaitalia.com

Finca Son Esteve. Ein romantischer Rückzugsort zwischen Andratx und seinem Hafen. Im 15. Jahrhundert wurde die Finca zur Verteidigung gegen Piraten erbaut. Heute ist sie ein komfortables Landhotel unter mallorquinischer Leitung. Camí C'as Vidals 42, Andratx, Tel. 655 572 630, www.sonesteve.com

NACHTLEBEN

Dafür, dass es nicht sehr groß ist, besitzt Port d'Andratx ein reges Nachtleben. Man trifft sich im »Mitj & Mitj« oder im »Havanna« (beide Av. Riviera Alemany). Im Disco-Klassiker »Barracuda« (Av. Mateo Bosch, im Einkaufszentrum »Ses Veles«) fühlen sich auch Promis wohl.

Nach den langen Nächten im Hafen lockt auf »Son Esteve« ein bequemes Bett.

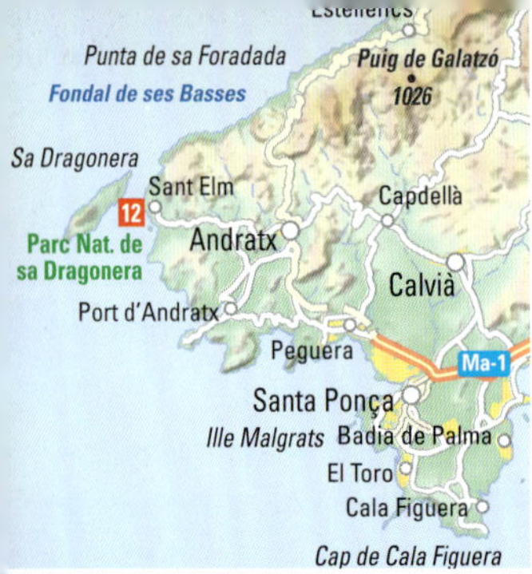

12 Sant Elm

Baden, wandern, sich erholen

Ein kleiner Badestrand, eine Handvoll Hotels und ein Hafen im Miniaturformat. Es ist fast ein Wunder, dass es an der Küste Mallorcas noch einen beschaulichen Ort wie Sant Elm gibt. Für einen ruhigen und entspannten Badeurlaub eignet sich die Südspitze des Tramuntana-Gebirges ebenso gut wie als Basis für Aktivurlauber. Die Wandertour zum ehemaligen Trappistenkloster hoch über dem Meer ist ein beliebter Klassiker.

Mallorca ist die Insel der kurzen Distanzen. Von einem Ort zum nächsten sind es selten mehr als 13 Kilometer. Das hat seinen Grund, denn genau diese Distanz war in den unmotorisierten Zeiten problemlos mit einem Eselskarren zu bewältigen. Hin und zurück sind das also 26 Kilometer für einen Tag. Die Entfernung zwischen zwei Orten ist aber nicht nur eine Frage der Geografie und der Verkehrsmittel, sie ist auch eine des Lebens- oder sagen wir des Urlaubsstils.

Von Port d'Andratx bis Sant Elm sind es knapp zehn Kilometer. Die letzten fünf ab dem Weiler S'Arracó sind besonders schön. Dann ist man in einer anderen Welt, einer, wo Ruhe und Meeresrauschen und gute Wandermöglichkeiten zusammenkommen. Ob es sich hier besser oder angenehmer urlauben lässt als im mondänen Port d'Andratx, muss jeder für sich entscheiden. Es ist eine Frage des Geschmacks und der Bedürfnisse. Wer Party und Unterhaltung sucht, wird von Sant Elm enttäuscht sein, für den ruhigen und preisgünstigen Badeort – auch für Familien – gibt es auf Mallorca eigentlich keinen Vergleich.

Ruhiger Badeurlaub in dem beschaulichen Sant Elm

Sant Elm wurde als Ferienort konzipiert und stellt kein gewachsenes Dorf dar, daher fehlen auch die kulturellen oder historischen Highlights. Nett ist es trotzdem, vor allem am kleinen Hafen, wo es einige rustikale Restaurants gibt mit Blick auf die »Dracheninsel« Sa Dragonera. Gleich am Ortseingang bietet der 180 Meter lange Sandstrand einen Platz fürs Badevergnügen. Hier sind die Dimensionen überschaubar, ebenso wie die Zahl der Hotels, auch wenn es am Strand im Sommer eng wird.

Sa Dragonera

Sie liegt da wie ein riesiger schlafender Drachen. Es bereitet keine Probleme, den Namen Sa Dragonera, »die Dracheninsel«, auf das 4,2 Kilometer lange und bis zu 900 Meter breite Eiland zu übertragen. Auf dem schmalen Inselrücken geht es steil bergauf. Den höchsten Punkt markiert der Puig Na Pòpia mit 353 Metern, auf dessen luftigen Höhen ein ehemaliger Leuchtturm thront. Vom kleinen Hafen von Sant Elm verkehrt regelmäßig ein Boot zum noch kleineren Hafen Cala Lladó, der an der dem Festland zugewandten Seite liegt. Auch wer nicht hinüberfährt, kann mithilfe eines Feldstechers erkennen, dass über dem kleinen Naturhafen Terrassen angelegt wurden und die Insel bis heute landwirtschaftlich genutzt wird. Die dem Meer zugewandte Seite fällt steil ab und ist nicht zu begehen. Wer sich für die Überfahrt entschieden hat, kann zur Nordostspitze wandern (1 Std.) oder auf einem breiteren Weg in die entgegengesetzte Richtung zum Cap des Llebeig (knapp 3 Std.). Steil wird es beim Aufstieg zum Leuchtturm »Far Vell« (3 Std.). Im Sommer muss man an einen ausreichenden Wasservorrat denken, denn auf dem mit Macchia bewachsenen Bergrücken im Meer kann die Sonne ganz schön brennen und eine Strandbar gibt es nicht. Die Sonne ist der Dragonera-Eidechse gerade recht. Diese Art gibt

AUTORENTIPP!

MALLORQUINISCHES BLUT

Lesen Sie gerne Krimis? Dann besorgen Sie sich den Roman »Mallorquinisches Blut« von Martin Solanes. Der Name ist ein Pseudonym, Autorin ist Martine Mairal. Der erste Krimi der französischen Autorin spielt unter anderem auf der Dracheninsel. Es geht um Ritualmorde und seltsame Legenden, die eigentlich nur die Einheimischen kennen und die der Kriminalfotografin Pilar Más keine Ruhe lassen. Dabei stößt sie auch auf ein Geheimnis in ihrer eigenen Biografie, das hier aber nicht verraten wird. Es gibt eine ganze Reihe von mittelmäßigen Mallorca-Krimis. Der von Solanes überzeugt, hat viel Spannung, Geschichte und Atmosphäre. Ein wenig erinnert der Stil an die Bücher von Fred Vargas.

Literaturtipp. Martin Solanes, Mallorquinisches Blut, Piper 2010

Am Dorfstrand von Sant Elm

Oben: Essen mit Blick übers Meer – Restaurant »Na Cargola«
Mitte: Vom kleinen Hafen legen Boote zur Insel Sa Dragonera ab.
Unten: Wandern von Sant Elm zur Klosterruine Sa Trapa

es nur auf der kleinen Insel, die darüber hinaus Heimat von mehr als 300 Pflanzenarten ist.

In den 1970er-Jahren plante ein Investor, die Insel mit einem Feriendorf für 3600 Urlauber zu bebauen, zu dem ein Kasino wie auch ein Hafen mit 600 Liegeplätzen gehören sollten. Den Widerstand gegen das Vorhaben kann man als Geburtsstunde des mallorquinischen Umwelt- und Naturschutzes sehen. Der Inselrat lenkte ein und kaufte die Insel, die im Jahr 1995 als Naturschutzgebiet ausgewiesen wurde.

Zum Trappistenkloster La Trapa

Mittlerweile werden das sympathische Sant Elm und das Trappistenkloster in einem Atemzug genannt. Die Wanderung zur Klosterruine ist also gewiss kein Geheimtipp. Das stört aber nicht, denn auch mit Gleichgesinnten ist es ein Vergnügen, die südwestlichen Ausläufer der Serra Tramuntana zu erkunden. In Sant Elm folgt man hinter der Windmühle rechts dem Schild »La Trapa« bis zum Ortsende. Nach einem anstrengenden Kilometer bergauf kommt man an der Finca Ca'n Tomeví vorbei, die man rechter Hand liegen lässt. Weiter geradeaus erreicht man nach weiteren zwei Kilometern das Trappistenkloster, das zur Wanderherberge ausgebaut wird (La Trapa ist eine Station auf dem Weitwanderweg GR 221).

Die Mönche des Trappistenordens flohen während der napoleonischen Herrschaft aus Frankreich und landeten 1810 auf der Mittelmeerinsel. Ganz im Westen Mallorcas fanden sie die Abgeschiedenheit für ihr gottgefälliges Leben. In den 14 Jahren, die sie in La Trapa verbrachten, legten sie Terrassen an und bauten das Kloster samt Kapelle. Danach verfiel die Anlage, bis sie schließlich in den 1980er-Jahren vom Umweltverband GOB mit Spendengeldern gekauft wurde.

Infos und Adressen

WICHTIGE SEHENSWÜRDIGKEITEN

Sandstrand. Der kleine Strand am Ortseingang ist auch für Kinder gut geeignet.

Trappistenkloster Sa Trapa. Eine beliebte Wanderung führt zum ehemaligen Kloster im Nordwesten. Für die ausgeschilderte Route kann man einen halben Tag einplanen.

Sa Dragonera. Die als Naturpark geschützte Insel wird zwischen März und Nov. ab Sant Elm tägl. von Fähren angelaufen. Im Infozentrum am Hafen von Es Lladó informiert eine Ausstellung über den Naturpark und die vier Wanderrouten auf der Insel. Weitere Informationen: Naturpark Sa Dragonera Tel. 971 18 06 32.

INFORMATION

OIT Municipal Sant Elm. Av. Jaume I 28 , Sant Elm.

ESSEN UND TRINKEN

El Pescador. Oberhalb des Hafens genießt man auf der Terrasse Fischgerichte oder Paella. Al Puerto, Tel. 971 23 91 98, gegrillter Fisch des Tages ca. 15 €.

Tulipe. Im Nachbardorf S'Arracó gibt es Schweizer und mediterrane Spezialitäten. Viel Kunst und Atmosphäre bei angemessenen Preisen. Plaça Toledo 2, S'Arracó, Tel. 971 67 14 49.

ÜBERNACHTEN

Hostal Dragonera. Die Herberge steht direkt am Meer und hat eine schöne Sonnenterrasse. Die Zimmer mit Meerblick sind teurer, aber ungleich reizvoller. Ansonsten einfach, aber familiär und solide. Av. Jaume I, Tel. 971 23 90 86, hostaldragonera@teleline.es, www.hostaldragonera.net, DZ 51–66 €.

Hotel Escaleta. Das Hotel in der ehemaligen Schule des Dörfchens S'Arracó wird von einem britischen Paar geführt. Es gibt nur fünf Zimmer, die alle individuell gestaltet sind. Gut geeignet für Aktivurlauber. C/ del Porvenir 10, S'Arracó, Andratx, Tel. 971 67 10 11, mobil: 609 022 803, suzanne@hotelescaleta.com, www.hotelescaleta.com, DZ 80 €.

AKTIVITÄTEN

Cruceros Margarita. Meeresexkursionen mit Booten (*golondrinas*) von Puerto de Sant Elm und Puerto de Andratx. Reservierungen: Tel. 639 617 545.

Hier geht's zur Fähre nach Sa Dragonera.

Malerische Restaurantterrasse in Estellencs

13 Estellencs und Banyalbufar

Die Gärten über dem Meer

Malerisch schachteln sich die beiden Dörfer mit den Natursteinhäusern am Berg. Das Zusammenspiel von Dorfidylle und maurischen Terrassengärten wird umrahmt vom Meer und den vielfältigen Landschaften der Serra Tramuntana. Am Minihafen von Port d'es Canonge kann man baden und träumen.

Hinter Andratx, wenn die Ma10 in Richtung Coll de Sa Gremola ansteigt, wechseln Atmosphäre und Landschaft merklich. Die Südwestküste mit ihrer dichten und nicht immer vorteilhaften Bebauung bleibt zurück, während das Land und die Landschaft immer mächtiger werden. In der Nebensaison kann es sehr ruhig sein auf der Bergstrecke, die waldreiche Gegend ist still und einsam. Bis zum nächsten Ort sind es 35 Kilometer – so dünn besiedelt kennt man die Insel kaum. Bald öffnet sich das Hochtal und die Straße führt in etwa 300 Meter Höhe parallel zur Tramuntana-Küste – grandioser Ausblick inklusive. Unbedingt möchte man anhalten und schauen, doch leider gibt es kaum Parkmöglichkeiten. Daher gilt es den Mirador de Ricardo Roca nicht zu verpassen. Der ehemalige Wachturm liegt sechs Kilometer vor Estellencs. Hier kann man halten und das fantastische Küstenpanorama auf sich wirken lassen.

Estellencs

Würde man von Mallorca nur Estellencs kennen, könnte man glauben, auf der Insel wäre die Zeit an der Schwelle zum 20. Jahrhundert stehen geblieben – oder früher. Die Häuser sind aus hellem Sandstein gebaut, keine Ferien- oder Wohnsied-

Banyalbufar und seine Gärten

lung im Stil des spanischen Einerleis trübt das Bild. Estellencs ist ein echtes Dorf, keine romantische Dorfimitation für wohlhabende Residenten, obwohl auch hier schon rund 100 der insgesamt 400 Einwohner aus dem Ausland stammen. Im Sommer kommen zahlreiche Ruhesuchende und Wanderer hinzu.

Zentrum ist die Wehrkirche Sant Joan aus dem 17. Jahrhundert. Ihr Glockenturm stand schon früher und diente zur Verteidigung vor Piraten. Beim Spaziergang durch die engen Gassen, die teilweise durch steile Treppen miteinander verbunden sind, kann man sich von der mittelalterlichen Atmosphäre des Dorfes verzaubern lassen. Immer wieder bieten sich Ausblicke über die Terrassengärten der Umgebung, auf denen vor allem Wein und aromatische Tomaten angebaut werden.

Ehe es auf der Ma10 nach Banyalbufar geht, darf man sich noch eine Auszeit an der Cala Estellencs gönnen. Eine schmale Straße führt in vielen Kurven zur kleinen steinigen Badebucht, wo auch einige Fischerboote ihren Liegeplatz haben. Im Sommer bietet eine Bar Erfrischungen an.

Infos und Adressen

RETTUNG DER RAMALLET

Die autochthone Ramallet-Tomate ist für den Speiseplan der Mallorquiner ebenso wichtig wie etwa die Sobrassada-Wurst. Durch Hybride und günstigere Importware droht die heimische Sorte jedoch verdrängt zu werden. Eine echte Ramallet kostet etwa drei Mal so viel wie ein Gewächshausprodukt aus Almería. Aber nur die mallorquinische Sorte ist zu langen Zöpfen geflochten bis zu einem Jahr haltbar. Die Tomaten sind unverzichtbar für ein echtes *pa amb oli*, einem mit Tomate eingeriebenen Brot mit Olivenöl. Wie die Sobrassada und die Ensaimada soll die Tomate demnächst ein geschütztes Herkunftssiegel erhalten.

Erst Wachturm, jetzt Aussichtsturm – der Torre Ses Animes

Oben: Typisch Banyalbufar – Terrassen für den Anbau von Wein, Obst und Gemüse
Unten: Blick vom Hotel Son Borguny aus

Banyalbufar

Es gibt kein Dorf auf Mallorca, dessen Landwirtschaft ein schöneres Bild abgäbe als Banyalbufar. Von der Küste bis hinauf zur ehemals arabischen Siedlung in 290 Metern Höhe sind die Abhänge in Terrassen gestuft. Wahrscheinlich hatten bereits die Römer mit der Gestaltung der Berghänge begonnen. Als die Mauren Mallorca eroberten, perfektionierten sie die Gärten. Sie fassten die Quellen in den höher gelegenen Bereichen der Serra Tramuntana und legten ein System aus Kanälen an. Darüber werden bis heute die einzelnen Terrassen bewässert. Ideal waren und sind die schmalen Felder für den Weinanbau. Auch die Araber kultivierten hier Weinstöcke, deren Früchte sie dann zu Rosinen trocknen ließen.

Estellencs und Banyalbufar

Seit dem Mittelalter, vor allem aber seit dem 16. und 17. Jahrhundert, wurden die Weine aus Banyalbufar auch außerhalb der Insel sehr geschätzt. Bekannt war die Küstenregion durch die Malvasiertraube und deren Weine, die hier gekeltert wurden. Mit dem Niedergang des mallorquinischen Weinbaus im ausgehenden 19. Jahrhundert verlor sich diese Tradition, die erst mit Beginn des 21. Jahrhunderts wieder auflebt.

Der Gesamteindruck der ehemaligen Baronie von Banyalbufar ähnelt dem von Estellencs. Allerdings ist der Ort größer und besitzt auch herrschaftlichere Häuser, teilweise auch Adelspaläste. Der 1392 erbaute Palast der Baronie, Sa Baronia, steht am südlichen Ortseingang und ist heute Teil des gleichnamigen Hotels. Ein Stück außerhalb des Ortes in südlicher Richtung kommt man zum ehemaligen Wachturm Ses Animes, einem der beliebtesten Aussichtspunkte der Insel. Die im 16. Jahrhundert errichteten Wachtürme (*talaias*) dienten als Signal-, Wach- und Verteidigungstürme gegen drohende Piratenangriffe.

Port d'es Canonge

Von Banyalbufar führt ein schöner Wanderweg durch die Küstenlandschaft mit ihren Kiefern, Steineichen und Felsformationen zum kleinen Hafen Port d'es Canonge. Seine urigen Bootsgaragen und der kleine Kiesstrand machen ihn zu einem wirklich romantischen Fleckchen. Zum Einkehren empfiehlt sich das beliebte Fischrestaurant Ca'n Toni Moreno (Tel. 971 61 04 26, Mo geschl.). Für die einfache Strecke braucht man ca. 40 Minuten. Man erreicht Port d'es Canonge auch mit dem Auto. Doch da die Fahrstrecke etwas weiter ist, braucht man fast genauso lang. Zudem muss man sich einen schmalen Weg mit engen Serpentinen hinunterquälen.

AUTORENTIPP!

FRUCHTIGER MALVASIER-WEIN

Auch Genuss und Geschmack haben eine Geschichte. Wie schmeckte zum Beispiel der in früheren Jahrhunderten geschätzte Malvasier, der auf den Terrassen der Costa Nord wuchs? Nachdem die Reblaus 1891 dem Weinbau auf Mallorca ein abruptes Ende gesetzt hatte, war es auch mit dem Vorzeigewein zu Ende. Seit 2004 wachsen wieder Malvasierreben auf den Terrassen von Banayalbufar und Estellencs. Manche kommen aus Italien, andere sind virusfreie Sprösslinge jener alten Sorte, die auf der Insel heimisch war. Probieren Sie den *Cornet* von der Kooperative Malvasia de Banyalbufar oder den *Juxta Mare* der Bodega Son Vives. Dort gibt es auch eine nette Cafetería mit Blick über die Terrassengärten und das Meer.

Cooperativa Malvasía de Banyalbufar. C/ Compte Sallent 5, Banyalbufar.
Celler Son Vives. Ctra. Ma 10, Banyalbufar.

Stürmische See an der Costa Nord

Infos und Adressen

ESSEN UND TRINKEN

Cafe Restaurant Es Trast. Ein deutscher Familienbetrieb – Gastgeberin ist Julia Bürgel. In der Küche zaubern ihre Eltern mediterrane Köstlichkeiten. Alles marktfrisch und in einem einladenden Ambiente serviert. Gutes Preis-Leistungs-Verhältnis. Conde Sallent 10, Banyalbufar, Tel. 971 14 85 44, Mi geschl.

Montimar. Die traditionelle mallorquinische Küche schmeckt hier besonders gut. Nicht nur weil *tumbet* (Spanferkel) und andere Klassiker besser gelingen als anderswo, auch der Blick, die Lage und der freundliche Service sind spitze. Plaça Constitució 7, Estellencs, Tel. 971 61 85 76.

ÜBERNACHTEN

Hostal/ Hotel Sa Baronia. Ein einfaches Hotel, aber mit tollem Blick von den Zimmern über die Küste. Im alten Palast der Barone von Banyalbufar. Der Zimmertrakt ist neuen Datums, insgesamt liebenswert nostalgisch. C/ Baronia 16, Banyalbufar, Tel. 971 61 81 46, www.hbaronia.com, DZ 70 €.

Mar i Vent. Das Landhotel im alten klassischen Stil wird schon in der vierten Generation von der Familie Vives betrieben. Zimmer mit herrlichem Blick, manche mit Terrasse. C/ Maior 49, Banyalbufar, Tel. 971 61 80 00, www.hotelmarivent.com, DZ 100 €.

Hotel Sa Plana. Romantisches Landhotel in altem Gemäuer. Schöner Garten mit Pool, darüber hinaus wenig Luxus, aber sehr angenehme Atmosphäre. C/ Eusebio Pascual, Estellencs, Tel. 971 61 86 66, www.saplana.com, DZ 90–110 €.

Linke Seite: Wild und romantisch – die Tramuntana-Küste bei Banyalbufar
Oben: Blick von der Terrasse des Hotel »Mar i Vent«

Frau in traditioneller Tracht auf Sa Granja

14 Sa Granja

Folklore und Vergangenheit

Im wasserreichen Hinterland der Tramuntana liegt eines der beliebtesten Ausflugsziele Mallorcas. Das Finca-Museum La Granja bietet in einem ehemaligen Landgut einen umfassenden Einblick in das alte Mallorca, seine Hierarchien, Lebens- und Arbeitsbedingungen. Auch wenn das herrschaftliche Anwesen folkloristisch geschönt ist: Das Haus und die Gärten, die Ausstattung, die Möbel und alten Gerätschaften sind den Besuch wert.

An der Kasse kann sich der Besucher mit einem deutschsprachigen Faltblatt auf den ungeführten Rundgang begeben. Vorbei an Dreschplätzen, Stallungen und einem alten Feuerwehrwagen erreicht man die handwerklichen Bereiche, wo zwei Mal in der Woche Vorführungen stattfinden. Das Innere der *possessió* begeistert mit antikem mallorquinischem Mobiliar und Wohntextilien. Salon, Speisesaal, Küche, Spielzimmer sind einige Bereiche des Wohnbereichs, die der Rundgang erschließt. Es folgen die Bodega, eine alte Ölmühle

MAL EHRLICH

MIT ODER OHNE TANZ?

Trachtentänze, Handwerksdarbietungen in historischen Kostümen und Touristengruppen, die in Busladungen durch das historische Gut geschleust werden – auf La Granja macht sich zwei Mal die Woche Volksfeststimmung breit. Wer so etwas mag, sollte seinen Besuch auf Mittwoch- oder Freitagnachmittag legen. Wem es mehr um den Garten und das Anwesen geht, kommt besser an einem anderen Tag.

und eine Brennerei. Unheimlich wird es in den ehemaligen Kerkern, wo der Landadel unliebsame Untertanen einsperren und mitunter foltern ließ.

Vom Zisterzienserkloster zum Landgut

Die Ursprünge von La Granja gehen auf ein arabisches Landgut zurück, das Alpic hieß. Bei der Aufteilung der Insel nach der Rückeroberung durch Jaume I. wurden das Gut und seine Ländereien Nunyó Sanç, dem Grafen von Roussillon, zugesprochen, der wiederum dem Zisterzienserorden von Poblet in Katalonien die Pflege des Landes übertrug. 1236 führte der Orden bereits ein Kloster mit 13 Mönchen und 13 Laien. Die Mönche blieben allerdings nur kurz in der Alqueria Alpic. 1266 bezogen sie das Kloster la Real in Palma und Alpic wurde als Landgut, als *granja*, weiter genutzt. Im 15. Jahrhundert wurde es an die Familie Vidal verpachtet, die den Hof bis ins 20. Jahrhundert hinein betrieb.

Durch einen Rechtsstreit, den die Vidals gegen das Kloster führten, weiß man, wie umfangreich die Landwirtschaft auf La Granja im 15. Jahrhundert betrieben wurde. Es wurden unter anderem Olivenöl und Holzkohle produziert sowie Eicheln für die Tiermast gesammelt. Und auf dem Weideland tummelten sich bis zu 300 Schweine und ebenso viele Schafe. Im 17. Jahrhundert wechselte der Besitz von den Vidals an die Familie Fortuny. Anfang des 18. Jahrhunderts bekam die Anlage ihr barockes Gesicht. Das Herrenhaus wurde im italienischen Stil mit einer Loggia versehen, während die Außenbereiche zu prächtigen Gärten mit Wasserspielen ausgebaut wurden. Der heutige Eigentümer ließ La Granja restaurieren und öffnete es für die Öffentlichkeit.

AUTORENTIPP!

ZU GAST IN SON PONT ÖKO

Das alte Herrenhaus ist schlicht beeindruckend. Bis auf das 14. Jh. geht die Anlage zurück, die einen eleganten Innenhof fasst. Das Haupthaus kann die Spuren der Zeit nicht verleugnen, das macht aber nichts: Son Pont hat Patina und Geschichte, und wenn der Hausherr Zeit hat, führt er gerne durch das Anwesen. In den ehemaligen Stallungen steht eine riesige Olivenölpresse, die sich in jedem Museum gut machen würde. Die Hauskapelle – dem Malteserorden gewidmet – wird noch immer genutzt, und hinter dem Haupthaus schließt sich ein verwunschener Palmengarten an. Die klassisch rustikalen Gästezimmer befinden sich in einem neueren Nebengebäude. Dort sind die Gäste für sich, haben einen schönen Blick über das Tal des Torrent sa Riera und den Pool. Zum Wandern oder Radfahren in der Region ein guter Standort.

Son Pont Agroturismo. Ctra. Palma – Puigpunyent, km 12,3, Tel. 971 71 95 27, sonpont@ono.com, www.sonpont.com, DZ 100 €.

La Granja – ein historisches Landgut

Oben: Salon mit originaler historischer Ausstattung
Mitte: Der Speisesaal im »La Granja«
Unten: Küche des Finca-Museums

La Reserva Puig de Galatzó

Über die schmale und malerische Straße Ma1101 geht es durch das meerabgewandte Bergland der Tramuntana. Nach kurvenreichen zehn Kilometern erreicht man den Bergort Puigpunyent, der durch den Wohnungsbau der vergangenen Jahre viel Charme verloren hat. Als Basis für Aktiv- bzw. Wanderurlauber ist die Umgebung aber gut geeignet. Neben rustikalen Landhotels in historischen Höfen kann Puigpunyent auch mit einem Luxushotel, dem »Son Net«, aufwarten. Am Ortsausgang in Richtung Galilea zweigt rechts eine Piste zur Reserva Puig de Galatzó ab. Das 250 Hektar große Naturreservat liegt am Fuß des markanten Puig de Galatzó. Der 1026 Meter hohe Berg ist bei Wanderern sehr beliebt. Esoteriker verehrten ihn wegen seines energetischen Potenzials. Im alten Volksglauben trieb der Comte Mal, der »böse Graf«, hier sein Unwesen. Hinter der Legendenfigur verbirgt sich der Graf Pere Ramon Zaforteza, der ebenso reich wie grausam gewesen sein soll. La Reserva ist ein Landschafts- und Tierpark, der von 200 Metern Meereshöhe bis zur Gipfelzone reicht. Zu sehen sind Braunbären, Hirsche, Esel, Greifvögel, Pfauen, Ziegen und andere Tiere, dazu romantische Grotten und künstliche Wasserfälle. Der Rundweg hat eine Länge von 3,5 Kilometern. Es gibt einen Grillplatz, wo man auch seine eigenen Steaks aufs Feuer legen kann. Kinder erfreuen sich am Spielplatz, dem Streichelzoo und den Badegelegenheiten.

Galilea

Das schmale und kurvenreiche Sträßchen zwischen Puigpunyent und Capdellà ist nichts für Eilige. Die Strecke empfiehlt sich für Genießer, auch Radsportler sind hier gerne unterwegs. Nach vier Kilometern kommt das Bergdörfchen Galilea, von dem aus sich ein wunderbares Panorama öffnet.

Infos und Adressen

WICHTIGE SEHENSWÜRDIGKEITEN

La Granja. Fincamuseum mit sehenswertem Interieur und Gartenanlagen. Vorführung der Handwerker und Dressurshow Mi und Fr 15–16.30 Uhr. Ctra. Esporles – Puigpunyent, km 2, Tel. 971 61 00 32, tägl. 10–19, im Winter bis 18 Uhr, www.lagranja.net, Eintritt 12 €.

La Reserva Puig de Galatzó. Naturpark am Fuß des Galatzó mit Wasserfällen, Bademöglichkeiten, Picknickgelegenheit, Streichelzoo, Spielplatz und viel schöner Natur. Predio Son Net, Mallorca, Tel. 971 61 66 22, tägl. 10–19 Uhr, Kasse schließt 2 Std. früher, www.lareservaaventur.com

ESSEN UND TRINKEN

Es Brollador. Im netten Ort Esporles eine gute Adresse mit schöner Außenterrasse. Mallorquinische Küche, Passeig del Rei 10, Esporles, Tel. 971 61 05 39, Di geschl., Hauptspeisen zwischen 10 und 20 €.

Bar Parroquial. Das Dorf Galilea darf man sich nicht entgehen lassen. Am schönsten ist der Blick über das Land vom Kirchplatz aus. Dort gibt es diese einfache Bar, wo man günstig Tapas essen kann. Neben der Kirche, Galilea, Tel. 971 61 43 29, Mo geschl.

ÜBERNACHTEN

Gran Hotel Son Net. Son Net ist ein ebenso erlesenes wie romantisches Refugium. Erhöht über der Kleinstadt liegt die Finca aus dem 17. Jahrhundert, die ein Gefühl des Intimen und Exklusiven vermittelt. Die Wände schmücken Kunstwerke von Warhol, Chagall und anderen Größen.
C/ Castillo de Sonnet, Puigpunyent, Tel. 971 14 70 00, www.sonnet.es

Es Ratxo Hotel & Spa. Am Fuß des Puig Galatzó abseits von jedem Rummel liegt das luxuriöse Landhotel. Die Ursprünge der Anlage gehen auf das 11. Jh. zurück. Umgeben von der romantischen Bergwelt mag man das Hotel mit seinem umfangreichen Spa-Angebot gar nicht mehr verlassen. Camí de Son Net, Tel. 971 14 71 32, www.esratxohotel.com, DZ ab 200 €.

Ein komfortables Studierzimmer im Museum

WESTEN & NORDWESTEN

15 Valldemossa

Auf romantischen Spuren

Der verregnete Winter von 1838/39 hat Valldemossa berühmt gemacht. Neben der Reial Cartoixa, der Kartause, in der das Liebespaar Frédéric Chopin und George Sand gewohnt hat, und dem ehemaligen Königspalast gibt es in dem malerischen Bergdorf noch mehr zu entdecken. Die Unterstadt ist noch frei vom Rummel und ganz dem Andenken der Inselheiligen Catalina Tomàs gewidmet. Sie wurde 1531 in Valldemossa geboren.

Vorangehende Doppelseite: Direkt an einer Klippe steht ein Tempel auf dem Landgut Son Marroig.
Mitte: Malerisches Panorama – Valldemossa
Unten: Typisch Valldemossa – bemalte Wandfliesen mit Szenen aus dem Leben der hl. Catalina

Der Strom der Autos und Reisebusse reißt nicht ab. Wollen die wirklich alle nach Valldemossa? Von Palma sind es kaum 20 Kilometer bis hinauf zum Tal von Valldemossa, wo Mallorca als romantisches Reiseziel entdeckt wurde. Damals, als George Sand und Frédéric Chopin einen verregneten Winter auf der Insel verbrachten, war die Anfahrt lang und beschwerlich. In ihrem Reisebericht »Ein Winter auf Mallorca« beschreibt die exzentrische Französin eine Horrorfahrt bei Sturm und Regen, bei der man als Leser um das Leben der Schriftstellerin bangt. Meistens scheint aber die Sonne. Dann zeigt sich auf den letzten zwei Kilometern das Künstlerstädtchen als schönstes Postkartenmotiv. Ausgebreitet auf zwei Hügeln, überragt von einzelnen Türmen, erinnert die Kleinstadt an eine toskanische Idylle. Kein Wunder, dass der Ort mit seinen 2000 Einwohnern das meistbesuchte Ziel der Insel sein soll.

Geschichte

Irgendwann im 4. oder 5. Jahrtausend v. Chr. haben sich unsere Vorfahren im Hochtal zwischen Meer und Landesinnern aufgehalten. Davon zeugt eine Höhle im Tal Son Matge, in der prähistorische Zeichnungen entdeckt wurden. Vor der Reconquista gab es dort, wo heute das Kartäuserkloster steht, eine maurische Festung. 1309 wurde auf ihren Fundamenten eine Burg für Jaume II. errichtet, zum Palast erweitert und Ende des 14. Jahrhunderts dem Kartäuserorden übergeben (siehe Seite 102 ff.). Bis ins ausgehende 18. Jahrhundert stand Valldemossa im Ruf, ein Nest von Räubern und Schmugglern zu sein. Das Dorf war nur schwer zu erreichen, was sich erst mit einer mehr oder weniger bequemen Straße im Jahr 1783 änderte.

Costa Nord

Heute kommen die meisten Besucher über die Ma1110 aus Palma und steuern einen der großen Parkplätze an. Strategisch günstig kommt man so zunächst an der Touristeninformation vorbei. Schräg gegenüber, auf der anderen Seite der Durchgangsstraße, befindet sich das Kulturzentrum Costa Nord. Der Besucher wird zunächst in einer Art Werbefilm, der von Hollywood-Star Michael Douglas produziert und moderiert wurde, über die Schönheiten der Tramuntana-Küste informiert. Dann geht es in einen Raum, der dem Schiff des »Archidux« Ludwig Salvator, der »Nixe«, nachempfunden wurde und eine multimediale Show bietet, die den Erzherzog und seine Erforschung der Balearen-Insel zum Thema hat. Geldgeber und Gründer des 2000 eingeweihten Kulturzentrums war der US-Schauspieler Michael Douglas, der es 2003 für 4,4 Millionen Euro an die Inselregierung verkaufte. Ein glänzendes Geschäft für den Schauspieler – so wurde damals gespottet. Zum Ausgleich rührte er eine Zeit lang als Tourismusbotschafter für Mallorca die Werbetrommel. Douglas besitzt einige Kilometer weiter an der Tramuntana-Küste die Villa S'Estaca, in der vor

AUTORENTIPP!

COCAS DE PATATA

Nein, sie sind kein Geheimtipp, das schmälert aber nicht den Genuss. Die *Cocas de patata*, das typische Gebäck von Valldemossa, schmecken frisch einfach traumhaft. Wie der Name schon sagt, werden die halbrunden, mit Puderzucker bestäubten Teigkugeln aus Kartoffeln gemacht. In den Teig kommen außerdem Zucker, Mandelmehl, Eier und Zitronenschale. Übrigens: Besonders gut sind sie in der kalten Jahreszeit zu einer Tasse heißer Schokolade, selbstverständlich in der dickflüssigen schokogesättigten Version, wie man sie in Spanien kennt. Man bekommt sie überall im Ort, wo auch Backwaren verkauft werden.

Eine schöne Haustür im Bergdorf Valldemossa

Oben: Am kleinen Hafen von Valldemossa
Mitte: Abendstimmung an der Costa Nord
Unten: Ein Bootshaus am Hafen

langer Zeit die Lebensgefährtin und Geliebte des Erzherzogs Ludwig Salvator, Catalina Homar, gelebt hat.

Beim Spaziergang durch die Gassen fallen neben den vielen Souvenir- und Geschenkeshops auch bunte Wandfliesen auf. Diese handbemalten Tafeln schildern Szenen aus dem Leben der hl. Catalina, die in Valldemossa geboren wurde.

In die Unterstadt

Da dem Kartäuserkloster, der Cartoixa, und dem Palast des Rei Sanç ein eigenes Kapitel gewidmet ist (siehe Seite 102 ff.), kann man hier den touristischen Bereich verlassen und am ehemaligen Hostal Can Mario in den unteren Teil der Gemeinde spazieren. Das 1887 eröffnete Hostal ist eine der ältesten Unterkünfte der Insel. Nachdem es zwischenzeitlich geschlossen war, bewirtet es nun wieder Gäste. In der ersten Etage atmet das Restaurant noch den Charme des alten Mallorca.

Nun geht es recht steil bergab zur Pfarrkirche San Bartomeu aus dem 15. Jahrhundert. Im Hauptschiff finden sich eine Marmorfigur der hl. Catalina Tomàs sowie Gemälde mit Szenen aus ihrem Leben. Die Unterstadt gehört ganz dem Gedenken an die Heilige, die 1531 hier geboren wurde. Genauer gesagt war es in der schmalen Gasse, die oberhalb der Kirche San Bartomeu abzweigt. An der Stelle ihres Geburtshauses wurde eine Kapelle errichtet.

Port de Valldemossa

Valldemossa hat auch einen Hafen. Der ist sechs Kilometer entfernt und war in früheren Zeiten ein Umschlagplatz der Schmuggler. Dort gibt es einen kleinen Kiesstrand, fotogene Bootsschuppen, einen kleinen Jachthafen und einige Lokale.

Infos und Adressen

WICHTIGE SEHENSWÜRDIGKEITEN

Costa Nord. Informatons- und Kulturzentrum mit Film- und Multivisionsshow zur Geschichte, Kultur und Natur der Tramuntana.
Av. de Palma 6, tägl. 9–17 Uhr.

Reial Cartoixa de Valldemossa. (Siehe Seite 102 ff.)

Palau Rei Sanç. (siehe folgendes Kapitel)

Unterstadt. Weniger besuchter Teil der Stadt mit malerischen Gassen und der Kirche Sant Bartomeu aus dem 15. Jh.

Geburtshaus der hl. Catalina Tomàs mit Kapelle in der C/ Rectoria.

INFORMATION

O.I.T von Valldemossa Av. de Palma 7, Valldemossa, Tel./Fax 971 61 20 19, oficinaturisme@valldemossa.es, www.valldemossa.com

ESSEN UND TRINKEN

Can Mario. Das kleine Restaurant in der ersten Etage eines alten Stadthauses bietet seit vielen Jahren solide mallorquinische Küche. C/ Uetam 8, Tel. 971 61 21 22.

Son Moragues. Früher gehörte das urige Landgut dem Erzherzog Ludwig Salvator. Das Restaurant ist vor allem am Wochenende bei Einheimischen beliebt. Typische mallorquinische Küche mit Hauptspeisen ab 13 €. C/ Son Moragues, Tel. 971 61 61 11, Mo geschl.

ÜBERNACHTEN

Hotel Valldemossa. Die edle Herberge mit zwölf luxuriösen Zimmern liegt auf einem Hügel im unteren Bereich der Stadt. Gediegen und mit gutem Restaurant. Ctra. Vell de Valldemossa, Tel. 971 61 26 26, www.valldemossahotel.com, DZ ab 325 €.

DIE INSELHEILIGE CATALINA TOMÀS

Catalina Tomàs wurde am 1. Mai 1531 in der *Rectoria* in Valldemossa geboren. Bereits als junges Mädchen betete sie an einem selbst gebauten Altar auf einem Feld. Durch die Fürsprache eines Adligen wurde sie als Novizin ins Kloster der Augustiner-Chorfrauen von Palma aufgenommen. Allerlei Anfechtungen und Versuchungen musste Catalina widerstehen. Nach ihrem Tod 1574 fand sie ihre letzte Ruhe im Convent Santa Maria Magdalena in Palma, wo sie in einem gläsernen Sarg aufgebahrt liegt. 1792 sprach sie Papst Pius VI. selig, 1930 wurde sie von Pius XI. heiliggesprochen.

Das gediegene Hotel »Valldemossa« mit gutem Restaurant

Mitte: Die Kartause von Valldemossa bezaubert durch die schöne Lage.
Unten: Immer eine frische Blume – das Klavier, auf dem Chopin gespielt hat.

16 Reial Cartoixa de Valldemossa

Kloster, Museum und Mythos

Zu den bekanntesten Sehenswürdigkeiten Mallorcas zählt das königliche Kartäuserkloster von Valdemossa. George Sand und Frédéric Chopin haben es durch ihren Besuch im Winter 1838/39 berühmt gemacht. Aber sie waren nicht die Einzigen, die diesen besonderen Ort besucht haben. Nach ihnen kamen Schriftsteller und Maler. Die Klosteranlage mit dem alten Königspalast aus dem 14./18. Jahrhundert und einem Gemäldemuseum zählt auch ohne Chopin-Episode zu den Kulturhöhepunkten.

Es ist seltsam. Da lässt die französische Autorin George Sand in ihrem Reisebericht »Ein Winter auf Mallorca« kaum ein gutes Haar an Mallorca, doch die Massen kommen trotzdem. Sie wollen sehen, wo Sand und ihr Geliebter Frédéric Chopin jenen legendären verregneten Winter verbracht haben. Nun wäre der Bergort mit seinem Kloster und

MAL EHRLICH

VALLDEMOSSA OHNE SAND UND CHOPIN

Durch die Gassen drängeln sich Besucher wie im Zentrum von Palma. Die Restaurants sind langweilig, und in den Shops werden Souvenirs verkauft, die keiner haben will. Das ist die eine Seite von Valldemossa. Die andere – und deswegen kommen all die Menschen hier hinauf – ist die schöne Lage, die malerischen Gassen, die Kartause. Auch ohne den Sand-Chopin-Mythos gibt es genug zu entdecken. Zum Beispiel die mallorquinische Malerei im Museu Municipal oder die ruhige Unterstadt. Schön ist es am Abend, wenn die Reisebusse abgefahren sind. Dann ist er wieder da, der Zauber von Valldemossa.

dem ehemaligen Königspalast Grund genug für einen Besuch, doch seit es den Massentourismus auf der Insel gibt, pflegt Valldemossa den Kult um Sand und Chopin. Mit großem Erfolg – jedes Jahr kommt etwa eine halbe Million Touristen in das 2000-Einwohner-Städtchen.

George Sand und Frédéric Chopin

George Sand (eigentlich Aurore Dupin, Baronin von Dudevant, 1804–1876) hat die eher enttäuschenden Erlebnisse bei ihrem Aufenthalt in dem Reisebuch »Ein Winter auf Mallorca« festgehalten, das 1842 erschienen ist. Das Buch ist praktisch in jedem Laden von Valldemossa in vielen Sprachen zu bekommen. Nach einer missglückten Ehe pflegte die Französin für ihre Zeit ungewöhnlich frei ihre Liebschaften. Sie hatte bereits eine Zeit lang mit den Autoren Alfred de Musset und Prosper Mérimée zusammengelebt, ehe sie über Franz Liszt den Pianisten Fréderic Chopin (1810–1849) kennenlernte. Ab 1837 waren sie ein Paar, dessen Beziehung immerhin zehn Jahre andauern sollte.

Ein Winter auf Mallorca

Am 8. November 1838 um 11.30 Uhr steigt das Paar zusammen mit den Kindern von George Sand, Maurice und Solange, und einer Dienerin am Hafen von Palma aus dem Dampfer. Der 15-jährige Maurice litt an Asthma und sollte sich im milden Mittelmeerklima stabilisieren. Auch Chopin ging es nicht gut. Er leide unter »Erkältungen, die in Bronchitis ausarteten«, diagnostizierte ein Mediziner in Paris, tatsächlich war er an Tuberkulose erkrankt. Die Reise des unverheirateten Paares nach Mallorca stand unter keinem guten Stern. Auf der Insel war man noch nicht auf Reisende eingestellt, es gab kein Hotel und kaum Infrastruktur, auf die man hätte zurückgreifen können. Außerdem hatte das Land

Infos und Adressen

BRIEFE VON FRÉDÉRIC CHOPIN

»Meine Zelle, die wie ein Sarg aussieht, hat eine gewaltige staubige Wölbung und ein kleines Fenster, von dem man die Orangenbäume, Palmen und Zypressen des Gartens sieht. … Neben dem Bett ein alter Tisch, eine Art viereckiges Pult, auf dem man sehr schlecht schreiben kann, und auf ihm ein bleierner Leuchter mit – welch ein Luxus für hier! – einer Kerze. Auf dem gleichen Pult die Werke Bachs, mein Geschreibsel und andere Papiere, die nicht mir gehören … Stille – auch wenn man schreit … immer noch Stille! Mit einem Wort: ich schreibe Dir von einem sehr merkwürdigen Ort.« Frédéric Chopin an Julian Fontana, 28. Dez. 1838.

Wo wohnte das Künstlerpaar in Zelle 2 oder Zelle 4? Keiner weiß es sicher – der Chopin-Mythos wird in beiden Zellen zelebriert.

Oben: Privatkapelle in der Zelle des Abtes
Unten: Die historische Bibliothek in derselben Zelle

unter den Karlisten-Kriegen zu leiden. Die Erinnerung an den Volksaufstand und den anschließenden Befreiungskrieg gegen Napoleon war noch wach, und Ausländer, zumal Franzosen, galten als suspekt.

Die Suche nach einer Unterkunft gestaltete sich ähnlich schwierig wie die nach einem passablen Klavier und nach Lebensmitteln, die der Französin schmeckten. Nach einer Übergangslösung in Palma konnte sich das Paar mit den Kindern in der Kartause von Valldemossa einrichten. Das Kloster stand nach der Säkularisierung unter Mendizábal leer, seine Räume waren kalt und ohne jeden Komfort. Die Vorstellungen der beiden, in ein romantisches Fast-Afrika zu reisen, voller Exotik und bevölkert von einem Menschenschlag, der ebenso einfach wie edel sei, entpuppten sich als das, was sie sind – als Klischees. Nach drei Monaten gab das Künstlerpaar auf und verließ die Insel. Drei Jahre später erscheint Sands Reisebericht »Un hiver à Majorque«, streckenweise eine Abrechnung mit der Inselbevölkerung. Die Menschen seien faul, hinterhältig, abergläubisch und ohne jeden Ehrgeiz. Gastfreundschaft würden sie nicht kennen, schreibt die Autorin darin. Die Natur und die Landschaft dagegen lobt sie in höchsten Tönen. Umgekehrt werden die Mallorquiner ihre Vorbehalte gegen ein Paar gehabt haben, das kein Interesse an den Bräuchen des Landes zeigte, das in wilder Ehe zusammenlebte und nicht einmal den Gottesdienst besuchte. Neben dem Reisebericht George Sands schlägt sich der Aufenthalt auch in den Préludes op. 28 nieder, die Chopin in der Kartause fertiggestellt hatte – darunter auch das bekannte Regentropfen-Prélude.

Reial Cartoixa

1309 wurde auf einer arabischen Festungsruine zunächst eine Burg errichtet. Die ausgebaute Anlage bekam ab 1399 als Kloster *Cartoixa de Jesús Nazareno*, als Kartause von Valldemossa, eine neue Funktion. Weitgehend aus dem 18. Jahrhundert stammt das, was der Besucher heute zu sehen bekommt: ein weiträumiger Komplex mit Klosterkirche, zwei Kreuzgängen, Königspalast, Zellenflügel, Apotheke und Gärten.

Juan Álvarez Mendizábal – eine spannende Figur in der spanischen Geschichte – wagte sich ab 1835 an die Pfründe der Kirche. Mit den Desamortisationsdekreten (Enteignungsdekreten) und Säkularisierungen wurden zahlreiche Klöster aufgelöst. Mendizábal wollte die Staatsschulden senken und eine Bodenreform in Angriff nehmen, damit die ungenutzten Ländereien und Liegenschaften wieder Teil des Wirtschaftskreislaufes würden.
Nachdem das Kloster in staatlichen Besitz übergegangen war, wurden die einzelnen Zellen an Privatpersonen verkauft. Bis heute teilen sich neun Eigentümer den Zellenflügel. Die berühmtesten Mieter waren das Paar George Sand und Frédéric Chopin, die den Winter 1838 auf 1839 die Zelle Nr. 2 bewohnten, eventuell aber auch Zelle 4. Sand und Chopin waren keineswegs die Einzigen, die in der Kartause von Valldemossa gewohnt haben. Auch der Staatsmann Gaspar Melchor de Jovellanos, die Schriftsteller Rubén Darío, Miguel de Unamuno, Azorín und der Maler Joaquín Sorolla waren zu Gast, allerdings in einem anderen Gebäudeteil.

Klosterkirche

Mit dem Bau der neoklassizistisch kühl ausgestalteten Klosterkirche begann man 1751, die Einweihung folgte 60 Jahre später. Die Fresken im Innenraum stammen von Manuel Bayeu, dem Sohn des bekannteren Francisco Bayeu, dessen Tochter

AUTORENTIPP!

INTERNATIONALES CHOPIN-FESTIVAL
Das erste fand 1930 statt. Bis zum Ausbruch des Spanischen Bürgerkriegs kamen renommierte Künstler und Komponisten zum Chopin-Festival nach Valldemossa. Unter anderem Arthur Rubinstein und Pau Casals. 1981 wurde das Musikevent wiederbelebt. Seitdem spielen jedes Jahr im August internationale Solisten im Kreuzgang des Kartäuserklosters.

Festival Chopin. So im August ab 22 Uhr, Reservierungen: 971 61 23 51, www.festivalchopin.com

Der Altar in der neoklassizistischen Klosterkirche

Josefa die Frau von Francisco de Goya war. Einige Gemälde führte der Barockmeister Fray Joaquín Juncosa aus. Die Statuen des hl. Bruno und des hl. Johannes des Täufers sind Kopien nach Adrán Ferrán aus der Kathedrale von Palma. Am Hauptaltar befindet sich über der Muttergottes die Inselheilige Catalina Tomàs. Im Presbyterium fallen das Chorgestühl mit feinen Einlegearbeiten und einige liturgische Objekte auf.

Alte Apotheke

Verlässt man die Kirche, kommt man linker Hand zur alten Klosterapotheke. Die Einrichtung stammt noch aus dem ausgehenden 17. und frühen 18. Jahrhundert. Die 135 katalanischen Tongefäße mit dem typischen blauen Pflanzendekor sind ebenso sehenswert wie die alten Glasgefäße, Waagen, Pillenmühlen und Retorten.

Klosterzellen

In der ersten Zelle, die aus drei kleinen Räumen besteht, wohnte der Prior. Die Privatkapelle des Priors zieren Reliquien der hl. Catalina. Die beeindruckende Bibliothek glänzt mit seltenen Ausgaben u. a. von Ramón Llull, historischen Briefen, Majolikas und einem flämischen Triptychon aus dem 16. Jahrhundert. Die nächste Zelle ist George Sand und Frédéric Chopin gewidmet, die hier gewohnt haben sollen. Partituren des Pianisten und das Originalmanuskript von »Ein Winter auf Mallorca« von George Sand stechen unter den zahlreichen liebevoll arrangierten Exponaten hervor. Mit dem einfachen mallorquinischen Klavier, das ebenfalls zu sehen ist, war der Meister nicht zufrieden. Dennoch komponierte er auf ihm unter anderem das bekannte Regentropfen-Prélude. Lange warten musste der Virtuose auf sein Pleyel-Klavier, das er sich auf die Insel nachschicken ließ,

Oben: Die alte Klosterapotheke mit originalen Gerätschaften aus dem 17. Jh. ist einen Besuch wert. **Unten:** Blick in das Schlafzimmer des Abtes

und das in Zelle 4 steht. In einem Nebenraum finden sich die Totenmaske Chopins sowie die Briefe des Paares.

Museu Municipal

Den ersten Raum des Gemeindemuseums beherrscht eine Druckpresse von 1662, darüber hinaus sind zum Beispiel zahlreiche Holzschnitte aus dem 16. bis 19. Jahrhundert und eine alte Weltkarte ausgestellt. Die Presse gehörte der Druckerei Guasp, die 1579 in Palma gegründet wurde. Die nächste Abteilung widmet sich dem Leben des Erzherzogs Ludwig Salvator, der 1866 nach Mallorca kam und unter anderem das bislang vollständigste natur- und kulturkundliche Forschungswerk über die Balearen verfasste. Interessant ist die Sammlung meist spanischer Künstler, die sich von Mallorca und der Tramuntana inspirieren ließen. Die Auswahl hat nicht durchweg hohes Niveau, was aber nicht stört, da immer wieder Entdeckungen zu machen sind. Joaquím Mir, Santiago Rusiñol und Sorolla oder auch der Deutsche Nils Burwitz, der seit den 1970er-Jahren auf Mallorca arbeitet, sind mit Werken vertreten. Das Obergeschoss ist der internationalen Kunst des 20. Jahrhunderts gewidmet, darunter Arbeiten von der spanischen Gruppe El Paso, Francis Bacon, Max Ernst und anderen Künstlern.

Palau del Rei Sanç

Zum Schluss der Besichtigung erwartet den Besucher der Palast des König Sancho. König Jaume II. erbaute die Anlage für seinen Sohn, der von 1311 bis 1324 hier residierte. Im ältesten Teil des Klosters sind auch die kleinen Zellen zu sehen, in denen die Schriftsteller Unamuno, Darío und Azorín wohnten. Im Musiksaal des Palastes finden stündlich kurze Konzerte statt. Man spielt Chopin.

Infos und Adressen

INFORMATION

Öffnungszeiten:
März–Sept. Mo–Sa 9.30–18.30, So 10–13 Uhr; Okt., Nov., Feb. Mo–Sa 16.30, So 10–13 Uhr; Dez., Jan. Mo–Sa bis 15 Uhr, So geschl.

ESSEN UND TRINKEN

Valldemossa:
Eine romantische Feinschmeckeroase im edlen Hotel Valldemossa. Kreative mediterrane Küche zu gehobenen Preisen. Ctra. Vell de Valldemossa, Tel. 971 61 26 26.

ÜBERNACHTEN

Es Petit Hotel de Valldemossa:
Ein kleines modern eingerichtetes Hotel in einem alten Stadthaus. Schöne Lage zwischen Ober- und Unterstadt und schöner Aussicht. C/ Uetam 1, Valldemossa, Tel. 971 61 24 79, www.espetithotelvalldemossa.com, DZ ab 127 €.

Im Kloster der Kartäuser von Valldemossa

Mitte: Tempel aus Carrara-Marmor auf Son Marroig
Unten: Ludwig Salvator ließ das Landgut zu einem repräsentativen Wohnsitz ausbauen.

17 Son Marroig
Zuflucht des Erzherzogs Ludwig Salvator

Mit 20 Jahren verliebte sich Ludwig Salvator, ein Spross des habsburgischen Adelsgeschlechts, in Mallorca. Der Erzherzog, der »Arxituc«, wie er auf der Insel genannt wird, kaufte nach und nach weite Teile der Costa Nord, darunter auch das Landgut Son Marroig, das er zu seinem Wohnsitz ausbauen ließ. Das Kloster Miramar, wo im 13. Jahrhundert Ramón Llull gelehrt hatte, ließ er ebenso restaurieren wie die alten Wachtürme entlang der Küste, die heute als Aussichtsplätze fungieren.

Ludwig Salvator (1847–1915) war Erzherzog von Österreich und der Toskana. Dass die Tramuntana-Küste zwischen Valldemossa und Deià bis heute in unverbauter Schönheit erstrahlt, verdankt Mallorca unter anderem ihm. In seinem rund 16 Kilometer langen Minireich mit den Höfen Son Moragues, Miramar, Marroig, S'Estaca und Son Galceran ließ er Wege und Aussichtspunkte anlegen und pflegte die Natur nach Maßstäben, die die ökologischen Standpunkte des 20. Jahrhunderts vorwegnehmen. Von seinem Stützpunkt Son Marroig aus unternahm der Privatgelehrte weite Forschungsreisen durch den gesamten Mittelmeerraum sowie an die Küsten von Kalifornien und Australien.

Das Leben des Erzherzogs

Der junge Ludwig, der 1847 im italienischen Florenz geboren wurde, gehörte nicht zu den typischen Vertretern der k. u. k.-Monarchie, dem kaiserlich und königlichen Hof von Österreich-Ungarn. Dem Hof mit seinem Zeremoniell und Intrigenspiel konnte der junge Graf nur wenig abgewinnen. Stattdessen interessierte er sich für fremde Sprachen und Länder, für die Naturwissenschaften und die Seefahrt. Ludwig Salvator war der Sohn des Großherzogs Leopold II. von der Toskana und der königlichen Erzherzogin Maria Antonietta von Sizilien. In der Thronfolge der Donaumonarchie nahm er seinerzeit immerhin Rang drei ein.

Wegen revolutionärer Unruhen verließ die Familie Italien und zog auf Schloss Brandeis bei Prag, wo Ludwig aufwuchs. Nachdem der Vater 1859 abgedankt und der ältere Sohn Ferdinand die Amtsgeschäfte übernommen hatte, wäre für Ludwig eine militärische Laufbahn infrage gekommen, doch dazu hatte der junge Mann weder Neigung noch Lust. Er studierte Arabisch und andere Sprachen, setzte sich mit den Naturwissenschaften auseinander und legte das »Hochseekapitänspatent Lange Fahrt« ab. Ludwig Salvator wird Privatier und Forschungsreisender.

Die Entdeckung Mallorcas

Im Jahr 1867, genauer gesagt am 18. August, kam der Erzherzog erstmals nach Mallorca. Unter dem Pseudonym Ludwig Graf Neudorf hatte der 20-Jährige die Balearen bereist und sich in die Landschaft Mallorcas verliebt. Der junge Mann studierte die Geografie der Inseln, bestimmte ihre Pflanzen- und Tierwelt. 1869 waren die Arbeiten an seinem ersten Buch abgeschlossen, ein Jahr später übersiedelte er ganz nach Mallorca. Nach und nach kaufte er Ländereien und Gutshöfe zwischen Valldemossa und Deià und baute sich so sein eigenes kleines Herzogtum auf. Die alten Wachtürme, die *talaias*, ließ er zu Aussichtspunk-

AUTORENTIPP!

DIE BÜCHER LUDWIG SALVATORS IM INTERNET

Wer sich für das traditionelle Mallorca interessiert und mehr über seine alten Bräuche, Lebensgewohnheiten und Kultur erfahren möchte, stößt unweigerlich auf die Forschungsarbeiten des Erzherzogs Ludwig Salvator. Das in neun Büchern herausgegebene Werk »Die Balearen in Wort und Bild« ist das Vermächtnis seiner Leidenschaft für die Inseln. Es wurde zwischen 1870 und 1891 vom Verlag Leo Wöhrl in Prag herausgegeben, ebenso wie eine zweibändige Zusammenfassung, die 1897 erschienen ist. Originalausgaben der beiden Editionen sind gesuchte und entsprechend teure Raritäten.
Was der Erzherzog schrieb, lässt sich dennoch – zumindest in Teilen – von jedermann lesen. Ein Faksimile-Druck der zweibändigen Ausgabe wird von der Stiftung des Immobilienmaklers Matthias Kühn für 248 € angeboten. Dank des Engagements der in Wien ansässigen Ludwig-Salvator-Gesellschaft geht es auch gratis. Mit dem Ziel, das Lebenswerk des Habsburgers aufzuarbeiten, wurde die Kurzfassung digitalisiert. Als kompletter Text sowie in Auszügen sind außerdem seine Hommage an die Lebensgefährtin »Catalina Homar«, das kulturhistorische Werk »Auslug- und Wachtürme auf Mallorca« und eine Sammlung mallorquinischer Märchen, den *rondayes*, zu lesen.
www.ludwig-salvator.com

Oben: Die Gartenanlage auf dem Landgut Son Marroig
Unten: Im Innern des Herrenhauses, das aus dem 15. Jh. stammt.

ten ausbauen – und den Bauern, die Hand an die uralten Olivenbäume legten, kaufte er – für reichlich Geld – die unwirtschaftlichen Ländereien ab. Pflege und Schutz der Natur sind dem adligen Sonderling ein Grundanliegen.

»Auf meinen Reisen während der vergangenen Jahre habe ich, den Himmel als Dach, mit ausgestreckten Gliedern auf den Planken irgendeines Schiffes oder im Sand irgendeiner unbewohnten Bucht oft daran gedacht, ob es mit den uns zur Verfügung stehenden Mitteln nicht möglich wäre, [...] ein bequemes Fortbewegungsmittel anzuschaffen, das [...] meinen wissenschaftlichen Bedürfnissen dienen und den Komfort eines eigenen Heimes bieten könnte«, schrieb der 22-Jährige an seine Mutter.

Auf Forschungsreise

Drei Jahre später ist die »Nixe 1« fertig. Die Dampf-Segeljacht wird sein eigentliches Zuhause. Er reist nach Australien, erkundet die Küste Kaliforniens, erforscht Jahr um Jahr die Inseln und Küstengebiete des Mittelmeers. Son Marroig auf Mallorca wird zum Stützpunkt, zur Residenz eines kleinen Reiches an der Nordwestküste Mallorcas. 1891 erscheint der letzte Band von »Die Balearen«, ein bis heute grundlegendes Werk über Flora, Fauna und Landeskultur der Balearen-Inseln.

Die Anekdoten über die Eigenarten des Erzherzogs sind ebenso vielfältig wie die Gerüchte über sein Liebesleben. Über die Verbindung des Habsburgers mit Catalina Homar wurde nicht nur am Hof von Wien gelästert. Die Tochter eines Schreiners wird im Lesen und Schreiben und Fremdsprache unterrichtet und begleitet Salvator auch auf seinen Reisen. Das Haus, das der Habsburger ihr erbauen ließ, S'Estaca, gehört heute dem Hollywood-Schauspieler Michael Douglas.

Son Moragues

Kurz vor dem Ortsausgang von Valldemossa nach Deià und Banyalbufar zweigt rechts die Straße zum Landgut Son Moragues aus dem 15. Jahrhundert ab, das heute ein beliebtes Restaurant beherbergt. Einst war es eines der ersten drei Landgüter, die der Erzherzog Salvator erwarb. Wie Son Marroig vermachte es der Erzherzog testamentarisch an seinen Sekretär Antoni Vives, dessen Nachfahren es noch heute besitzen.

Ermita de la Santísima Trinidad

Nordwestlich von Valldemossa, nach dem Abzweig in Richtung Deià, biegt rechts, gegenüber dem Restaurant Can Costa, eine schmale Straße ab. Sie führt zur Einsiedelei der heiligen Dreifaltigkeit, die noch von einigen Mönchen bewohnt wird. 1648 wurde sie auf den Ruinen eines Franziskanerklosters errichtet. In der kleinen Eingangshalle zeigen bemalte Wandkacheln die Stationen aus dem Leben des Einsiedlers Joan Mir i Vallès, der die Einsiedelei gründete. Sein Regelwerk wurde auch von anderen Eremitagen der Insel befolgt. Die Kapelle wurde 1713 geweiht.

Son Miramar

Einige Kilometer nördlich der Ermita liegt unterhalb der Ma10 Son Miramar, das Ramón Llull 1276 als Kloster gründete. Die Franziskanermönche wurden unter anderem in Arabisch unterrichtet, um in Nordafrika zu missionieren. Später wohnten Zisterzienser, Dominikaner und andere Orden in der Anlage. Bereits 1485 wurde in den alten Gemäuern eine Druckmaschine aufgestellt. Es war die erste auf Mallorca. Nachdem das Kloster im 16. Jahrhundert zu einem Landgut ausgebaut wurde, kaufte es 1872 der Erzherzog Ludwig Salvator, ließ es restaurieren und zu seinem

Infos und Adressen

KAISERIN SISI AUF MALLORCA

Drei Mal besuchte die österreichische Kaiserin Elisabeth Mallorca. Das erste Mal am 10. Mai 1861: Sie sah Palma und ließ sich Schloss Bellver und La Lonja zeigen. Der zweite Besuch galt Erzherzog Ludwig Salvator, den sie im Dezember 1892 auf Son Marroig besuchte. Der dritte Besuch fand im Januar 1893 statt und galt ebenfalls dem *Arxiduc.* »Jetzt wird mir Korfu weniger gefallen«, soll die Kaiserin gesagt haben, als sie am Anleger beim Felsen Sa Foradada in ihr Schiff stieg. Auf ihrer Lieblingsinsel Korfu besaß Sisi eine Sommerresidenz.

Reste eines romanischen Kreuzgangs – beim ehemaligen Kloster Miramar

Oben: Kloster Miramar
Mitte: Die Sgraffito-Fassade von Son Miramar
Unten: Das herrschaftliche Son Marroig, das dem Erzherzog Ludwig Salvator als Rückzugsort diente.

Wohnsitz umbauen. Besonders sehenswert sind Teile des ehemaligen Kreuzganges des Klosters Santa Margarita von Palma, die Salvator hierher bringen ließ. Die Gebäudefassade ist mit einer Sgraffito-Struktur geschmückt, einer Technik, die im Spanien des 16. und 17. Jahrhunderts beliebt war.

Das im Privatbesitz befindliche Haus besitzt zum Teil noch den Originalboden des Klosters aus dem 13. Jahrhundert. In einer Ausstellung sind ein Modell der Jacht »Nixe II«, alte Möbel, Bücher und nautische Instrumente zu sehen. Ein kleinerer Bereich widmet sich Ramón Llull und seiner »Ars Magna«, einer Logik-Maschine, mit der der Gelehrte zu Erkenntnissen über Metaphysik und Religion gelangen wollte.

Die Kapelle neben dem Haupthaus wurde ebenfalls von Salvator restauriert. In ihr befindet sich eine Marienfigur aus Carrara-Marmor, die Kaiserin Elisabeth von Österreich (»Sisi«) im Winter 1892 als Gastgeschenk mitbrachte.

Son Marroig

»Son Marroix oder Son Mas Roix de sa Foradada, wie es in den Urkunden genannt wird, ist das am schönsten gelegene Haus Mallorcas«, schrieb Salvator. Dem Erzherzog wurde das Herrenhaus zum Zentrum eines kleinen Reichs an der Nordwestküste Mallorcas sowie zum Rückzugsort nach seinen Forschungsreisen. Das heutige Museum, das Zeichnungen, Bücher und persönliche Gegenstände zeigt, ist ganz dem Andenken an Ludwig Salvator gewidmet. An den Wänden hängen Gemälde von Joaquín Mir, Antonio Ribas Oliver und anderen Künstlern. Neben einigen antiken Fundstücken fällt eine Marienfigur aus Albaster auf, die aus

Mallorcas besondere Landgüter

Son Moragues gehörte zu den ersten drei Landgütern, die der Erzherzog 1883 auf Mallorca kaufte. Es diente zunächst als Gästehaus. Heute beherbergt es ein beliebtes Restaurant. Am Ortsausgang von Valldemossa in Richtung Meer rechts abfahren.

Ermita de la Santísima Trinidad. Die Einsiedelei ist noch von einigen Mönchen bewohnt. Der stille und besinnliche Ort mit seiner beeindruckenden Aussicht über die Tramuntana-Küste ist über einen schmalen Weg zu erreichen, der gegenüber dem Restaurant Can Costa an der Ma 10 abzweigt. Am besten, man lässt das Fahrzeug auf dem Restaurantparkplatz stehen und geht zu Fuß das Stück bergauf (etwa 10 Minuten).

Son Miramar. Im ehemaligen Kloster hatte Ramon Llull um das Jahr 1300 eine Missionsschule eingerichtet. 1872 kaufte Ludwig Salvator das teilweise verfallene Anwesen und baute es zu seinem Wohnsitz um. Die Kapelle ließ er renovieren. Di–So 9.30–14 und 16–19 Uhr, im Winter 10.30–18 Uhr.

Son Marroig. Das Landgut begeistert durch seine Lage über der Tramuntana-Küste. Im Innern des Museumshauses sind persönliche Gegenstände, Bücher, historische Möbel und anderes zu sehen, die in Beziehung zu Ludwig Salvator stehen. Unterhalb der Anlage mit seinem schönen Garten und Aussichtstempel liegt der markante Felsen Sa Foradada. Mo–Sa 9.30–14 und 15–19.30, im Winter 9.30–14 und 15–17.30 Uhr, www.sonmarroig.com

Adliger Aussteiger – Büste des Erzherzogs Ludwig Salvator in Son Marroig

dem 13. Jahrhundert stammt. Doch nicht nur die ausgestellten Objekte, sondern auch das Haus selbst begeistern – mit seinen Räumlichkeiten, zum Beispiel dem großen Salon, und dem lauschigen Garten. Immer wieder bieten sich schöne Ausblicke, etwa von der Loggia oder dem fotogenen Tempelchen aus Carrara-Marmor. Von dort sieht man gut den Felsen Sa Foradada, wo an einem kleinen Schiffsanleger die Jacht des Erzherzogs lag. Für den Spaziergang zur Sa Foradada und zurück braucht man ungefähr eineinhalb Stunden.

Beim markanten Felsvorsprung Sa Foradada lag das Forschungsschiff »Nixe« vor Anker.

18 Deià

Ein Bild von einem Dorf

Am Westhang der Serra Tramuntana wird die Szenerie romantisch, besonders in Deià. Dort fühlten sich schon im frühen 20. Jahrhundert Künstler wohl. Inzwischen sind aber auch viele ausgesprochen wohlhabende Residenten hinzugekommen, wovon einige stattliche Bauten zeugen. Bekannt wurde das idyllische Dorf durch den Schriftsteller Robert Graves, dessen Wohnhaus zu einem sehenswerten Museum umgestaltet wurde. Seine letzte Ruhe fand er auf dem kleinen Friedhof, vielleicht dem schönsten der ganzen Insel.

Wenn sich ein Ort »Künstlerdorf« nennt, muss man vorsichtig sein. Meist erwartet den Reisenden eine ebenso aufpolierte wie einbalsamierte Idylle mit Preisaufschlag. In einem Künstlerdorf leben normalerweise auch keine Künstler mehr, da zum einen die Mieten zu teuer sind und zum anderen

Mitte: Ein Dorf und seine Kirche – Deià
Unten: Eines von vielen – das Restaurant »Xelini«

MAL EHRLICH

DEIÁ IN 20 MINUTEN

Sicher, zu Hause ist immer etwas zu tun. Die Arbeit, die Familie, der Freizeitstress oder was auch immer einem die Zeit stiehlt. Da könnte der Urlaub eine Auszeit sein, doch das ist er selten, denn viele können das immerwährende Erledigenmüssen nicht ablegen. Die Insel will erkundet werden, die Liste der Highlights abgehakt. Man möchte nichts verpassen. Deià besuchen in 20 Minuten? Kein Problem. Dann hat man alles gesehen – oder auch gar nichts. Der Zauber von Deià und anderen Orten liegt nicht in seinen Baudenkmälern. Um ihn zu spüren, muss man die Zeit und ihre Zudringlichkeiten vergessen.

Bereits im ausgehenden 19. Jh. zog es Künstler nach Deià.

der Ruhm und der Rummel um die verstorbenen Kollegen zu sehr am eigenen Ego kratzen würden.

Auch das romantische Deià an der malerischen Nordwestküste nennt sich Künstlerdorf, und viele behaupten, dass Deià und seine Umgebung wunderschön seien. William Graves hat fast sein ganzes Leben hier verbracht. Als Geologe arbeitete er für viele internationale Firmen, doch auf Mallorca kennt man ihn aus einem anderen Grund: Er ist ein Sohn des Dichters und Schriftstellers Robert Graves (in Deutschland Robert von Ranke-Graves). Er kümmert sich um den Nachlass seines Vaters und hat eine Stiftung gegründet, die seit einigen Jahren ein eigenes Museum führt.

Im Haus des Schriftstellers Robert Graves

Das Haus des Dichters, Ca N'Alluny, steht am Ortsausgang in Richtung Sóller. Seine Lage hat ihm den Namen gegeben, denn Ca N'Alluny lässt sich mit »das abgelegene Haus« übersetzen. Robert Graves (1895–1985) ließ es 1932 bauen. Der Eng-

AUTORENTIPP!

CALA DEIÀ

Einer der Gründe, weshalb Deià nicht zum Touristenzentrum wurde, ist der mickrige Strand. Auf der kleinen Fläche, wo das Meer in die Cala de Deià schwappt, wäre nicht einmal Platz für die Gäste eines einzigen jener Hotelklötze, wie sie an den breiten Inselgestaden zu finden sind. Auch wenn die Cala Deià nicht der typische Badestrand ist, macht das Schwimmen enormen Spaß. Allerdings muss man die Hauptbadezeiten umgehen, denn im Sommer kann es sehr voll werden. Ungestört baden kann man am Morgen, am Abend, oder, wer es mag, während der größten Hitze am Mittag, wenn sich nur die verrückten Deutschen, Niederländer und Briten in die Sonne wagen. Ein Fahrzeug braucht man nicht, nur etwas Muße und für den jeweils halbstündigen Hin- und Rückweg von und nach Deià. Man kann den Fußweg am Ortsausgang hinunter in Richtung Sóller nehmen und im herrlich klaren türkisblauen Wasser eine Runde schwimmen. Zwei urige Strandbars versorgen mit dem Nötigsten und eignen sich bestens zum Dasitzen und Nichtstun. Wer möchte, wählt für den Rückweg die südliche Flanke des Tals. Der Weg ist weniger steil als Abstieg und führt an den Gärten des unteren Dorfes vorbei, das man vom anderen Ende her wieder erreicht.

Oben: Das Haus des Dichters Robert Graves
Mitte: Das Schreibzimmer
Unten: Museum mit Manuskripten, Erstausgaben und Zeitzeugnissen des Dichters

länder kam 1929 in Begleitung seiner Dichterkollegin Laura Riding auf die Insel, vor allem um vor familiären Problemen zu fliehen, wie er später schrieb. Der Hinweis, es mit der Mittelmeerinsel zu probieren, kam übrigens von Gertrude Stein, die er in Paris getroffen hatte. »Mallorca ist ein Paradies, wenn du das aushalten kannst«, soll sie dem jungen Engländer gesagt haben.

Graves konnte das Paradies gut aushalten. Bis auf die Zeit während des Spanischen Bürgerkriegs und der Frühphase der Franco-Diktatur lebte er am Dorfrand mit Blick auf Olivenhaine und Meer, das tief unten in eine kleine Felsenbucht schwappt. Den Weg zur Cala Deià hinunter ging er fast täglich. Wenn man in das Museumshaus kommt, glaubt man, der Meister hätte auch jetzt die Räume nur für einen kurzen Spaziergang in die Bucht verlassen oder um im Dorf die Post abzuholen.

Das Haus an der Landstraße nach Sóller wurde originalgetreu im Stil der 1930er- bis 1950er-Jahre eingerichtet. Im Obergeschoss befindet sich ein kleines Museum mit seltenen Buchausgaben und Manuskripten. Ein Film erzählt aus der bewegten Lebensgeschichte des Engländers. Ansonsten tritt ein für Dichterhäuser typisches Phänomen auf: Am meisten fasziniert das Arbeitszimmer. In diesem Allerheiligsten, der dem Ganzen erst Leben, ja Sinn einhaucht, steht zwischen den wild überarbeiteten Manuskriptseiten, die auf dem Schreibtisch liegen, eine Espressotasse, die Schreibtischleuchte brennt, und eigentlich möchte man sich gleich hinsetzen und diese Seiten vor Ort zu Ende schreiben (www.fundaciorobertgraves.com).

Graves war ein disziplinierter Arbeiter. Sein Sohn meint, das käme von der deutschen Seite seiner Herkunft. Seine Mutter Amalie Ranke war Deutsche, eine Großnichte des Historikers Leopold von Ranke. Für die Inspirationskraft macht er die irischen Wurzeln verantwortlich. Während seines Dichter- und Schriftstellerlebens hat er es auf ansehnliche 120 Bücher gebracht, darunter Romane wie »Ich Claudius, Kaiser und Gott«, »Die weiße Göttin«, das Sachbuch »Griechische Mythologie« und seine Biografie »Strich drunter«, die er bereits im Alter von 31 Jahren verfasste.

Ein Friedhof mit Aussicht

Deià ist besonders schön, wenn man nichts Bestimmtes erwartet oder sucht. Wenn man durch die hübschen Gassen mit den Häusern aus hellem Naturstein spaziert und sich vorstellt, man wäre hier zu Hause. Man schaut im Reformhaus vorbei, klopft kurz in den Galerien an und sieht sich die Ausstellung eines noch vor Ort lebenden Künstlers an. Dann steigt man langsam zur Gemeindekirche hinauf. Oben, auf dem schönsten Friedhof der Insel begegnet man so manchem *Pintor* (Maler) – und auch das schlichte Grab von Robert Graves ist bald entdeckt. Ein schlichtes »Poeta« wurde in den feuchten Zement des Grabes geritzt, dazu der Name und die Lebensdaten.

Dorfschönheit ohne Rummel

Deià ist noch immer sehr international. Denn mit den Künstlern kamen auch die Reichen und Wohlhabenden, die sich hier ihren Traum vom Süden

Die malerische Bucht von Deià

Infos und Adressen

SELTSAME KÜNSTLER

Warum gerade Deià zum Künstlerdorf wurde, bleibt ein Rätsel. Ava Gardner, García Marquez, Anaïs Nin, Julio Cotázar, Antoni Burgess, Alec Guiness, Peter Ustinov, Djuna Barnes, Mike Oldfield und Michael Douglas sind nur einige der Namen, die mit dem Dorf in Verbindung stehen, das übrigens die höchste Ausländerquote der Insel hat. Einige kamen vielleicht auch nur, weil die anderen da waren, und weil es schon in den 1930er-Jahren ein Hotel gab, das heutige »D'es Puig«. Sicher spielt Robert Graves eine entscheidende Rolle, aber er war nicht der Erste.

Der katalanische Maler Santiago Rusiñol berichtet in seinem Buch, »Mallorca – die Insel der Stille«, das nach vielen Mallorcareisen 1922 publiziert wurde, vom Treiben seiner Malerkollegen. »Wenn sie alle auch gute und liebenswerte Menschen waren, so konnten die Dorfbewohner sie auf der anderen Seite doch nicht als friedliche Naturen bezeichnen. Degouvé malte am Meeresufer Ungeheuer und Eidechsen, die so vom Natürlichen abwichen, dass sie die Kinder erschreckten. Quiròs und Bernaregge gingen nachts mit der Lampe aus und, anstatt Schnecken zu suchen, malten sie den Mond, und wer den Mond malt, wird grillenhaft. Mir, der liebenswürdige Mir, obwohl er keine seltsamen Dingen malte, so sah man ihn doch von einer Stelle zur anderen eilen, beladen mit einer Fülle von Leinwand, hier herauf, dort hinunter [...]. Es wirkte wie ein Irrenhaus, dessen Insassen man in jenen Bergen losgelassen hatte.«

Oben: Zwei Lokale versorgen die Gäste der Badebucht.
Mitte: Besser als nichts – der Kieselstrand der Cala Deià
Unten: Malerisches Nachbardorf Lluc Alcari

kauften. Doch auch Künstler leben vor Ort durchaus noch. Wie viele, weiß niemand so genau, vielleicht fünf bis zehn, das hängt auch von der Definition des Künstlerbegriffs ab. Erweitert man ihn auf den Bereich des Lebenskünstlers, fällt die Zahl jedenfalls recht hoch aus.

Das Schöne an Deià ist, dass es hier niemand nötig hat, mit Reichtum zu protzen. Selbst im noblen Hotel La Residencia pflegt man ein diskretes Understatement. Das Hotel, von dessen Café-Terrasse man in aller Ruhe das Dorfpanorama betrachten kann, war in den 1980er-Jahren Schauplatz der ZDF-Serie »Hotel Paradies«, übrigens auch das Hotel Es Moli am Ortsausgang. Damals stand zu befürchten, dass Deià den Weg des Nachbarortes Valldemossa gehen müsste. Dass sein Mythos und seine Schönheit sich in hässliche Souvenirmeilen, Busparkplätze und schlechte Restaurants verwandeln würden. Zum Glück ist es anders gekommen, und trotz atemberaubender Immobilienpreise und prominenter Kundschaft blieb es ein Ort der Kunst, der stillen Ecken und des angenehmen Miteinanders.

Lluc Alcari

Verlässt man Deià auf der Ma10 in Richtung Sóller, kommt man nach sechs Kilometern in das winzige Dorf Lluc Alcari. Etwas unterhalb der Küstenstraße gelegen, besteht es aus einem Dutzend Häuser, die sich malerisch an den Hang schmiegen. Das Vier-Sterne-Hotel »Costa d'Or« kann via Katalog auch pauschal gebucht werden. In Lluc Alcari gibt es praktisch keinen Parkplatz und deshalb auch nur wenige Touristen, die sich die Idylle anschauen. Den Bewohnern – vornehmlich wohlhabende Ausländer – ist das ganz recht so. Übrigens haben die lateinamerikanischen Schriftsteller Carlos Fuentes und Mario Vargas Llosa hier schon geschrieben.

Infos und Adressen

ESSEN UND TRINKEN

El Barrigon Xelini. Rustikal und bodenständig ist die typisch spanische Küche dieses Restaurants. Das mag an den Natursteinwänden liegen, dem einfachen Boden und Mobiliar. Vor allem liegt es an den Leistungen der Küche, die mit soliden Tapas und leckeren Lammbraten zu überzeugen weiß. C/ Arxiduc Lluís Salvador 19, Tel. 971 63 91 39, www.xelini.com

Restaurant Es Racó des Teix. Das mit einem Michelin-Stern ausgezeichnete Haus begeistert mit mediterraner-marktfrischer Küche wie Meerhecht mit Kapern und Topinambur-Artischocken oder mit mallorquinischem Spanferkel in Rosmarin. C/ Vinya Vella 6, Tel. 971 63 95 01.

ÜBERNACHTEN

Hotel La Residencia. So elegant kann ein Landhotel sein. Aus zwei Gebäudekomplexen aus dem 16. und 17. Jh. wurde eines der besten Häuser Spaniens. Das gilt auch für den prämierten Spa-Bereich. Auf der angenehmen Terrasse mit Blick über Deià und das Meer fühlt sich auch wohl, wer kein Hotelgast ist. Deià, Tel. 971 63 90 11, www.hotel-laresidencia.com, DZ ab 255 €.

Hotel D'es Puig. Das kleine Hotel war das erste in Deià. Dank des Innenhofs mit kleinem Garten und Pool kann man das »D'es Puig« auch für einen längeren Aufenthalt empfehlen. Es Puig 4, Deià, Tel. 971 63 94 09, www.hoteldespuig.com, DZ ab 125 €.

Sa Pedrissa. Von der Kategorie »Agrotourismus« sollte man sich nicht täuschen lassen. Sa Pedrissa ist ein komfortables und wunderbar gelegenes Fincahotel. Aussicht, Lage, Zimmer und Restaurant sind überdurchschnittlich gut. An der Landstraße nach Valldemossa, Deià, Tel. 971 3 1 11, www.sapedrissa.com, DZ ab 120 €.

Agrotourismo »Sa Pedrissa« – ein komfortables Fincahotel

19 Das Tal von Sóller

Dorfschönheiten zwischen Orangen

Malerisch liegen Fornalutx und Biniaraix im oberen Teil des Sóller-Tals, umgeben vom herrlichen Bergpanorama der Serra Tramuntana. Die romantischen Dörfer mit ihren gepflegten Natursteinhäusern gelten als die schönsten ihrer Art auf Mallorca und liegen inmitten von Zitronen- und Orangenhainen. Für Wanderurlauber sind die Dörfer eine gute Basis für Touren ins Gebirge oder zur Felsküste der Costa Nord.

Man nehme ein weites Tal, umschließe es mit einem erhabenen Felsmassiv und lasse an der offenen Seite das Meer in die Bucht schwappen. Weil das Mikroklima so günstig ist, gebe man an den terrassierten Hängen Feigen-, Oliven-, Zitronen- und vor allem Orangenbäume hinzu, lasse aus deren Mitte über die Jahrhunderte ein Dorf wachsen – das ist Mallorca wie aus dem Bilderbuch. Fornalutx und das Tal von Sóller sind wirklich gut gelungen. Kein Wunder, dass der Preis fürs schönste Inseldorf schon häufig an die 700-Seelen-Gemeinde ging.

Fornalutx – mallorquinische Puppenstube

In den engen und autofreien Gassen stehen üppige Blumenkübel an den natursteinernen Häusern, und wo es etwas zu verkaufen gibt, geschieht dies vor so malerischer Kulisse, als hätte ein Bühnenbildner das Set für einen mallorquinischen Heimatfilm entworfen. Juan Alberti Sastre, der Bürgermeister der Gemeinde, der fünf Jahre als Saalchef im »Ca's Puers« gearbeitet hat, einem Restaurant, dessen kulinarischer Patron Eckart Witzigmann war, ver-

Mitte: Fornalutx gilt als eines der schönsten Dörfer Mallorcas.
Unten: Im Tal von Sóller werden seit Jahrhunderten Orangen angebaut.

rät das Geheimrezept des ausgezeichneten Dorfes: »Wir verändern nur kleine Sachen und bewahren alles im Dorf und die Umgebung, so gut es geht.« Wer Herrn Sastre sprechen will, kommt einfach vorbei. Er stört sich nicht an den vielen Besuchern: »Wir freuen uns über die vielen Gäste, nur Reisebusse interessieren uns nicht.«

Fornalutx mit seinen Natursteinhäusern, den malerischen Gassen und seiner Nähe zu Meer und Gebirge ist so etwas wie der Idealfall mallorquinisch-mediterraner Idylle. Wer wollte hier kein Haus besitzen und glückliche Tage unter Orangenbäumen verbringen? Derzeit liegt der Ausländeranteil bei 22,5 Prozent. Sogar ein Museum besitzt Fornalutx: Das Museu de Ca'n Xoroi ist in dem historischen Gebäudekomplex, in dem auch die Gemeindeverwaltung untergebracht ist (Carrer de Sa Font 8). Zu sehen sind historische Ziegel und Kacheln, die nach der typischen Art des oberen Tales bemalt wurden.

Bemalte Ziegel

Sóller und Fornalutx besitzen von allen Gemeinden die meisten traditionellen Gebäude mit bemalten Ziegeln. Die Volkskunst, Tonziegel mit religiösen Motiven, Tier- und Dekorornamenten zu versehen, wurde im 16. Jahrhundert Mode. Die rote Farbe und meist sehr einfach ausgeführte Zeichnungen auf den Tonziegeln dienten nicht nur als Hausschmuck, sie sollten die Bewohner auch vor Gefahren schützen.

Biniaraix

Das benachbarte Bergdorf Biniaraix präsentiert sich noch etwas ländlicher, ruhiger und kleiner. Wo heute die Häuser Can Det und Can Ribera stehen, befand sich im Mittelalter ein Landgut, das von den muslimischen Eroberern für den Gartenbau errich-

AUTORENTIPP!

WANDERUNG VON BINIARAIX ZUM MIRADOR XIM QUESADA

ÖKO

Aufstiege sind mühsam – und dieser hat es besonders in sich: Knapp 1000 Höhenmeter liegen zwischen dem alten Waschhaus von Biniaraix, wo unsere Wanderung, beginnt und dem Aussichtspunkt hoch über dem Tal von Sóller. Dass sich der Aufstieg dennoch einigermaßen entspannt gestaltet, liegt daran, dass er sich auf 7 km verteilt und diese mit ungezählten Treppenstufen relativ bequem bergan gehen. Von Biniaraix aus folgt man dem alten Pilgerweg nach Lluc. Zunächst geht es durch die Terrassenlandschaft mit alten Ölbäumen, die dem Tal über Jahrhunderte ein Garant für Wohlstand waren. Durch den Torrent de Barrancos folgt man dem gepflasterten Weg zum Coll d L'Ofre. Während der alte Pilgerweg links weiter verläuft, folgt diese Route dem Hinweisschild zum Mirador Quesada, wo man etwa drei Stunden später kaum glaubt, wie man diese Höhen ohne Klettereinlagen erreichen konnte.

Das Tal von Sóller ist ein idealer Standort für Wanderurlauber.

Oben: Hier passt kein Auto durch – eine Gasse in Fornalutx.
Mitte: Eng, verwinkelt, aber immer romantisch
Unten: Lebendiges Stillleben – der Obst- und Gemüseladen von Fornalutx

tet wurde. Der alte Waschplatz erfüllt, ähnlich wie in Fornalutx, heute eher touristische Funktionen, denn er verleiht der mallorquinischen Puppenstube eine romantische Authentizität.

Wanderparadies

Viele kreuzen das Dorf, weil sie den Pilgerweg zum Kloster Lluc auf dem Programm haben. Bis dahin müssen allerdings ein dreistündiger Aufstieg und weitere fünf Stunden Fußmarsch bewältigt werden. Vielleicht begnügt man sich lieber mit dem Aufstieg zum Mirador Quesada (Autorentipp S. 121)? Die Wandermöglichkeiten sind vielfältig, sie verbinden das Meer mit fast alpinen Gebirgsrouten und starten immer in der mediterranen Idylle des Orangentals. Unter den Wanderurlaubern liegen die Deutschen zahlenmäßig vorne. An beliebten Rast- und Aussichtspunkten fühlt man sich manchmal zwischen all den Rucksäcken, Trekkingstöcken und der Gemütlichkeit in den Pfälzerwald versetzt.

Dorfalltag am frühen Abend

Mit fremdartigen, exotischen Eindrücken sollte man nach 60 Jahren Massentourismus auf der Balearen-Insel nicht rechnen – wennschon es sie immer noch gibt. Was unter den vielen Besuchern ebenso kaum gelitten hat, ist die angenehme südländische Art des Alltagslebens. Wenn am Abend die Wanderer der Landromantik wieder mit ihren Mietwagen abgefahren sind, wird die kleine Plaza von Fornalutx zum Spiel- und Fußballplatz beziehungsweise Wohnzimmer. Die Kinder der Mallorquiner und »europäischen Bewohner« spielen miteinander, über die Gassen schallen Sprüche, die man sich aus offenen Häusern zuruft, und man denkt, dass es vielleicht doch etwas wie eine heile Welt gibt.

Infos und Adressen

INFORMATION

O.I.T Sóller. Plaça Espanya 15, Sóller, Tel. 971 63 80 08, Fax 971 63 80 09, www.oitsoller@a-soller.es, www.ajsoller.net

ESSEN UND TRINKEN

Can Antuna. Mallorquinische Küche wie bei Muttern. Rustikal und authentisch im schönen Fornalutx. C/ Arbona Colom 8. Fornalutx, Tel. 971 63 30 68.

Cas Xorc. Im edlen Landhotel zwischen Sóller und Deià lässt es sich hervorragend speisen. Das hat natürlich seinen Preis, kann aber glücklich machen. Im gediegenen Rahmen werden neu-mallorquinische Köstlichkeiten serviert. Hauptspeisen ab 20 €. Ctra. Deià km 56, Tel. 971 63 82 80, Nov.–März sowie Di geschl., www.casxorc.com

ÜBERNACHTEN

Hotel Ca'n Reus. Ein kleines Dorfhotel mit romantisch rustikalem Flair. Von der Sonnenterrasse mit kleinem Pool hat man einen schönen Blick ins Tal und Gebirge. C/ de l'Auba 26, Fornalutx, Tel. 971 63 11 74, www.canreushotel.com, DZ 130–150 €.

Hotel Fornalutx. Von klösterlicher Strenge ist in dem Neun-Zimmer-Hotel nichts mehr zu spüren. Das ist gut so: Das kleine Hotel und ehemalige Kloster ist ein sehr angenehmer, nicht übertrieben luxuriöser Ort für schöne Tage in der ländlichen Idylle. Mit Pool und Garten. C/ Alba 22, Tel. 971 63 19 97, www.fornalutxpetithotel.com, DZ ab 150 €.

Das unbestrittene Zentrum – Café und Dorfkneipe »Sa Plaça« in Fornalutx

Mitte: Port de Sóller ist der einzige natürliche Hafen an der Nordwestküste.
Unten: Verschnaufpause in einem der Cafés von Sóller

20 Sóller und Port de Sóller

Eine Welt für sich

Die Kleinstadt Sóller ist das Zentrum des Orangentals an der Nordwestküste Mallorcas. Erzherzog Ludwig Salvator hielt sie für die schönste Ortschaft Mallorcas. Sein französisches Flair – viele der Bewohner wanderten im 18. Jahrhundert aus der Provence ein – und das neue Jugendstil-Museum machen Sóller zu einem echten Highlight. Ein solches stellt auch der Ausflug mit der historischen Tram nach Port de Sóller dar, den einzigen Hafenort an der Nordwestküste.

Um in den Talkessel mit seinen Avocado-, Feigen-, Oliven-, Orangen- und Zitronenbäumen zu gelangen, muss man an den Bergmassen der Serra Tramuntana vorbei. Diese sind hier, etwa in der Mitte der Nordwestküste, besonders hoch. Im Rücken des Tals erheben sich die Gipfel Alfàbia, Ofre und Puig Major, allesamt über 1000 Meter hoch. Der Puig Major ist mit 1445 Metern sogar der höchste Berg der Insel.

Bis ins Jahr 1912 erreichte man das wegen seines Reichtums an Orangen und Oliven sogenannte Goldene Tal nur über einen Bergpass. 1854 wurde eine Straße über den Coll de Sóller gebaut, die der gefährlichen Kraxelei mit Maultier oder Esel ein Ende bereitete. Dennoch blieb der Weg beschwerlich. Mit den Dampfloks ab 1912 (siehe Kapitel Tren de Sóller, Seite 132 ff.) und der elektrischen Lokomotive, die seit 1929 täglich durch einen Tunnel ins Tal rauscht, änderte sich die Lage. Bis heute ist die Fahrt mit dem Zug die schönste Art, in Sóller anzukommen.

Sóller und Port de Sóller

Am schnellsten erreicht man die Stadt mit dem Auto durch den gebührenpflichtigen Tunnel, der 1995 durch die Serra gebohrt wurde. Dass zeitgleich mit Fertigstellung des Tunnels auch die Regierungszeit des damaligen Präsidenten der Balearen-Regierung zu Ende war, lag vielleicht am gut geschmierten Verhältnis von Politik und Bauwirtschaft, das auf Mallorca immer wieder für kleinere oder größere Skandale sorgt. Welche der genannten Anfahrten man wählt, hängt davon ab, wie viel Zeit man sich nehmen möchte. Die alte Passstraße, die sich hinter Bunyola auf 500 Meter Höhe hinaufschraubt, erfreut Liebhaber einsamer Bergstraßen, ist aber nichts für Eilige. Bei der Abfahrt ins Tal wird man – unabhängig davon, ob man auf der Ma10 aus Deià oder aus dem Norden oder dem Coll de Sóller kommt – stets aufs Neue von einer eigenen kleinen Welt empfangen. Obwohl schon stark zersiedelt, begeistert das Tal mit seinen Dörfern und der Stadt Sóller noch immer.

Im Handel mit Frankreich und der Welt

Bedingt durch die Geografie hat sich Sóller bis ins frühe 20. Jahrhundert hinein mit einer gewissen Unabhängigkeit und Eigenständigkeit vom Rest der Insel entwickelt. Sóller und sein Hafen pflegen eine eigene lokale Geschichtsschreibung, in der Frankreich manchmal näher erscheint als die Inselhauptstadt. Die Bewohner des Tals, das schon bei den Römern ein geschätzter Siedlungs- und Hafenort war, und durch das Terrassen- und Bewässerungssystem der Araber zu einem fruchtbaren Garten wurde, suchten sich ihre Handelspartner jenseits der Insel.

AUTORENTIPP!

SÓLLER UND DER JUGENDSTIL

Seinem Ruf als Stadt des Jugendstils kommt Sóller seit 2009 mit dem Modernisme-Museum Can Prunera nach. Das Herrenhaus in der C/ Lluna 90 wurde 1911 erbaut. Neben den charakteristischen Elementen des Gebäudes – wie Reliefs mit mehrfarbigen Fresken, kunstvollen Verglasungen und historischem Mobiliar – besitzt Can Prunera eine ansehnliche Kunstsammlung mit Werken von Edvard Munch, Egon Schiele, René Magritte und anderen Größen des 20. Jh. Auch illustrierte Bücher von Joan Miró sind zu sehen. Bei einem Spaziergang durch den alten Stadtkern findet man noch weitere Jugendstilbauten: die Häuser Can Penya, Can Isabel und Can Fideuer an der Plaça d'Espanya, Can Ledesma in der C/ Joan Marqués Arbona 1, Can Bell Esguard in der C/ Can Vives und die Häuser Baltasar und Americà in der C/ Pastor 32 und 57. In der Touristeninformation an der Plaça Espanya liegen Faltblätter zum Thema Modernisme in Sóller bereit.

Das Treppenhaus des Modernisme-Museum Can Prunera

Armut und Reichtum im Tal des Goldes

Im ausgehenden 18. Jahrhundert machten sich Bauern, Winzer und Handwerker aus dem Süden Frankreichs auf den Weg, um der Misere unter Ludwig XVI. und der darauf folgenden Revolution zu entfliehen. Manche von ihnen landeten im Tal von Sóller, wo der Handel mit Olivenöl und Zitrusfrüchten für Arbeit und Auskommen sorgte. Die Früchte wurden vor allem über den Hafen von Marseille nach Frankreich gebracht. Darüber hinaus verschiffte man Wein (aus Banyalbufar) und Öl bis in die spanischen Kolonien in Lateinamerika. Die engen Handelsbeziehungen und die französischen Wurzeln mancher Bewohner zeigen sich bis heute in der provenzalischen Atmosphäre Sóllers und in einem eigenen, französisch beeinflussten Dialekt.

Anfang des 19. Jahrhunderts erlebt das Tal eine wirtschaftliche Blüte, allerdings sind die Anbauflächen und Arbeitsmöglichkeiten begrenzt. Als um 1865 ein Schädling fast den gesamten Baumbestand ruiniert, verlassen viele Sólleraner die Insel in Richtung Übersee. Andere suchen mit ihren Fertigkeiten in Südfrankreich, Südspanien oder in Belgien oder der Schweiz etwas Neues aufzubauen. Auf diesem Weg wurde auch der Orangenanbau ans spanische Festland exportiert, wo er bei Valencia heute in Dimensionen betrieben wird, die auf der Balearen-Insel nicht möglich wären.

Wer es in der Fremde geschafft hatte, kehrte wenn möglich wieder zurück. Die neureichen Heimkehrer wollten zeigen, dass sie es zu etwas gebracht hatten und bauten auffällige Häuser im Kolonialstil, mit der erhabenen Geste des Neoklassizismus oder im progressiven Modernisme-Stil. Die neue, wohlhabende Bürgerschaft war es auch, die die notwendigen Aktien zeichnete, damit die

Oben: Cafés und Atmosphäre – im Zentrum von Sóller
Mitte: Da ist viel Süden und Sonne drin – frisch gepresster Orangensaft.
Unten: Am Hafen von Port de Sóller

Stadtrundgang Sóller

A L'Esglesia de Sant Bartomeu. Barocke Kirche aus dem 17. Jh. mit einer modernistischen Fassade von 1904.

B Banc de Sóller. 1889 erbautes Bankgebäude im modernistischen Stil.

C Jugendstilmuseum Can Prunera. Das prächtige Stadthaus mit seinem Jugendstilmuseum wurde 1911 erbaut. Das Museum besitzt eine bedeutende Kunstsammlung der klassischen Moderne. C/ Lluna 90, Sóller, Di–So 10.30–18.30 Uhr, www.canprunera.com

D Mercat Municipal. Die zentrale Markthalle.

E Gran Vía. Straße mit mehreren Beispielen modernistischer Architektur.

F L'Estació de Ferrocarril. Bahnhofsgebäude des Tren de Sóller von 1912.

Das historische Bahnhofscafé von Sóller lädt ein.

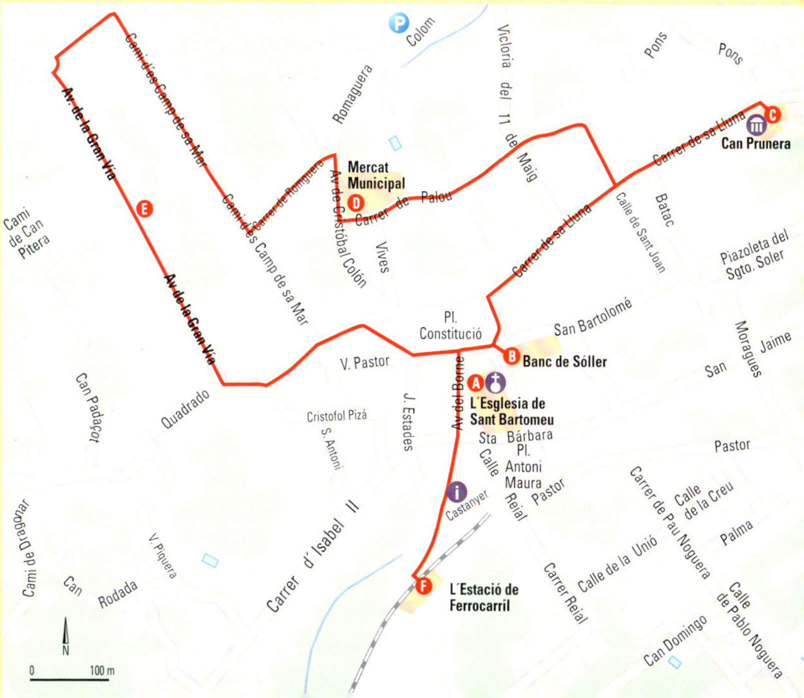

Bahnverbindung nach Palma gebaut werden konnte. Heute lässt sich weder mit Orangen noch mit Oliven viel Geld verdienen. Der Terrassenanbau eignet sich nicht für den Einsatz großer Maschinen und ist im Grunde unrentabel. Lediglich als lokale Spezialitäten werden die Fruchtmarmeladen, Öle und Orangen des »Goldenen Tales« wieder mehr nachgefragt.

Lebendige Stadt mit viel Atmosphäre

Das stets gut besuchte und an Parkplätzen arme Sóller könnte man sich auch gut in der französischen Provence vorstellen. Auf den Straßen zwischen der Markthalle und der zentralen Plaça ist immer viel los. An den Tischen der Straßencafés wird rege debattiert, man vertieft sich in die Tageszeitung oder macht eine Pause vom über-

Oben: Straßenmusiker in Port de Sóller
Mitte: Wird nicht nur von Briten geschätzt – hausgemachte Orangenmarmelade
Unten: Die leckeren Cocos sind eine Spezialität der Nordwestküste.

MAL EHRLICH

NACHHALTIGER GENUSS

Man beklagt sich ja gerne über den Ausverkauf Mallorcas. Ganz machtlos ist der Urlauber dagegen aber nicht. Durch sein Konsumverhalten nimmt er Einfluss auf die Strategien der Touristiker und den lokalen Markt. Der Urlauber tut dies, indem er zum Beispiel nicht alles vorab und pauschal bucht, sondern auch vor Ort sein Geld ausgibt. Er tut es auch, wenn er regionale Produkte kauft und so das lokale Handwerk und die Landwirtschaft unterstützt. Ungespritzte Orangen, die nicht auf Plantagen wachsen, das native Olivenöl der heimischen Kooperative, Feigen, Weine, Mandeln, Kapern sind mehr als bloße Nahrungsmittel. Durch sie lernt man das Land kennen, den Geschmack Mallorcas. Man erkennt die Waren an der geschützten Ursprungsbezeichnung, die auf dem Etikett zu finden ist.

schaubaren Besichtigungsprogramm. Im historischen Kern der 14 000-Einwohner-Stadt fallen einige Gebäude im Jugendstil auf. Ein Beispiel dieser in Spanien als Modernisme bekannten Bauperiode sind die Banco de Sóller von 1912 an der lebendigen Plaça Constitució. Der Gaudí-Schüler Joan Rubió i Bellver, der zusammen mit Antoni Gaudí nach Mallorca gekommen war, entwarf das Gebäude. Er übernahm 1904 auch die Neugestaltung der Hauptfassade der Església Sant Bartomeu aus dem ausgehenden 17. Jahrhundert. Das Gotteshaus, das die Plaça dominiert, besitzt eine schöne Fensterrosette. Im Innern gestaltete der Architekt die Capella del Cor de Jesús, die Taufkapelle auf der rechten Seite mit einer Skulptur des katalanischen Bildhauers Josep Llimona. Der Hauptaltar von 1737 zeigt eine Skulptur des hl. Bartolomäus.

Naturkundemuseum und Botanischer Garten

Am Ortsrand von Sóller, an der Hauptstraße zwischen Palma und Port de Sóller, bietet das Museu Balear de las Ciències Naturals/Jardí Botànic so manche Überraschung. Fossilien aus der Zeit des Jura, also von vor rund 160 Millionen Jahren, sind die ältesten Stücke ihrer Art, die auf Mallorca gefunden wurden. Der sich anschließende Botanischen Garten bildet gewissermaßen eine Artenbank seltener mallorquinischer Obst- und Gemüsepflanzen.

Mit dem Orangenexpress zum Hafen

Wer nicht mit dem »roten Blitz«, der historischen Eisenbahn, nach Sóller gekommen ist, sollte sich zumindest den Bahnhof ansehen. Das ursprüng-

Oben: Der Salon von Can Prunera
Mitte: Aufwendiges Kunsthandwerk ist ein Merkmal des spanischen Jugendstils.
Unten: Das Museum Can Prunera ist ein Höhepunkt des Modernisme, der spanischen Variante des Jugendstils.

lich aus dem 17. Jahrhundert stammende Gebäude wurde Anfang des 20. Jahrhunderts im Stil des Modernisme umgebaut. Aber auch die Anlagen der Schmalspurbahn, die an die Landschaften einer Modelleisenbahn erinnern, besitzen nostalgischen Reiz.

Vor dem Bahnhof nimmt auch die alte Straßenbahn, der »Orangenexpress«, seine Fahrt auf. Die historische Bahn zuckelt mitten durch die Stadt und das Tal hinab zum Hafen Port de Sóller. Dort geht es eindeutig touristischer zu, das Treiben ist aber in keiner Weise mit dem Auflauf in Hochburgen an der Badia de Palma, Cala Millor und anderen Orten zu vergleichen.

Wandern auf dem Küstenweg

Der natürliche Hafen Port de Sóller liegt an einer wunderschönen, halbkreisförmigen Bucht, die durch eine relativ schmale Einfahrt vor dem offenen Meer geschützt wird. Wer eine Mischung aus Wandern, Baden und maßvoller touristischer Infrastruktur sucht, findet nur wenig Alternativen auf Mallorca. Tagesbesucher zieht es zur kleinen Schiffsanlegestelle, wo Ausflugsboote zur Sa-Calobra-Schlucht abfahren. Oberhalb des Hafens führen steile Gassen im alten Viertel Santa Catalina zur gleichnamigen Kirche. Sie gehört heute zum Ensemble des Meeresmuseums, des Museu de la Mar, das die bewegte Geschichte des Tals und seiner Seefahrt anschaulich vermittelt.

Gegenüber, auf der Westseite der Bucht, wacht vom Kap Gros ein Leuchtturm über die Hafeneinfahrt und die Felsenküste. Von hier lässt sich die Bucht von Sóller gut überblicken, und in der Wanderherberge »Refugi Muleta« können sich die Wanderer des GR 221 vom eindrucksvollen Küstentrail zwischen Deià und Port de Sóller erholen.

Oben: Der Orangenexpress wurde 1913 in Betrieb genommen.
Mitte: Schön und praktisch ist die Fahrt mit der historischen Tram zwischen Sóller und seinem Hafen.
Unten: Port de Sóller bei Nacht

Infos und Adressen

INFORMATION

O.I.T Sóller. Plaça Espanya 15, Sóller, Tel. 971 63 80 08, Fax 971 63 80 09.

O.I.T Port de Sóller. Canonge Oliver 10, Port de Sóller, Tel. 971 63 30 42, Fax 971 63 30 42, www.ajsoller.net

ESSEN UND TRINKEN

Bens d'Avall. Auf einem Felsen über dem Meer begeistert das Restaurant von Benet Vicens nicht nur mit seiner mediterranen kreativen Küche. Auch die Aussicht von der Terrasse ist ein Genuss. Das Restaurant liegt außerhalb der Stadt an der Ma10 in Richtung Deià. Urb. Costa Deià, Ctra. Sóller-Deià, Tel. 971 63 23 81, www.bensdavall.com

Sa Fàbrica de Gelats. Mit seiner »Eisfabrik« hat der Deutsche Franz Kraus einen Volltreffer gelandet. Die Eisdiele gegenüber der Markthalle von Sóller hat mit ihren handgemachten Sorten aus frischen Zutaten eine treue Fangemeinde. Im Shop werden lokale Produkte und Spezialitäten der Dachmarke »Fet a Sóller« angeboten.

Agapanto. Das Restaurant liegt am westlichen Ende der Bucht, beim Leuchtturm am Cap Gros. Hier verbinden sich Fernöstliches und Mediterranes zu einem positiven Ganzen. Camino del Faro 2, Port de Sóller, Tel. 971 63 38 60.

ÜBERNACHTEN

S'Ardeviu. Das kleine Stadthotel wird von einem sympathischen mallorquinischen Paar geführt. Schöner, nostalgischer Frühstückssalon, Bibliothek und Garten. C. Vives 14, Sóller, Tel. 971 63 83 26, DZ ab 100 €.

Aimia. Auf den ersten Blick ist das Hotel in der Nähe des Strandes von Port de Sóller nur ein moderner Kasten. Auf den zweiten Blick überzeugen das zeitgemäße Design, groß dimensionierte Zimmer, Spa und Fitnessangebot.
C/ Santa Maria del Camí 1, Port de Sóller,
Tel. 971 63 12 00, www.aimiahotel.com,
DZ ab 175 €

FESTE

Moros i Cristians. Am zweiten So im Mai findet die Inszenierung des Kampfspektakels der Christen gegen die Mauren statt. Es erinnert an den erfolgreichen Widerstand beim Piratenangriff im Jahr 1561.

Die Bar des Hotels »Aimia« in Port de Sóller

21 Tren de Sóller
Der Zug ist das Ziel

Unermüdlich und ohne Unterbrechung verkehrt seit 1912 die Bahn zwischen Palma und Sóller. Seit 1929 versieht eine elektrische Lokomotive der Firma Siemens ihren Dienst. Einen Geschwindigkeitsrausch wird man in dem »roten Blitz« trotz seines Namens nicht erleben. Stattdessen lockt die schönste Anfahrt nach Sóller mit einem Viadukt, 13 Tunnels und viel Nostalgie.

Mitte: Die schönste Anfahrt nach Sóller – der »Rote Blitz« kämpft sich durch die Berge.
Unten: Die erste Bahn dampfte 1875 auf Mallorca.

Keine Frage, bei den Männern ist die Begeisterung besonders groß. Und natürlich bei den Kindern. Wer den nostalgischen Zug *Tren de Sóller* besteigt, bekommt Herzklopfen. Nicht, weil die Bahn so altersschwach wäre, dass man sich sorgen muss, heil anzukommen. Es ist eher das Gefühl, genau dort weiterzumachen, wo man als Kind aufgehört hat: beim Spiel mit der Modelleisenbahn.

Das Vergnügen beginnt in der Hauptstadt Palma bei der Plaça Espanya und führt auf 27 Schmalspurkilometern nach Sóller. Die Spurweite beträgt genau 914 Millimeter, was einem englischen Yard entspricht, ein seltenes Maß, das nur in einigen britischen Kolonien verwendet wurde. Nachdem die Strecke 1929 elektrifiziert wurde, versieht eine holzverkleidete Siemens-Schuckert ihren Dienst. Sie wurde aus Deutschland geliefert und erinnert den Lok-Kundigen an frühe Schweizer Zugwagen. Die Eisenbahngeschichte Mallorcas beginnt jedoch lange vor dem Tren de Sóller. 1875 rollte erstmals eine Dampflock von Palma nach Inca.

Abgeschieden vom Rest der Insel

Für das Orangental von Sóller bricht ab 1912 eine neue Zeitrechnung an. Aus dem 2876 Meter langen Tunnel dringt der Dampf eines schwarzen, eisernen Monstrums. Man schreibt den 16. April 1912 als sich der Eröffnungskonvoi der Gesellschaft Ferrocarril de Sóller, bestehend aus den Lokomotiven »Palma« und »Sóller« und sieben Passagierwaggons von der Hauptstadt aus auf den Weg macht. Die Loks stammen aus Barcelona und wurden von La Machinista gebaut. Von der ersten Planung bis zur Einweihung vergingen 19 Jahre. Durch den Gebirgsriegel der Tramuntana stellte die 27 Kilometer lange Strecke über Son Sardina, Apeadero de Son Reus, Apeadero de Caubet und Bunyola die Ingenieure vor eine große Herausforderung. 13 Tunnels mussten in das Gestein gegraben, ein Viadukt gebaut und ein Höhenunterschied von mehr als 300 Metern überwunden werden.

Der Orangenexpress

Das fruchtbare Tal von Sóller brachte große Mengen an Zitrusfrüchten hervor, die vom Hafen von Sóller nach Frankreich und ins spanische Festland verschifft wurden. Die Werften produzierten Schiffe, die darüber hinaus ferne Häfen in Nordeuropa, der Karibik oder im Mittelmeer ansteuerten. Doch die Möglichkeiten des Orangentals waren buchstäblich begrenzt, denn der Talkessel wird rundum von hohen Bergen umschlossen. Bis zum Bau der Passstraße über den Coll de Sóller 1847 war die Verbindung mit dem Rest der Insel nur per Schiff oder über gefährliche Eselspfade möglich. Erst die Eisenbahn löste die Strukturprobleme des Tals, denn sie verband Sóller mit der Hauptstadt und ihrem größeren Hafen.

Die wichtigste Aufgabe der insgesamt 25 Güterwaggons der Ferrocarril de Sóller bestand im Transport der Zitrusfrüchte nach Palma. Heute befördern Lkws die Ware durch den 2007 eröffneten Tunnel. Doch die Früchte des »Goldenen Tals« sind

AUTORENTIPP!

NACH SÓLLER AB SON SARDINA ODER BUNYOLA

Der Tren de Sóller fährt vom Bahnhof an der Plaça Espanya in Palma bis zum Bahnhof in Sóller. Man muss die Gesamtstrecke aber nicht komplett fahren. Für Urlauber, die ihr Hotel nicht in Palma haben und einen Mietwagen zur Verfügung haben, ist es günstiger, in Son Servera einzusteigen. Der erste Halt nach Palma hat den großen Vorteil, dass man dank eines großen Park & Ride Platzes keine Parkprobleme bekommt. Man kann natürlich das Bahnvergnügen auch auf den schönsten Abschnitt beschränken und nur das Ticket für die Strecke Bunyola – Sóller und zurück lösen. Somit bleibt mehr Zeit für den Besuch in Sóller und eine Fahrt zum Hafen mit der Tranvía. Übrigens bietet die Bahngesellschaft Tren de Sóller auch eine komplette Tour an mit Zug, Tram und Bootsausflug zur Bucht Sa Calobra an.

Tren de Sóller. Plaça d'Espanya, Sóller, Tel. 902 36 47 11, 971 63 01 30, Estación de Palma de Mallorca, Eusebio Estada 1, Palma de Mallorca, Tel. 971 75 20 51, 971 75 20 28, www.trendesoller.com

Am Bahnhof von Bunyola

Oben: Liebling der Eisenbahnfans, eine Siemens-Schuckert von 1929
Unten: Von wegen Holzklasse – die Fahrt im »Roten Blitz« ist ein Erlebnis.

kaum noch gefragt, obwohl sie aromatischer schmecken als ihre Pendants aus Valencia. Sie sind teurer als die anderer Regionen und werden – auch von den Mallorquinern – zu wenig gekauft.

Im Dienste des Tourismus

Was einst die Zitronen und Orangen waren, sind heute die Touristen. Sie sind begeistert vom »roten Blitz« und sichern mit ihrem Ticket den Erhalt der historischen Bahn. Am Jugendstilbahnhof von Sóller endet zwar die Strecke, allerdings nicht das nostalgische Bahnvergnügen. Vor dem Gebäude wartet eine ebenso betagte Tram darauf, Passagiere ins fünf Kilometer entfernte Port de Sóller zu befördern. Einige der Zugwagen stammen aus Lissabon. Steht eine eins oder drei auf der *Tranvía*, handelt es sich um die ältesten Modelle von 1913.

In der Hochsaison sollten sich alle Bahnverrückten frühzeitig um ein Ticket kümmern. Etwa eine halbe Million Fahrgäste wollen jedes Jahr mit der Bahn nach Sóller. Auf jeden Fall sollte man eine Kamera mitnehmen, denn beim Viadukt *dels Cinc-Ponts* legt der »Rote Blitz« nämlich einen Fotostopp ein.

Die ökologische Alternative

Ebenso wie in anderen Ballungszentren Europas leidet die Insel unter Abgasen und Lärm. Abhilfe oder zumindest eine Verbesserung verspricht der umweltfreundlichere Schienenverkehr. 2003 nahm die TIB (Transports de Illes Baleares) wieder den Zugverkehr auf der Strecke nach Manacor auf. Heute fährt die Bahn bis Sa Pobla und soll in den kommenden Jahren nach Cala Ratjada und Alcúdia weitergeführt werden. Mehr als 100 Finca-Besitzer machen gegen das Vorhaben mobil, denn sie müssten unter Umständen mit der Enteignung ihrer Anwesen rechnen.

Infos und Adressen

INFORMATION

Abfahrt. Am Bahnhof in Palma an der Plaça Espanya ist um 8.00; 10.50; 13.05; 15.15 und 19.30 Uhr.
Zurück geht es ab Sóller um 9.10, 11.55, 14.10 und 18 Uhr.
Ticket. Palma–Sóller–Palma: 17 €;
Bunyola – Sóller – Bunyola: 10 €.
In Sóller kann man in die ebenfalls historische Tram (Tranvía) nach Port de Sóller umsteigen.
Betriebszeiten.
Sóller – Port de Sóller: 7 bis einschließlich 20 Uhr jeweils zur vollen Stunde.
Port de Sóller – Sóller: Ab 7.30 bis 20.25 Uhr stündlich um 30 nach oder 25 nach der vollen Stunde. Ticket einfach: 4 €.
Oficinas Centrales y Estación de Sóller.
Plaça d'Espanya, Sóller, Tel. 902 36 47 11, 971 63 01 30, Bürozeiten: Mo–Fr 7–14 Uhr, Estación de Palma de Mallorca, Eusebio Estada 1, Palma de Mallorca, Tel. 971 75 20 51, 971 75 20 28, www.trendesoller.com

MALLORCA IM EISENBAHNFIEBER

Wer heute Mallorca bereist, wundert sich vielleicht über das kaum vorhandene Streckennetz für Eisen- und Straßenbahnen. Nie käme man auf die Idee, dass das Eiland einmal das dichteste Eisenbahnnetz Spaniens besaß. Schon in den ersten Jahren des Eisenbahnzeitalters (1852) gab es Pläne für den Bau einer Strecke. Nach mehreren Anläufen nimmt die erste Bahn am 24. Februar 1875 zwischen Palma und Inca den Betrieb auf. Aus Kostengründen hatte man sich für eine Schmalspurbahn entschieden. Der Erfolg der Linie gibt den Aktionären der *Ferrocarriles de Mallorca* recht. Bereits im ersten Jahr werden 260 000 Fahrgäste sowie im Schnitt 30 Tonnen Waren im Güterverkehr pro Tag gezählt. Das Streckennetz wird bis nach Sineu, Manacor und Sa Pobla verlängert und beläuft sich bald auf 200 Kilometer. Auch die Hauptstadt Palma katapultiert sich in die Moderne und bekommt eine Tram. Dort wurde sogar um die Jahrhundertwende eine eigene Dampflok gebaut, die es auf 60 Stundenkilometer brachte. Seinen Höhepunkt erreicht der Eisenbahnboom Ende der 1920er-Jahre. Das Streckennetz von 280 Kilometern reicht bis nach Artà. Ab den 30er-Jahren wächst die Konkurrenz durch den Straßenverkehr, der zunehmend die Bahnen verdrängt.

Mitte: Wanderer auf dem Weitweg GR 221
Unten: Rast am Stausee Gorg Blau

22 Wandern in der Serra Tramuntana

Über die Berge bis ans Meer

Der bis zu 1445 Meter hohe Gebirgszug der Serra Tramuntana zieht sich entlang der Nordwestküste der Insel Mallorca. Schroffe Felsen, teilweise recht tiefe Meereseinschnitte und eine vielfältige mediterrane Flora verschaffen dieser ursprünglichen Landschaft einen einzigartigen Reiz. Die gesamte Region von Port d'Andratx im Südwesten bis Pollença lässt sich hervorragend zu Fuß erkunden, wobei das beste Wandergebiet der Insel vom Fernwanderweg GR 221 erschlossen wird. Darüber hinaus gibt es viele Möglichkeiten für abwechslungsreiche Tagesrouten.

Vergleicht man Mallorca mit den anderen Balearen-Inseln, wird man schnell auf einen großen Unterschied stoßen: Auf Mallorca gibt es ein großes Gebirge. Mit bis zu 1445 Metern Höhe und einer Länge von knapp 100 Kilometern besitzt die Serra Tramuntana schon ganz ordentliche Ausmaße. Hinzu kommt, dass sich 1000 Meter Höhe auf Mallorca wie 2000 Meter in den Alpen anfühlen, denn in den Höhenlagen findet man nur noch schroffen und blanken Fels und eine kleinwüchsige Flora.

Der Fernwanderweg GR 221

An der Nordwestflanke Mallorcas treffen Berge und Meer auf dramatische Weise aufeinander – vielfältige Landschaften und drastische Höhenunterschiede inklusive. Auto-, Motorrad- und Radfahrer wissen die Touren auf der Ma10, einer herrlichen Strecke voller Kurven und grandioser

Ausblicke, zu schätzen. Noch schöner ist es aber, die Bergwelt, die seit 2011 zum Welterbe der UNESCO gehört, zu erwandern. Der anspruchsvolle Fernwanderweg GR 221 erstreckt sich insgesamt über eine Länge von gut 140 Kilometern. Mit allen Neben- und Umwegen sind es doppelt so viele. Es sind zwar noch nicht alle Wanderherbergen geöffnet, was aber nicht weiter schlimm ist, wenn man bereit ist, eine oder zwei Nächte in einem etwas teueren Hostal zu übernachten. Ihren Anfang nimmt die *Ruta de Pedra en Sec*, die »Trockensteinroute«, wie der Weitwanderweg auch heißt, in Port d'Andratx. Sie führt über Sant Elm und von dort aus geht es in der zweiten Etappe nach Estellencs. Danach führt der *Gran recorregut* an der Küste entlang bis Banyalbufar und auf einem alten Postweg nach Esporles. Viel Meer gibt es auch auf den Etappen bis ins Künstlerdorf Deià und nach Sóller zu sehen. Alpin wird die Szenerie beim Aufstieg zu Els Tossals Verds. Zum Kloster Lluc durchwandert man eine abgeschiedene Bergwelt mit alten Schneehäusern. Zur letzten Station nach Pollença führt der Weg allmählich bergab.

Etappen zum Genusswandern

Nicht jeder möchte sich der Strapaze einer Fernwanderung – die zudem nicht optimal markiert ist – aussetzen. Die genannten Etappenorte eignen sich auch gut, um von dort aus Tageswanderungen zu unternehmen. Zweifellos die meisten Wanderer wählen Sóller oder Port de Sóller als Standort. In schönem Ambiente hat man dort den Vorteil einer angenehmen Infrastruktur und sogar eines Badestrands, falls man mal einen Tag die Stiefel stehen lassen möchte. Deià, Estellencs und Banyalbufar sind die ruhigeren Alternativen, bieten aber etwas weniger Auswahl bei den Wandermöglichkeiten.

AUTORENTIPP!

AUF DEM WEG DES ERZHERZOGS NACH DEIÀ

ÖKO

Man mag sich darüber streiten, welches die schönste Wanderstrecke auf Mallorca ist. Einige lieben den Puig de Galatzó, andere zieht es zum Stausee Embalse de Cúber, wieder andere schwören auf die Umgebung des Klosters Lluc. Sicherlich ein Highlight ist auch der Camí de s'Arxiduc zwischen Valldemossa und Deià, der – wie der Name schon sagt – von Erzherzog Ludwig Salvator angelegt wurde. Von Valldemossa (GR 221 folgen) geht es auf den Coll de son Gallard hinauf und dann von knapp 1000 Metern hinunter zum Castell des Moro, an der Wanderherberge Can Boi vorbei bis Deià. Für die 8 km kann man vier bis fünf Stunden einplanen. Als Panoramarundweg mit Start und Ziel in Valldemossa ist der Camí de s'Arxiduc etwas länger (10 km), aber weniger anstrengend. Beide Routen beginnen in der Carrer de Olives in Valldemossa (am großen Parkplatz in die C/ Venerable Sor Aina, dann rechts in die C/ Pintor Fuster und links in die C/ Olives).

Infos und Adressen

WANDERHERBERGEN

An einigen Etappenorten hat der Inselrat Wanderherbergen (*Refugís*) einrichten lassen, in denen man günstig übernachten und essen kann. Maximal fünf Nächte darf man in einem Refugi verbringen. Wichtig ist, dass man sich mindestens fünf Tage vorher anmeldet. Momentan haben die Refugis Can Boi (Deià), Muleta (Port de Sóller), Els Tossals Verds (Lloseta), Son Amer (Lluc) und Pont Romà (Pollença) und die Hostatgeria del Castell d'Alaró geöffnet. Weitere Refugís sind im Bau. Nähere Informationen und Reservierung der Herbergen unter: www.conselldemallorca.net/mediambient/pedra (die Seite des Inselrates wird auch auf Deutsch angezeigt) oder Tel. 971 17 37 00. Ein zweiter Fernwanderweg, der GR 222, ist im Aufbau, er führt von Artà zum Kloster Lluc.

WEGE/AUSRÜSTUNG

Die Kennzeichnung der Wege ist nicht immer optimal. Eine gute Karte ist wichtig, ein GPS-Gerät unter Umständen zu empfehlen.
Trinkwasser, Regen- und Sonnenschutz sowie Kleidung für wechselnde Temperaturen darf man nicht vergessen. Feste, hohe Schuhe sind für die Serra zu empfehlen.

BESTE ZEIT ZUM WANDERN

Die Monate Februar bis Juni und September bis November eignen sich am besten. Dennoch müssen Wanderer auf alle Wetterbedingungen vorbereitet sein.

Zu Bergtouren lädt die schroffe Bergwelt beim Puig Roig ein.

Wandern in der Serra Tramuntana

Gepflasterte Wege finden sich auf dem Camí Pedra en Sec (GR 221).

GUTE STANDORTE

Als Ausgangspunkte für Tagestouren durch die vielfältige Gebirgswelt bieten sich die Orte Sant Elm, Estellencs, Sóller, Deià, Kloster Lluc und Pollença an.

Außerhalb der Tramuntana bieten die Halbinsel Victória bei Alcúdia und die Serra de Llevant bei Artà und die Naturparks an der Mondragó-Bucht sowie die Inseln Sa Dragonera und Cabrera Möglichkeiten zum Wandern.

ORGANISIERTE WANDERTOUREN

Mar y Roc. Geführte Bergwanderungen, Wander- und Höhlentouren inklusive Transfer (deutschsprachig). mobil 686 89 51 91, in Deutschland 06323/93 78 79, www.mallorca-wandern.de

Tramuntana Tours. Geführte Wander- und Bergtouren. Auch Rad- Kajak- und Bootstouren oder Canyoning (auch auf Deutsch). C/ Lluna 72, Sóller, Tel. 971 63 24 23, www.tramuntanatours.com

KARTEN UND INFOMATERIAL

Mallorca Tramontana Central und **Mallorca Tramontana Norte**, hrsg. vom Nationalen Zentrum für Geografie, sind sehr zu empfehlen. Man bekommt sie unter anderem in der *Casa del Mapa* in Palma in der C/ Santo Domingo 11, Mo–Fr 9.30–14 Uhr.

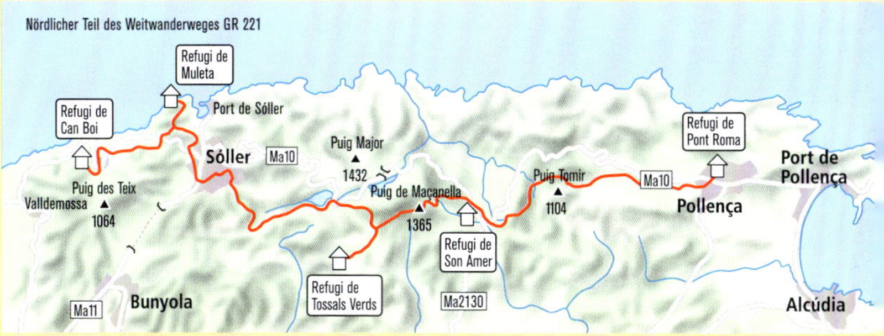

Mitte: Inmitten der Bergwelt – das Kloster Lluc
Unten: Die Klosterkirche wurde zu Beginn des 20. Jh. von Antoni Gaudí neu gestaltet.

23 Kloster Lluc

Die Jungfrau aus dem Zauberwald

Das Monasteri de Lluc ist Mallorcas bedeutendster Wallfahrtsort, ein spirituelles Zentrum in herrlicher Gebirgslage. Der Gesang des Knabenchors »Els Blauets« und der Schutz von »La Moreneta«, der schwarzen Madonna von Lluc, sind für viele Insulaner Grundfesten der mallorquinischen Identität. Picknick und Pilgerschaft stellen hier allerdings keine Gegensätze dar, denn die Mallorquiner verbinden den Glauben gern mit dem Freizeitvergnügen.

Da Mallorca eine eigene kleine Welt repräsentiert, braucht es auch eine spirituelle Mitte, die das Unten mit dem Oben verbindet. Es gibt eine ganze Reihe von Kandidaten, magische Orte, an denen sich im Lauf der Inselgeschichte Wunder ereignet haben sollen. Der Klosterberg Puig de Randa etwa, der Puig de María bei Pollença, die Ermita Victoria oder die luftigen Höhen der Ermita de Sant Salvador. Oder die Kathedrale La Seu, jenem herrlichen Haus, das die Idee vom Himmel auf Erden so wunderbar interpretiert. Ohne Ausnahme handelt es sich um würdige Orte mit einer eigenen Aura. Aber eigentlich gibt es keinen Zweifel. Das bedeutendste Heiligtum der Insel findet sich in der Serra de Tramuntana, dort, wo die Berge am höchsten und das Land abgeschieden ist: das Kloster Lluc.

Die Legende von La Moreneta

Um das Jahr 1230, so sagt eine Legende, durchstreifte ein Hirtenjunge das einsame Hochtal. In einer Felsspalte findet Lukas (Lluc), so soll er geheißen haben, eine dunkle Marienfigur. Er nimmt die Holzstatue und trägt sie eilig zur nächsten

Pfarrei San Pere nach Escorca. Groß war sicher der Schrecken, als sie am nächsten Morgen verschwunden war. Während man im Pfarrhaus noch rätselte, ob hier heidnische Mächte am Werk waren oder Maria selbst sich ihnen entzogen hatte, bewies Lluc den richtigen Riecher. Er fluchte nicht, verdächtigte niemanden, sondern ging zurück zu der Felsspalte, wo er seine Madonna wiederfand. Erneut trug er sie nach Escorca, und am darauffolgenden Tag war sie wieder verschwunden, und so ging es noch ein paar Mal zwischen Felsspalte und Kirche hin und her. Schließlich begriff das schwerfällige Landvolk, dass die Madonna offenbar nicht nach Escorca ziehen, sondern in der Waldeinsamkeit bleiben wollte, und errichtete ihr dort eine kleine Kapelle.

Vorchristliche Wurzeln

In der historischen Version der Entstehung des Wallfahrtsortes Lluc spielt die Reconquista, die christliche Rückeroberung, eine wichtige Rolle. Nach den Jahrhunderten unter dem Halbmond, die für die Bewohner der Insel keine schlechte Zeit waren, mussten Zeichen und Wunder her. Überall in Spanien tauchten Bildnisse der Mutter Gottes auf, meistens an Orten, die bereits eine religiöse Vergangenheit hatten. So auch in Lluc, wo angeblich schon in frühgeschichtlichen Zeiten Totenkulte zelebriert wurden. Der Name könnte sich vom römischen Wort *locus* für Wald herleiten oder vom arabischen *Arlluch*, wie die Gegend von den Arabern genannt wurde.

Aufstieg zum Wallfahrtsort

Nach der Rückeroberung Mallorcas unter Jaume I. wurde das Land aufgeteilt. Die Templer hatten Jaume tatkräftig unterstützt und bekamen das bergige Gebiet zugesprochen, wo sich heute das

AUTORENTIPP!

AUF DEM CAMÍ VELL ZUM KLOSTER LLUC

ÖKO

Rund um das Kloster Lluc lassen sich schöne Wandertouren unternehmen. Da es sich beim Santuari de Lluc aber um ein christliches Heiligtum handelt, sei hier kein Wander-, sondern ein Pilgerweg empfohlen. Der Cami Vell, der *alte Weg*, war wohl die erste Pilgerroute, die sich im 13. Jh. herausbildete. Er beginnt in der Ortschaft Caimari bei Inca. Am Ortsausgang wandert man zunächst einen halben Kilometer an der Straße Ma 2130 entlang. Bei der Steinhütte Rota del Carter folgt man dem Schild des Fernwanderwegs GR 222. Immer wieder kann man sich an den kunstvoll geschichteten Trockenmauern freuen, die hier besser erhalten sind als in anderen Gegenden. Der Pilgerweg führt durch das enge und schöne Tal immer weiter hinauf. Die teilweise gepflasterten Wege sind so uneben, dass man unbedingt hohe Wanderstiefel braucht.

Cami Vell. Länge: 6,5 km, Höhenunterschied: 450 m, Rückfahrt wahlweise mit dem Linienbus L 330 um 15 und 18 Uhr ab Lluc nach Caimari.

Auf dem alten Pilgerweg nach Lluc

Oben: Der Hauptaltar der Klosterkirche
Unten: Lluc ist das wichtigste religiöse Zentrum der Insel.

Kloster befindet. Neben einer befestigten Anlage bauten sie oder die Bauern der Gegend eine kleine Kapelle zu Ehren Marias. Das Bedürfnis, im abgelegenen Steineichenhain eine Kapelle zu errichten, war vorhanden. Schon früh wurde sie zum Ziel gläubiger Pilger.

Ende des 14. Jahrhunderts begann man den Pilgerweg ab Caimari auszubauen. Von den ursprünglich sieben Steinstelen, die den Weg säumten, sind zwei bis heute erhalten. Eine davon steht im Klostermuseum. Der Pilgerstrom riss auch in den folgenden Jahrzehnten nicht ab. 1456 gewährte Papst Calixtus III. den Mönchen den Bau einer *Colegiata*, eines Klosterseminars. Ab 1526 wurde festgelegt, dass täglich eine Morgenmesse zu Ehren Marias gehalten werden soll, die von sechs Jungen gesungen wird. Wegen ihrer blauen Sutanen erhielt dieser Chor später den Namen *Els Blauets*. Bis heute wird die Morgenmesse von dem Knabenchor begleitet.

Beim Ausbau der Anlage im 16. Jahrhundert wurde eine Pilgerherberge errichtet. Die Kirche im Renaissancestil und der Hauptaltar erhielten in der zweiten Hälfte des 17. Jahrhunderts ihre Weihe, La Moreneta, die heilige Jungfrau von Lluc, die bislang in einer Seitenkapelle stand, bekam ihren Platz hinter dem Hauptaltar. Anfang des 20. Jahrhunderts gestaltete der katalanische Künstler Antoni Gaudí die Basilika neu. Der Architekt der Sagrada Familia von Barcelona wählte ein historisierendes Dekor. Mit viel Blattgold entstand ein barockes Interieur mit Reminiszenzen an die byzantinische Kunst. Die Chroniken des Klosters verzeichnen den Besuch bedeutender Häupter. So adelte die Gegenwart des spanischen Königs Karl III. die Kirche zur Capella Reial, zur königlichen Kapelle. Papst Johannes XXIII. ernannte sie 1962 zur Basilika.

Tempel der mallorquinischen Identität

Die Bedeutung des Wallfahrtsortes und die Verehrung der »Moreneta« sind für das Selbstverständnis der Mallorquiner kaum zu überschätzen. Ähnlich wie das Kloster Montserrat bei Barcelona für die Katalanen, nimmt Lluc einen ebenso spirituellen wie politischen Status ein. Dieser nationale Ort stellt eine sichere Stütze gegen die Schicksale des Lebens und zentralspanische Zumutungen aus Madrid dar. So hat der beliebte Pilgerzug zur Mare de Deu, zur Mutter Gottes, an dem jedes Jahr viele Insulaner in einer Sommernacht ab Palma teilnehmen, seine Wurzeln in der späten Franco-Diktatur. Damals machte sich ein Barbesitzer aus der Hauptstadt auf, um seinem Unmut über das Regime Luft zu verschaffen. Aus seiner privaten Pilgerschaft entwickelte sich über die Jahre der populäre Pilgerzug. Aber auch in guten Zeiten hält man der Muttergottes von Lluc die Treue. Schließlich hat ein gewisser Dr. Busquets bereits 1684 nachweisen können, dass sie bis dahin 86 Wunder bewirkt hatte. Wie viele mögen es dann erst bis heute sein? Die geselligen Picknickgelage mit Großfamilie oder Freunden, die in der Sommerfrische am Wochenende abgehalten werden, sind jedenfalls Zeichen großer Zuneigung.

Besichtigung

Vom großen Parkplatz gelangt man durch ein Portal, das durch zwei flache Gebäuderiegel gefasst wird, in Souvenirläden und den rechteckign Klostervorhof mit Mittelachse, Parterres und Brunnenanlagen. Er erinnert an eine Schlossanlage. Seitlich wird er von den ehemaligen Stallungen begrenzt, in die heute weitere Shops, Büros und eine Cafeteria eingezogen sind. Die Stirnseite des Vorplatzes wird vom schmucklosen Klosterbau mit

Oben: Umgebung des Klosters
Mitte: Ein mit Moos bedeckter Brunnen auf dem Klostervorplatz
Unten: Der botanische Garten dient den Mönchen zur Erholung.

Oben: Säulengang vom Kloster
Unten: Die Fassade der Klosterkirche wurde im 17. Jh. fertiggestellt.

dem Haupteingang zum Konvent begrenzt. Nach dem ersten Innenhof erreicht man durch einen weiteren Gebäudeteil, in dem sich das Museum befindet, den zweiten Innenhof. Dort erinnert eine Statue an den Bischof Juan Campins, der 1910 vom Vatikan das offizielle Anrecht der *Congregación mallorquina de los Missioners dels Sagrats Cors* (mallorquinische Kongregation der Missionare des Heiligen Herzens) erwirkt hatte.

Mit dem Bau der Basilika wurde 1622 begonnen und 1691 mit der Fertigstellung der Fassade abgeschlossen. Das Innere besitzt eine intime, fast geheimnisvolle Atmosphäre, die wesentlich der Ausgestaltung durch Antoni Gaudi zu Beginn des 20. Jahrhunderts zu verdanken ist. Der barocke Hauptaltar stammt von 1629. An seiner Rückseite wird die Mare de Deu, die Mutter Gottes von Lluc, verehrt. Das Museum im ersten Stock des Querriegels im Hauptgebäude zeigt eine bunte Mischung sehenswerter Schätze. Es beginnt mit archäologischen Funden, stellt die Schmuckgeschenke zur Schau, die in La Moreneta verehrt wurden, und überrascht mit einem originalgetreuen mallorquinischen Raum. Auf die Vielfalt von Weihrauchfässern und anderem liturgischen Gerät folgt eine Sammlung kunstvoller Keramiken des 17. bis 19. Jahrhunderts. Prunkstück der kleinen Pinakothek ist ein Gemälde von Santiago Rusiñol.

Links vom Hauptgebäude, wo sich auch das Klosterrestaurant befindet, beginnt der Aufstieg zum Kalvarienberg. Von der kleinen Felsanhöhe hat man einen guten Überblick über die Klosteranlage und das grüne Hochtal. Am anderen Ende des Komplexes, hinter den Schulgebäuden, liegt der Klostergarten, in dem sich die Mönche erholen können. Mittlerweile ist die Anlage zu einem botanischen Garten angewachsen, die dem Erhalt heimischer Arten dient.

Infos und Adressen

WICHTIGE SEHENSWÜRDIGKEITEN

Monestir de Lluc. Pilgerziel mit der schwarzen Madonna »La Moreneta«. Sie befindet sich in einer Kapelle hinter dem Hauptaltar der Kirche. Die Innengestaltung der Klosterkirche stammt von dem katalanischen Architekten Antoní Gaudi. Der Knabenchor *Els Blauets* singt in der Schulzeit während der Messen um 11 und 19.30 Uhr.

Das **Museum** zeigt viele Objekte zur Vor- und Frühgeschichte. Ein Saal ist der Mutter Gottes von Lluc gewidmet und präsentiert Schenkungen an die hochverehrte Figur. Weiterhin sind liturgische Gerätschaften, ein Raum mit Keramiken und Gemälde des katalanischen Künstlers Coll Bardolet zu sehen. (Mo–Fr, So, 10–14 Uhr). Hinter dem Kloster kann man einen kleinen botanischen Garten besichtigen.

Kalvarienberg. Links vom Klostergebäude führt der Kreuzweg *Camí dels Misteris* zum Kalvarienberg hinauf. Die Bronzereliefs wurden vom katalanischen Bildhauer Josep Llimona geschaffen.

Botanischer Garten. Mit rund 200 heimischen Arten. 10–13 und 15–18 Uhr geöffnet. Eine Spende ist erwünscht.

INFORMATION

Centro Informació de la Serra Tramuntana. Am Parkplatz Kloster Lluc, Tel. 971 51 70 70.

ESSEN UND TRINKEN

Sa Fonda. Das rustikale Restaurant bietet internationale und mallorquinische Küche und befindet sich innerhalb der Klosteranlage.
Tel. 971 51 70 50.

ÜBERNACHTEN

Hospedería. Die Klosterherberge steht nicht nur Pilgern offen. Auch Wanderer und Radfahrer mieten sich gerne in eines der 129 einfachen und ordentlichen Zimmer ein. Besser früh reservieren. Tel. 971 87 15 25, www.lluc.net, DZ 37 €.

Bei Pilgern und Wanderern beliebt – die Klosterherberge

Mitte: Classic Rally – ein Porsche 356 passiert den Krawattenknoten. **Unten:** Kiesstrand an der Mündung des Torrent de Pareis

24 Sa Calobra
Landschaft für die Leinwand

Die spektakulären 12,5 Kilometer Straße, die in immer neuen Windungen zur Sa-Calobra-Schlucht hinabführen, sind eine Hymne auf die Serpentine. Im berühmten »Krawattenknoten« schlingt sich die Straße sogar einmal um sich selbst. Unten angekommen, harren einige Ausflugslokale und ein Fußgängertunnel der Entdeckung, der zur beeindruckenden Schlucht des Torrent de Pareis mit Kiesstrand führt.

Nachdem er zuvor in Barcelona nur mäßigen Erfolg erringen konnte, buchte der Künstler Joaquim Mir (1873–1940) im Jahr 1900 eine Schiffspassage nach Mallorca. Dort traf er seinen Kollegen Santiago Rusiñol, der manchem auch als Autor des Buches »Die Insel der Ruhe« bekannt sein wird. Auf Mallorca wurde Mir zum Meister des Lichts. Immer wieder malt er die Landschaften der Serra de Tramuntana. Regelrecht besessen ist er vom Torrent de Pareis, jenem Spektakel aus Fels und Meer, das der Sturzbach Pareis an der Nordwestküste in das Gebirge gegraben hat.

Ein Einsiedler der Kunst

Als Rusiñol die Schlucht besuchte, gab es noch keine Serpentinenstraße, die in das wilde Tal hinabführte, aber wohl einige wenige Menschen, die dort lebten. Er berichtet von einem Hirten, der das Sprechen verlernt hatte, einer Hexe, die in einer Ruine gehaust haben soll und einem »Einsiedler der Gegenwart«. Damit war sein Freund und Kollege Joaquim Mir gemeint. Wie einsam das weltabgewandte Tal damals war, kann man sich heute, wo in Spitzenzeiten über 30 000 Besucher

Der Torrent de Pareis war ein beliebtes Motiv für Maler.

mit Reisebussen und Mietwagen in die Schlucht drängen, kaum noch vorstellen.

Die Straße zur Cala Sa Calobra

Auch wenn die Besuchermassen den Eindruck etwas trüben, die Begeisterung des Malers für die wilde Landschaft kann man auch heute noch nachempfinden und teilen. Die Bucht von Sa Calobra liegt im wildesten Teil der Serra de Tramuntana, unterhalb des Puig Major, dem höchsten Berg der Insel, und den Orten Sóller und Escorca. Einen Kilometer oberhalb der Bucht gibt es auch ein Dorf Sa Calobra. Dorthin kommt man nur per Schiff oder über die Ma 2141, der vielleicht schönsten Straße der ganzen Insel. Über atemberaubende Serpentinen wird auf zwölf Kilometern Länge eine Höhendifferenz von knapp 800 Metern bewältigt.

Meister der Serpentine

Der Schöpfer dieses Kunstwerks heißt Antonio Parietti, der übrigens auch für die Panoramastraße der Halbinsel Formentor verantwortlich zeichnet. Man fragt sich heute, weshalb die 1932 vollendete Piste überhaupt mühevoll in die Felsen gegra-

AUTORENTIPP!

ESSEN UND BADEN AN DER CALA TUENT

Sa Calobra haben Sie erlebt, haben die begeisternde Fahrt genossen, den kleinen romantischen Hafen gesehen und die Schluchtmündung des Torrent de Pareis und vielleicht sogar eine Wanderung unternommen. Doch zum Baden war es in der Bilderbuchschlucht zu eng, und das gastronomische Angebot konnte auch nicht überzeugen. Dann fahren Sie doch zur Cala Tuent. Die Nachbarbucht hat einen schönen, vergleichsweise großen Badestrand und dazu noch ein gutes Restaurant. Im unteren Teil der Ma 2141 zweigt ein Sträßchen zur Cala Tuent ab. Erst geht es steil bergauf, dann steil bergab. Nach fünf Kilometern sind Sie da. Das Finca-Restaurant »Es Vergeret« mit seiner schönen Panoramaterrasse liegt im Süden der Bucht. Man erreicht das Restaurant und die Bucht auch über eine schöne Wanderung, die beim Mirador de Ses Barques im Tal von Sóller beginnt. 14 km misst die einfache Distanz.

Restaurant Es Vergeret. Cala Tuent, Tel. 971 51 71 05.

Berge und Meer – auch an der Tramuntana-Küste gibt es Möglichkeiten zum Baden.

Oben: Spektakuläre Landschaft bei Sa Calobra
Mitte: 900 Höhenmeter müssen auf zwölf Kilometern bewältigt werden.
Unten: Aus Freude am Fahren – Classic Rally bei Sa Calobra

ben wurde. Der Küstenabschnitt war in jener Zeit bei Tabakschmugglern besonders beliebt. Fischer übernahmen die Ware auf dem offenen Meer und brachten sie an die Küste, wo die Schmuggler sie auf halsbrecherischen Pfaden, die zum Teil noch immer existieren, auf die Insel brachten. Aber Genaues ist nicht bekannt, und die Hoffnung, bei einer tiefer gehenden Recherche auf aussagekräftige Dokumente zu stoßen, ist gering.

Der Weg ist das Ziel

Nach dem Abzweig von der Ma10 verläuft die Straße zunächst noch harmlos durch das Tal zwischen dem Puig Major und der Serra d'es Teix. Nachdem ein kahler Gebirgsrücken überwunden ist, windet sich das Asphaltband um sich selbst. Vermutlich war es ein Anliegen Pariettis, eine Harmonie zwischen Landschaft und menschlichem Eingriff herzustellen. Die Straße dominiert nicht die Natur, sie folgt ihr. Nur beim sogenannten Krawattenknoten war das nicht möglich: Um den

MAL EHRLICH

BERGRAUSCH MIT BUSTRAUMA

Kein Mallorca-Reiseführer würde es wagen, die Sa-Calobra-Schlucht zu verschweigen. Zu schön, zu steil, zu spektakulär windet sich das mickrige Sträßchen in die Tiefe. Das sollte man nicht verpassen, und genau hier liegt auch das Problem. Nach der zweiten oder dritten Serpentine, an der man zurücksetzen musste, um Busse und Gegenverkehr vorbeizulassen, kommen die ersten Zweifel. Nach Nummer fünf und sechs und langem Warten beginnt der landschaftliche Reiz zu verblassen. Einige Staukehren weiter ist man nur noch verärgert, über sich, die anderen, den Massentourismus. Sa Calobra ist etwas für die Nebensaison oder für den frühen Abend, wenn die Reisebusse längst verschwunden sind.

Höhenunterschied zu überbrücken, schlingt sich die Straße zum *Nu de sa Corbata*, ohne jedoch Beton oder anderes künstliches Material zu verwenden. 31 000 Kubikmeter Stein und Geröll mussten die Arbeiter abtragen und an anderer Stelle wieder auffüllen, damit der Schwung funktioniert.

Danach beginnt die Abfahrt mit herrlichen Ausblicken ins Tal. Meterhoch türmen sich die Felsgiganten neben dem schmalen Sträßchen, lassen knorrige Pinien und Steineichen wie Spielzeugbäume aussehen. Hinter der Windschutzscheibe baut sich eine ebenso verwunschene wie romantische Welt auf.

Unten angekommen, macht sich erst einmal leichte Ernüchterung breit. Die Fahrzeugmassen brauchen natürlich ausreichend Platz zum Parken und die Besucher entsprechende Großraumrestaurants. Romantischer ist die Szenerie direkt an der kleinen Bucht, der Platja de Sa Calobra, wo im Sommer kleine Bars die Gäste mit dem Nötigsten versorgen.

Torrent de Pareis

Am nördlichen Ende der Bucht führt ein Fußweg durch einen Felstunnel zum Ausgang der Felsschlucht Torrent des Pareis, wo man sich auch zum Baden und Picknicken niederlassen kann. Wie einst Joaquim Mir staunen die Besucher über das Bild der Landschaft und ihr Spiel der Farben, allerdings nähert man sich dieser Schönheit heute meist über das schnelle Foto. Ob der Fortschritt der Technik auch einen Gewinn für die Kunst bedeutet, darf man bezweifeln. Zumindest wenn man die schönen Landschaftsgemälde Joaquim Mirs vor Augen hat, die man sich in der Sammlung des Museu Es Baluard in Palma anschauen kann.

Infos und Adressen

AKTIVITÄTEN

Barcos Azules.
Schiffstour von Port de Sóller zur Cala Sa Calobra und zur Cala Tuent. Abfahrt in Port de Sóller um 11.15 Uhr, zurück geht es um 13.45 Uhr. Einfache Fahrt 13 €, hin und zurück 24 €. Passeig Es Través 3, Port de Sóller, Tel. 971 63 01 70, www.barcosazules.com

Oben und unten: Ein Fußgängertunnel führt zur spektakulärsten Schlucht der Insel, dem Torrent de Pareis.

NORDEN & NORDOSTEN

Vorangehende Doppelseite: Die raue Küste am Mirador de Mal Pas
Mitte: 365 Stufen führen den Kalvarienberg hinauf.
Unten: Der Calvari ist Pollenças bekannteste Sehenswürdigkeit.

25 Pollença und Port de Pollença

Künstlerstadt mit Himmelsleiter

Am Fuß der nördlichen Serra de Tramuntana zieht die Kleinstadt schon seit 100 Jahren Touristen in ihren Bann. Eine lebendige Plaça, stimmungsvolle Altstadtgassen und ein beachtliches Kulturangebot machen Pollença zu jeder Jahreszeit zu einem lohnenden Ziel. Der Hafenort Port de Pollença hat eine schöne Strandpromenade und einen attraktiven Badestrand.

Als die Römer 123 v. Chr. die Insel besetzten, gründeten sie in der Nähe des heutigen Alcúdia die Siedlung Pollentia, »die Starke«. Bis ins 5. Jahrhundert konnte sich die Stadt behaupten. In dieser Zeit wurde auch landeinwärts, über den Torrent de Sant Jordi, eine zweibogige Steinbrücke gebaut. Nachdem Pollentia von den Vandalen verwüstet wurde, wendeten die Überlebenden dem Meer den Rücken zu und gründeten ihr neues Pollentia beim Torrent de Sant Jordi, einem Bachbett, das heute zumindest zeitweise Wasser führt. Das fruchtbare Tal zwischen der Serra de sa Coma und der Serra de sa Font in den nördlichen Ausläufern der Tramuntana war schon lange vor den Römern besiedelt. Das beweisen die Höhlen von Cala Vincenç, die Covas de l'Alzinaret. Die Grabstätten wurden in der Frühphase der Talayot-Kultur um 1700 v. Chr. in den porösen Fels gegraben.

Unsichere Zeiten

Auch das neue Pollença war vor den Gefahren des Meeres nicht sicher. Über Jahrhunderte wurde Mallorca immer wieder von französischen, nordafrikanischen und vor allem türkischen Piraten heimgesucht. Mitte des 16. Jahrhunderts traf es mal wieder Pollença. In einer Sommernacht des Jahres 1550 rotteten sich die Männer des gefürchteten Freibeuters Turgut Reis vor den Toren der Stadt zusammen. Gerade noch rechtzeitig – so die Legende – weckte eine Nachtigall die Bewohner. So gelang es ihnen, in kürzester Zeit kampfbereit zu sein und den Angriff abzuwehren. Jedes Jahr wird der Sieg im Spektakel der *Moros i Cristians* nachgespielt. Dem Piratenangriff von 1552 konnten die Bewohner Pollenças dagegen nichts entgegensetzen: Ihre Stadt brannte weitgehend nieder. Das Bild, das sich heute dem Stadtbesucher zeigt, stammt aus der Zeit des Wiederaufbaus in der zweiten Hälfte des 16. Jahrhunderts.

Nostra Senyora dels Angels

Die Plaça Major ist das lebendige Herz Pollenças, vor allem am Sonntagvormittag, wenn hier der Markt stattfindet. Nach der Messe, wenn sich die Tore der Kirche Nostra Senyora dels Angels zum Platz öffnen, tummeln sich neben Touristen und Marktbesuchern auch die Kirchgänger auf der Plaça. Die Pfarrkirche geht auf das 13. Jahrhundert zurück und wurde 1236 von den Tempelrittern gegründet. Nach dem Verbot des Ordens ging das Gotteshaus an die Johanniter über. Sein heutiges Erscheinungsbild stammt aus dem 18. Jahrhundert. Wer von der lichten Plaça kommt und ins Innere des Gotteshauses tritt, sieht erst einmal gar nichts. Erst nach und nach lösen sich die Details aus dem geheimnisvollen Dunkel, so etwa die 1430 geschaffene Marienskulptur, der die Kirche ihren Namen verdankt. Der Barockaltar stand ursprünglich in der Kirche Monti-Sion (s. S. 155). Einen Blick verdienen auch die Fensterrosette und die Deckengemälde, die 1914 von dem Spanier Joaquín Tudela, dem Argentinier Atilio Boveri und dem Deutschen Eugen Mosgraber ausgeführt wurden.

AUTORENTIPP!

NOSTALGISCHE NÄCHTE

Welches ist das schönste Hotel der Stadt? Die Konkurrenz ist hart, dennoch ist der Fall klar: Es ist das Hotel Juma am Hauptplatz. Die Lage bringt es mit sich, dass man erst spät zur Ruhe kommt, weil die Plaça bis in die Nacht belebt ist. Auch sind die sieben Zimmer weder besonders luxuriös noch extravagant gestaltet. Mit Sat-TV, Klima und Bad bieten sie guten Standard, sind aber nicht herausragend. Auch nicht die hauseigene Cafetería, die man gerne für einen Kaffee oder einen Martini am frühen Abend empfiehlt. Das Juma ist aus anderen Gründen unschlagbar: Nehmen Sie unbedingt eines der beiden Zimmer, die zum Platz gehen, öffnen Sie die Fenster und wenn Sie wollen, klappen Sie die Holzläden etwas vor, wie man es auf Mallorca tut. So dringen die Geräusche der Stadt, der Duft des Südens oder was auch immer hinein und im Innern entsteht eine schattige, kühle Intimität. Das nach altem Stil geformte Mobiliar, der kleine Schreibtisch, der hohe Raum – plötzlich ist es da, dieses vergessene, authentische Mallorca-Gefühl. Das gibt es nur noch ganz selten und in traditionsreichen Häusern wie dem Juma.

Hotel Juma. Plaça Major,
Tel. 971 53 50 02,
www.hoteljuma.com, DZ 86–130 €.

Oben: Die Vergangenheit als Künstlerdorf wird im Club de Pollença lebendig.
Unten: Der Club ist Treffpunkt, Kulturzentrum und dank der zahlreichen Gemälde schon fast ein Museum.

MAL EHRLICH

BITTE PLATZ LASSEN

Die sommerlichen Besuchermassen stellen ein generelles Problem Mallorcas dar, selbst im beschaulichen Pollença. Das zeigt sich besonders auf der Plaça Major, dem Wohnzimmer der Stadt, oder sagen wir besser Salon, das klingt eleganter. Da man Gäste gerne in den Salon führt, wird es im Sommer auf den Caféterrassen eng. Wegen der enormen Nachfrage wurde das Platzangebot bereits vergrößert: Im Grunde ist die Plaça Major schon komplett bestuhlt – und das ist nicht mehr schön. Es gibt keinen Platz mehr zum Gehen und Verweilen und fürs öffentliche Leben. Auch ein Platz braucht etwas Platz.

Künstlerstadt

Mit etwas Glück ergattert man einen freien Tisch im traditionsreichen Café Ca'n Moixet. An Alternativen mangelt es nicht, denn im Sommer ist die Plaça so gut wie komplett bestuhlt. Besonders charmant ist der Club de Pollença, dessen Cafeteria auch Besuchern offen steht. Die Wände schmücken zahlreiche Gemälde von Künstlern, die zumindest zeitweise in Pollença gelebt und gearbeitet haben. Pollença ist seit rund 100 Jahren Treffpunkt der Künstler. Um mehr darüber zu erfahren, empfiehlt der 80-jährige Galerist Cristobál Borras von der Galerie Bennassar an der Plaça Major das Museum seines Partners Toni Bennassar.

Font des Gall

Auf dem Weg zum Museum kommt man an der Plaça Almoina vorbei, dem Almosenplatz mit dem Font des Gall. Der »Hahnenbrunnen« von 1827 ähnelt einem großen Kelch, sein geschmiedeter Deckel wird von einem Hahn bekrönt, dem Wappentier der Stadt. An diesem Platz soll der hl. Vinzenz

Ferrer (1350–1419) gepredigt haben. Schräg gegenüber steht das Geburtshaus des Dichters und Priesters Miquel Costa i Llobera (1854–1922), der nicht nur in Mallorca wegen seiner Poesie geliebt wird. Sie thematisiert immer wieder Landschaft und Landleben auf der Balearen-Insel, doch zu überregionaler Bedeutung verhalf Costa i Llobera, dass er auf Katalanisch geschrieben hat, was ihn zu einem der Säulenheiligen der nach nationaler Identität strebenden Region Spaniens macht.

Museu Dionis Bennassar

Die Fundació Dionis Bennassar befindet sich im ehemaligen Wohnhaus des Künstlers. Dionis Bennassar (1904 bis 1967) gehörte zum Kreis des bekannteren Hermen Anglada Camarassa, der vor dem Spanischen Bürgerkrieg den Norden Mallorcas für seine expressionistisch beeinflusste Malerei entdeckt hatte. »Früher übten die Landschaft und das Licht den größten Einfluss auf die Maler aus«, erklärt Toni Bennassar. Der Sohn, der ebenfalls Künstler geworden ist und seine Werke mit »Toni Dionis« zeichnet, zeigt auf eine Schwarz-Weiß-Fotografie, auf der er mit seinem Vater und anderen Malern zu sehen ist. »Damals fuhren die Künstler gemeinsam ans Meer, etwa zur Cala Vicenç, um zu malen«, erinnert er sich, und ein wenig klingt es so, als bedauere er, dass es das gesellige und gemeinsame Arbeiten unter den Künstlern heute nicht mehr gibt.

Monti-Sion und Puig del Calvari

Über die Carrer Sant Jordi, Barques und Roca Tomas erreicht man die Kirche Monti-Sion am Fuß des Kalvarienbergs. Die Klosterkirche wurde 1738 von den Jesuiten errichtet. Lange konnten sie nicht in Pollença bleiben, denn 1767 verbot der spanische König Karl III. den mächtigen Orden.

Infos und Adressen

CASTELL DEL REI

Über die Nachbarbucht, der Cala Castell, thront das Castell del Rei, eine Festung, die ursprünglich wohl von den Arabern angelegt und im 13. Jh. von König Jaume I. eingenommen wurde. Bis ins 18. Jh. diente die strategisch günstig gelegene Anlage der Abwehr von Piraten. Im 20. Jh. kaufte Juan March, der »letzte Pirat« (so der Titel einer 1934 erschienenen Biografie von Manuel de Benavides), die Ruine und das gesamte Tal. Seitdem ist der Zugang versperrt und das Kastell nur an bestimmten Tagen zu erwandern. Neben dem historischen Aspekt begeistert die Lage der Burgruine.

Information:
Über die Öffnungstermine informiert man sich am besten in der Touristinfo von Pollença.

Anfahrt:
Von der Ma 10 geht es auf Höhe von Pollença nördlich ins Ternella-Tal. Nach 3 km endet die öffentliche Straße. Bis zum Kastell sind es dann noch 2,5 km zu laufen.

Joan Mas rettete den Ort 1550 vor den Piraten. Jedes Jahr wird beim Spektakel Moros i Cristians die siegreiche Verteidigung nachgespielt.

Oben: Eine Institution – das »Can Moixet« an der Plaça Major
Unten: Im Convent de Sant Domènec findet jeden Sommer ein Musikfestival statt.

Gleich neben der Jesuitenkirche kommt man zu Pollenças bekanntestem Highlight, dem Puig del Calvari. Genau genommen ist weniger der Kalvarienberg selbst der Anziehungspunkt als vielmehr die von Zypressen gesäumte Treppe, die mit ihren 365 Stufen kerzengerade hinaufführt. Jedes Jahr ist der *Calvari* Schauplatz einer Art Passionsspiel mit Kreuzabnahme und Prozession, dem *Davallament*. Das Oratori del Calvari auf der kleinen Anhöhe des Kalvarienbergs wurde zwischen 1795 und 1799 erbaut. Ursprünglich barock, wurde es 1950 im neogotischen Stil erneuert.

Convent de Sant Domènec

Neben den Galerien Bennassar und Mayor an der Plaça Major, wo hochrangige Künstler ausstellen, lädt das Gemeindemuseum Museu Municipal jedes Jahr internationale Größen wie Rebecca Horn oder Bill Viola ein. Zum Museum führt der Weg über das Wohnzimmer der Stadt, die Plaça Major, ans südliche Ende der historischen Altstadt. 1588, während der Gegenreformation, wurde mit dem Bau des Dominikanerklosters begonnen, das 1616 fertiggestellt wurde. Die Kirche Mare de Déu del Roser besitzt ein prachtvolles Altarretabel von 1662 mit einer Marienskulptur aus dem 15. Jahrhundert. Im ehemaligen Kreuzgang des Klosters finden im Sommer die Konzerte des *Festival de Pollença* statt. Das jährliche Musikevent wurde 1962 von dem britischen Geiger Philip Newman ins Leben gerufen, nachdem er ein Konzert junger Musiker hörte, das vom Club de Pollença veranstaltet worden war.

Auch die Gründung des Museu Municipal geht auf die Aktivitäten des Clubs zurück. Um die Kunsttradition der 30er- und 40er-Jahre wiederzubeleben, wurde 1961 das *Festival de Pintura*, das Festival der Malerei, ins Leben gerufen. Die prämier-

Stadtrundgang Pollença

A Plaça Major. Lebendiger Hauptplatz der Altstadt mit Kirche Mare de Déu dels Àngels.

B Plaça l'Amoina. Kleiner Platz mit »Hahnenbrunnen« Font del Gall.

C Oratori de Sant Jordi. Kleiner Platz mit Gebetshaus Sant Jordi.

D Casa Museu Dionís Bennàssar. Museumshaus des Malers mit rund 200 Gemälden und Zeichnungen aus der ersten Hälfte des 20. Jhs.
C/ Roca 14, Juli–Sep. Di–So 11–13 und 18–20.30 Uhr, sonst nur vormittags.

E Monti-Sion. Kleine Kirche aus dem 18. Jh.

F Calvari. 365 Treppenstufen führen auf den Kalvarienberg (Puig de Calvari) von Pollença. Oben steht eine Kapelle aus dem ausgehenden 19. Jh.

G Club Pollença. Ein Privatclub, der viele Gemälde des frühen 20. Jhs führt.

H Convent de Sant Domènec. Ein Dominikanerkloster aus dem 16. Jh.

I Museu de Pollença. Gemeindemuseum mit einer Sammlung zeitgenössischer Kunst des 16.–21. Jhs. und prähistorischen und archäologischen Funden der Umgebung. Im Convent de Sant Domènec. C/ Sant Domingo, Juli–Sep. Di–So 10.30–13 und 17–21 Uhr, Okt.–Juni nur vormittags.

J Puig de Maria. Von dem 320 m hohen Berg hat man eine grandiose Aussicht. Der Legende nach wurde die Madonnenfigur der Einsiedelei (14. Jh.) vor Ort gefunden.

K Pont Romà. Wahrscheinlich aus römischer Zeit stammt die Steinbrücke über den Torrent de Sant Jordi.

Oben: Das Hotel Daina in Port de Pollença
Mitte: Aus Sand gebaut – Märchenschloss am Strand von Port de Pollença.
Unten: Weite Bucht mit Aussicht – die Cala de Pollença

ten Werke des jährlich stattfindenden Wettbewerbs stellen den Grundstock der Sammlung dar, die auch alte Kirchenkunst und eine kleine Auswahl frühgeschichtlicher Objekte umfasst.

Puig de María

Noch beeindruckender als vom Kalvarienberg ist die Aussicht vom zweiten Hausberg des Städtchens, dem Puig de María. In der bereits im 14. Jahrhundert erbauten Einsiedelei steht eine hochverehrte Madonna aus demselben Jahrhundert. In der Ermita de Nostra Senyora del Puig stehen auch Übernachtungsmöglichkeiten bereit. Für den recht beschwerlichen Aufstieg braucht man ca. 45 Minuten. Der Versuchung, mit dem eigenen Wagen hinaufzufahren, sollte man nicht nachgeben – die Kehren sind eng und das Sträßchen sehr schmal.

Cala Sant Vicenç / Port de Pollença

Von der Cala Vicenç war bereits die Rede als beliebtem Ort für Maler und im Zusammenhang mit den sechs frühgeschichtlichen Grabhöhlen, den Coves de l'Alzinaret. Durch seine Lage inmitten eindrucksvoller Natur ist das kleine Seebad beliebt bei Sommerurlaubern, die Erholung ohne großen Rummel suchen. Eine Dorfstruktur gibt es jedoch nicht: Cala Vicenç besteht meist aus Hotels, die in der Nähe der vier Buchten mit türkisgrünem Wasser liegen. Port de Pollença war schon in den 30er-Jahren als Seebad beliebt. Damals entdeckten vor allem Gäste aus England die Reize des Fischerdorfs an der breiten Bucht von Pollença, und noch heute ist das Touristenzentrum bei der britischen Kundschaft beliebt. Sie finden eine gute Infrastruktur vor, dazu eine der schönsten Strandpromenaden Mallorcas, weite Sandstrände, einen Jachthafen und eine breite Auswahl an Restaurants.

Infos und Adressen

INFORMATION

O.I.T. Pollença. C/ Santo Domingo 17, Pollença, Tel. 971 53 50 77, oit@ajpollenca.net, www.pollensa.com

O.I.T Municipal Port de Pollença. Passeig de Saralegui, Port de Pollença, Tel. 971 86 54 67, Fax 971 86 67 46, oitport@ajpollenca.net

O.I.T Municipal Cala Sant Vicenç. Calle Temporal 17/ Cala Sant Vicenç, Tel. 971 53 50 77, oitcsv@ajpollenca.net

ESSEN UND TRINKEN

Clivia. Weder neu noch ein Geheimtipp, ist das Clivia dennoch eine Empfehlung. Überzeugen Sie sich von den punktgenau zubereiteten Fischgerichten und mediterranen Klassikern. Keine Effekte, kein Minimalismus, dafür klassisch gut mit aufmerksamem Service. Av. Pollença 9, Tel. 971 53 36 35.

Miramar. An der belebten Meerespromenade von Port de Pollença ist das Miramar die beste Adresse. Fisch und Meeresfrüchte sind besonders zu empfehlen. Die Küche setzt ganz auf die Qualität der Produkte, nicht auf Kunststücke oder Raffinesse. Um einen Tisch auf der Terrasse zu bekommen, sollte man reservieren. Paseo Maritimo 2, Tel. 971 54 52 93.

ÜBERNACHTEN

Hotel Son Sant Jordi. Schöner könnte der Empfang nicht sein. An einer kleinen Plaça mit Baum und Kapelle befindet sich das Hotel in einem historischen Bau. Lauschig grüner Patio zum Relaxen und Baden im Pool. C/ Sant Jordi 9, Pollença, Tel. 971 53 03 89, www.hotelsonsantjordi.com, ab 95 €.

Son Brull Hotel & Spa. Etwas außerhalb der Stadt in Golfplatznähe liegt das ehemalige Kloster aus dem 18. Jh., das zu einem Spitzenhotel umgebaut wurde. Das Historische harmoniert ausgesprochen gut mit dem dezent avantgardistischen Interieur. Auch das Restaurant 365 gehört zur Topliga Mallorcas. Ctra. Palma – Pollença PM 220, km 50, Pollença, Tel. 971 53 53 53, www.sonbrull.com, ab 270 €.

Hotel Illa d'Or. Wenn es (noch) ein Hotel in Port de Pollença gibt, das sich ein wenig vom feinen englischen Stil und Flair der frühen Tourismusjahre erhalten hat, dann das Illa d'Or. Seit seiner Eröffnung 1929 wurde es immer wieder erweitert. Klassisch elegantes und traditionelles Haus am nördlichen Stadtstrand. Paseo Colón 265, Port de Pollença, Tel. 971 86 51 00, www.hotelillad1or.com, DZ 110–200 €.

EINKAUFEN

Cerámiques Monti-Sion. Handgefertigte Töpferwaren gibt es in der C/ Monte-Sion 19.

FESTE

Davallament. Passionsspiele am Karfreitag, am Puig de Calvari.

Festival de Pollença. Im Juli und August findet im Kloster Santo Domingo das Musikfestival mit klassischen Konzerten statt (www.festivalpollenca.org).

Cristians i Moros. Der Kampf der Christen gegen die Muslime wird als großes Volksfest am ersten Augustwochenende begangen.

Das Hotel »Son Sant Jordi« lädt ein zum Relaxen.

Mitte: Reizvolle Aussicht am Mirador de Mal Pas
Unten: Grandiose Natur – die Serra Tramuntana am Kap Formentor

26 Cap de Formentor

Felsen und Meer im Rausch

Bevor die Serra de Tramuntana im Meer versinkt, zeigt sie sich noch einmal in ihrer ganzen Schönheit. Die Halbinsel Formentor im Norden Mallorcas präsentiert ein höchst dramatisches Naturtheater mit schroffen Felsen, Steilküste und romantischen Badebuchten. Von Port de Pollença bis zum Leuchtturm legt man 21 Kilometer auf einer ausgesprochen reizvollen Küstenstraße zurück.

Die mehrspurige Umgehungsstraße von Port de Pollença hat zweifellos ihre Berechtigung, denn während der Hochsaison strömen die motorisierten Urlauber in einer schier endlosen Fahrzeugkarawane zum einmaligen Bergspektakel der Halbinsel Formentor. Auch jede Menge Reisebusse wagen die Panoramatour, weshalb man besser früh aufstehen oder warten sollte, bis die Sonne Kurs auf den Meereshorizont nimmt. Nur so kann man den Massen und ihrem permanenten Filmen und Fotografieren entkommen. Man selbst wird es allerdings kaum anders machen, denn Formentor kann einen in einen wahren Fotorausch versetzen. Die Aussichten, Ausblicke und Panoramen sind einfach zu schön, ja mitunter sogar atemberaubend – und das ist in diesem Fall einmal wörtlich zu verstehen.

Schauen und Staunen

Nach dem Anstieg auf der MA2210 hinter Port de Pollença ist ein erster Stopp dringend zu empfehlen. Man möchte Maler sein und wie seinerzeit Joaquim Mír die Felsmassen auf die Leinwand bannen, die am Mirador de Mal Pas tief unten ins Meer stürzen. Stattdessen macht man Bild um

Bild mit der Kamera, ohne den Zauber der Szenerie recht zu begreifen. Es ist ein Gefühl der Überwältigung und der Erhabenheit, das diese Ideallandschaft der Romantik hervorruft.

Der Mirador Mal Pas besteht aus mehreren Aussichtspunkten, von denen jeder seine eigene Dramatik besitzt, bieten sie doch alle ein unterschiedliches Bild der steil ins Meer fallenden Felsen. Die letzte Aussichtsterrasse liegt auf einem Felsgrat, der fast senkrecht 200 Meter in die Tiefe fällt. Wenn dann noch ein kräftiger Wind über die Felskuppe weht, fühlt man sich fast wie ein Vogel oder bekommt schlicht weiche Knie. Links, also in südwestlicher Richtung, sieht man die Felsnase Punta sa Nau, im Nordosten die Steilküste von Los Farollones mit der vorgelagerten Illa Colomer, ein Motiv, das praktisch jeden Reiseführer illustriert.

Meister der Serpentine

Das Denkmal am Parkplatz ist dem italienischen Ingenieur Antonio Parietti Coll (1899–1979) gewidmet, der auch die Serpentinenpiste nach Sa Calobra konstruierte (s. Seite 146 ff.). Jeder Zweirad- oder Autofahrer, der eine Vorliebe für waghalsige Panoramastrecken hat, wird diesen Mann als Künstler seines Fachs schätzen. Nicht verschwiegen werden soll an dieser Stelle aber, dass zum Straßenbau politische Häftlinge des Franco-Regimes zwangsverpflichtet wurden. Wer noch mehr Höhe und Überblick erleben möchte, kann noch eine Stück weiter den Berg hinauffahren und sich zu Fuß bis zum ehemaligen Wachturm Talaia d'Albercutx hocharbeiten.

Kurvig und zunächst nah am Abgrund führt die Panoramastraße an der Westflanke der Halbinsel entlang, ehe es sanft hinabgeht in Richtung Strand, zur Platja Formentor. Die halbkreisförmige Bucht mit dem von großen Pinien beschatteten

AUTORENTIPP!

KAJAKTOUR NACH FORMENTOR

ÖKO

Die meisten Touristen schauen auf der Halbinsel Formentor von oben nach unten. Bei einer Kajaktour wandert der Blick dagegen von unten nach oben und manchmal schaukelt er etwas. Das Kajak stellt zweifellos eine aufregende Alternative dar, denn man kann die Halbinsel auch ohne Rennrad, Bus oder Mietwagen erleben. Am Strand Sa Gola bei Port de Pollença fährt man mit dem Minibus des Veranstalters erst einmal zum Strand von Formentor. Dann besteigt man das Boot. Der *Monitor* von Kayak Mallorca, so nennt man einen Tourguide auf Spanisch, weist die Gruppe kurz ein, wie man mit Boot und Paddel umgeht. Nicht zu sehr wackeln, gleichmäßige Paddelbewegungen – das geht schon. Erstes Ziel ist die Punta Avanzada, eine schmale Landzunge, die wie ein Finger in die Bucht ragt. Dort wird die sogenannte Borges-Höhle inspiziert. Nach einem Badestopp am kleinen Strand La Platjola wird die Bucht gekreuzt. Die Strecke bis Sa Gola kostet Kraft, entschädigt aber mit einem schönen Panorama über die Bucht von Pollença und die Halbinsel Formentor.

Kayak Mallorca. Bietet eine Reihe von Touren an auch nach eigenen Wünschen. Tel. 971 91 91 52 und 609 806 236,
www.kayakmallorca.com
Am Hafen von Port de Pollença gibt es einen Kiosk des Veranstalters.

Oben: Exklusive Lage – das Hotel Formentor eröffnete 1929 in einer bis dahin nicht zugänglichen Gegend der Insel.
Mitte: Das Formentor ist ein Hotel mit Geschichte.
Unten: Blick von der Terrasse

Sandstrand ist ein beliebtes Fotomotiv. Im Panoramacafé bei der Mole kann man sich gemütlich niederlassen, oder man setzt sich unter eine der Pinien, um das Adrenalin der Bergfahrt gegen die Ruhe der idyllischen Bucht zu tauschen.

Ein Jetset-Hotel am Ende der Insel

Wäre es nicht schön, wenn man den Aufenthalt verlängern könnte, um wie einst Hermann Graf Keyserling im Hotel Formentor einige »Wochen der Weisheit« zu verbringen? Das Hotel in einsamer Lage ist keine beliebige Luxusherberge, sondern ein Haus mit bewegter Geschichte.

Seit dem 17. Jahrhundert gehörte die Halbinsel Formentor der Familie des Dichters Miquel Costa i Llobera (1854–1922). 1921 erkundete der argentinische Künstler Adam Diehl die Halbinsel und verliebte sich in sie. Sieben Jahre später unterzeichnete er den Kaufvertrag für die Ländereien des bis dahin kaum erschlossenen Gebietes. Straße, Strom- und Wasserleitungen müssen gebaut und verlegt werden, damit der Traum vom exklusiven Hotel Formentor wahr werden kann. Eröffnet wurde es im Jahr 1929.

Schnell entwickelte sich das Formentor zu einem Treffpunkt für Intellektuelle, Künstler und Politiker. In den 1930er-Jahren lud der deutsche Philosoph Hermann Graf Keyserling zu den Diskussionsrunden »Wochen der Weisheit« ein, an denen zum Teil internationale Politprominenz teilnahm. Als jedoch der Bürgerkrieg Spanien entzweite, kam das Hotel nicht mehr über die Runden: 1936 gab Diehl auf und ging zurück nach Argentinien.

Auch die Nachfolger taten sich schwer, doch ab den 1950er-Jahren kam das Formentor wieder zu Glanz und ausreichenden Einnahmen. Am neuen

Hier ist Schluss – Leuchtturm am Kap Formentor.

Jachtclub legen die Prinzen von Monaco an, Charlie Chaplin, Audrey Hepburn, Winston Churchill, Helmut Schmidt und der Dalai Lama erholten sich am Kap. 1995 tagte ein EU-Gipfel im Haus. Derzeit besitzt die Hotelkette Barceló das Haus, das schon seit Jahren erweitert werden soll.

Straße zum Licht

Beim Hotel Formentor ist man noch lange nicht am Ende der gleichnamigen Halbinsel. Nach drei Kilometern kommt man an den Ses Cases Velles vorbei. Die »alten Häuser« gehörten dem Dichter Costa i Llobera. Kurz danach kann man linker Hand zur Cala Figuera absteigen, einer malerischen Felsbucht mit Kiesstrand.

Weiter geht es nach Norden, immer wieder öffnet sich die Landschaft, zeigt sich das Meer in dramatischer Tiefe, bis irgendwann Schluss ist: Die Straße biegt scharf nach links ab, der Blick fliegt geradeaus ins Blau. 1892 wurde der Leuchtturm auf dem nördlichsten Felszipfel Mallorcas gebaut, von wo aus man bei gutem Wetter die Nachbarinsel Menorca sehen kann. Verliebte bleiben gerne die ganze Nacht hier, bewundern den Untergang der Sonne und ihre Wiedergeburt am nächsten Tag. Von diesem besonderen Aussichtsplatz aus sieht man beides in voller Länge.

Infos und Adressen

INFORMATION

O.I.T Municipal Port de Pollença. Passeig de Saralegui, Port de Pollença, Tel. 971 86 54 67, Fax 971 86 67 46, oitport@ajpollenca.net, www.pollensa.com

ÜBERNACHTEN

Hotel Formentor. Beschreibung im Text, siehe Seite 162. Platja Formentor, Port de Pollença, Tel. 971 89 91 00, www.barceloformentor.com, DZ 180–400 €.

STRÄNDE UND BUCHTEN AUF FORMENTOR

Platja Formentor. Der Sandstrand liegt kurz vor dem gleichnamigen Hotel. Im Sommer kann es hier recht voll werden.

Cala Figuera. Bei km 12 geht links ein Fußweg zur malerischen Bucht mit kleinem Kiesstrand ab (ca. 20 Min.).

Cala Murta. Bei km 13 ist ein Fußweg zu dem kleinen Sandstrand ausgeschildert. Er war einer der Lieblingsorte des Dichters Miquel Costa i Llobera.

Auffahrt zum Talayot d'Albercutx

Eingang in die geschützte Altstadt von Alcúdia

27 Alcúdia und Port d'Alcúdia

Mauern der Geschichte

Keine andere Gemeinde auf Mallorca bietet ein derart geschlossenes Bild vergangener Jahrhunderte. Geschützt durch eine gut erhaltene Stadtmauer hat die Altstadt ihr einheitliches Erscheinungsbild bewahrt. Durch die Tore Porta de Sant Sebastià und Porta de Xara betritt man die autofreien Gassen mit den mittelalterlichen, herrschaftlichen Stadthäusern. Vor den Mauern wurden die Reste der römischen Stadt Pollentia freigelegt. Die Halbinsel Victòria lockt mit Badestränden und dem schönsten Privatmuseum der Insel.

Als die Römer im 2. Jh. v. Chr. auf die Insel kamen, hatten sie alle Mühe, mit den geschickten Steinewerfern der Talayoten fertig zu werden. In der heutigen Bucht von Alcúdia gingen sie 123 v. Chr. an Land und gründeten die Siedlung Pollentia, was so viel bedeutet wie »die Mächtige«. Die Reste dieser Ära lassen sich am Ortsrand von Alcúdia besichtigen. Wieso das heutige Alcúdia dann nicht Pollença heißt? Ganz einfach, wegen der andauernden Piratenüberfälle gaben die Bewohner von Pollentia ihren gefährdeten Ort am Meer auf und zogen einige Kilometer ins Landesinnere, ins heutige Pollença. Alcúdia hingegen ist eine Gründung der Mauren, die sie auf den Ruinen der römischen Siedlung auf den Hügel (arabisch: al-kudia) nebenan bauten.

Das römische Pollentia

Pollença und Alcúdia sind aus einer gemeinsamen Siedlung hervorgegangen, dem römischen Pollentia, das neben Palma die wichtigste Stadt der Insel war. Heute ist davon nicht mehr viel zu sehen. Die Mauerreste und die Fundamente des Amphitheaters vermitteln immerhin eine Vorstellung vom Mallorca der Antike.

Nachdem es sich die Vandalen einige Jahrhunderte auf der Insel gut gehen ließen, mussten sie sich im Jahr 903 den muslimischen Eroberern geschlagen geben. Die hatten bereits seit 200 Jahren das spanische Festland fest in ihrer Hand. In jener Zeit tauchte erstmals der Name Al-Qudya auf. Wer nun glaubt, die Altstadt mit der zinnenbewehrten Mauer sei ein typisches Beispiel für eine maurische Kasbah, liegt falsch. Die fast vollständig erhaltene Festungsmauer wurde erst nach der Reconquista im 13. Jahrhundert erbaut. Das sechs Meter hohe und 1,5 Kilometer lange Bauwerk sollte nicht nur die Stadt schützen, sondern auch über die Sicherheit im Norden der Insel wachen. Doch den ständigen Übergriffen der Piraten konnte auch die wehrhafte Stadt nicht trotzen. Im 16. Jahrhundert gelang es den Freibeutern, mehrfach in die Stadt einzudringen. Andererseits diente das steinerne Bollwerk den wohlhabenden Städtern auch dazu, um sich vor dem Unmut der Landbevölkerung im *Comuneros*-Aufstand zu schützen. Als Dank für die loyalen Dienste bei der Niederschlagung des Aufstandes erhob König Karl V. (in Spanien Carlos I.) Alcúdia zur *ciudad leal* (»treue Stadt«). Dieser Status brachte Steuerfreiheit und somit Wohlstand mit sich, was sich noch heute an den herrschaftlichen Palästen ablesen lässt.

In der Altstadt

Piratenüberfälle muss Alcúdia heute nicht mehr fürchten. Auch die Invasion der Touristen hält sich in der strategisch günstig gelegenen Stadt in Grenzen. Sie betreten das von der UNESCO zum

Infos und Adressen

COVES DE SANT MARTI

Im Schatten der Hotelhochhäuser von Port d'Alcúdia, unentdeckt von den Römern, trafen sich im 2. und 3. Jh. einige Christen in der Cova de Sant Marti, um in der Karsthöhle 20 m tief unter der Erde ihre Messe zu feiern. Auch als über Mallorca der Halbmond wehte, soll die Grotte zum geheimen christlichen Kult genutzt worden sein. Erstmals in einem Dokument erwähnt wurden die *Coves* im 13. Jh. In dieser Zeit und dem darauf folgenden Jahrhundert wurden die gotischen Kapellen des Sant Martí (hl. Martin) und Sant Jordi (hl. Georg) in der Höhle errichtet.

Geschäftiges Treiben in den Gassen von Alcúdia

Oben: Bei Alcúdia legten die Römer eine befestigte Siedlung an.
Mitte: Ausgrabungsstätte des römischen Pollentia
Unten: Der Alltag in Alcúdia

Welterbe erklärte Ensemble durch die Porta de Sant Sebastià, dem mittelalterlichen Haupttor im Westen oder durch die freistehende Porta de Xara im Osten, die Teil des Mauerrings war.

In den autofreien Gassen der Altstadt hat sich etwas vom Glanz des goldenen Zeitalters Spaniens des 16. und frühen 17. Jahrhundert erhalten. Besonders an den Fassaden lässt sich der Wohlstand ablesen. Im Stil der Renaissance wurden zahlreiche Adelspaläste gebaut oder umgebaut, darunter zum Beispiel Can Torró in der Carrer Serra, wo sich heute die städtische Bibliothek befindet. Im Originalzustand erhalten sind auch Can Fondo, heute Sitz des historischen Archivs (direkt neben der Bibliothek), Can Calvó in der Carrer del Albellons und Can Canta in der Carrer Major. Das Rathaus ist dagegen nicht so alt wie es aussieht, denn es wurde erst 1929 im Stil des Historismus erbaut.

Wäre es Alcúdia wirtschaftlich immer gut gegangen, hätte der Besucher von heute wohl nicht das Glück, ein derart gut erhaltenes Stadtensemble zu erleben. Ab dem 17. Jahrhundert jedoch wüteten

MAL EHRLICH

EINSAM IM WINTER

Mallorca ist schön, aber nicht immer und nicht überall. Die lebhafte Strandcity entlang der Bahia de Alcúdia bietet alles für den klassischen Badeurlaub unter zahlreichen Gleichgesinnten: Für den schönen Strand, das kinderfreundliche, flach abfallende Meer und die vielen Freizeitangebote nehmen manche gern die riesigen Hotelkomplexe, breiten Straßen, Fastfood-Lokale, Spielhallen und dergleichen in Kauf. Eindeutig nicht zu empfehlen ist jedoch ein Aufenthalt im Winter. Dann hat praktisch alles zu, und man fühlt sich wie in einer Geisterstadt.

im nördlichen Zentrum der Balearen-Insel mehrere Pestepidemien. 1715 entzog der Bourbone Philipp V. Alcúdia, das sich im spanischen Erbfolgekrieg für die falsche Seite entschieden hatte, die Stadtrechte. Aus ökonomischer Sicht begannen erst in der zweiten Hälfte des 20. Jahrhunderts wieder bessere Zeiten. An den kilometerlangen Sandstränden der Bucht von Alcúdia wuchs ein Tourismuskonglomerat heran, das mit der Platja de Palma zu den größten der Insel gehört. Die Stadt selbst blieb davon bis ins ausgehende 20. Jahrhundert erstaunlicherweise unberührt. Heute empfiehlt sich die schöne Altstadt mit einigen kleinen Hotels in historischen Gebäuden als guter Standort für Individualreisende.

Kirche und Museum

Die Esglesia Sant Jaume im Südwesten der Altstadt wurde Mitte des 13. Jahrhunderts, noch vor dem Bau der Stadtmauer, errichtet. In den folgenden Jahrhunderten immer wieder umgebaut, wurde sie 1870 wegen des gefährlichen Zustands abgerissen und im neogotischen Stil neu erbaut. Der Glockenturm stammt noch vom Vorgängerbau, ebenso wie die barocke Capella del Sant Crist aus dem 17. Jahrhundert, in die man über die Kirche gelangt. In der Kapelle befindet sich ein hoch verehrter Jesus am Kreuz aus dem 15. Jahrhundert. Als die Bevölkerung im Jahr 1507 hungerte, weil die Felder verdorrt waren, soll der *Sant Crist* Blut und Wasser geschwitzt haben und damit das Ende der Dürre herbeigeführt haben.

Gleich nebenan befindet sich das Museu Monográfic de Pollentia. Der Bau aus dem 14. Jahrhundert diente ursprünglich als Hospital und beherbergt heute die Funde aus der römischen Stadt Pollentia.

AUTORENTIPP!

WANDERTOUR ZUM TALAIA D'ALCÚDIA

ÖKO

Die überschaubare Halbinsel La Victòria bietet abwechslungsreiche Wandermöglichkeiten. Pinienwälder, kahle Berghöhen und die ständige Nähe zum Meer mit herrlichen Ausblicken zur Serra de Llevant und zur Halbinsel Formentor ziehen viele Wanderfreunde an. Ausgangspunkt für die beliebte Tour zum höchsten Berg der Halbinsel ist der Parkplatz bei der Ermita de la Victòria. Rechts vom Restaurant geht es auf einem Schotterweg den Berg hinauf, dann über die Pla de Talaia weiter in Richtung Gipfel. Vorbei an einem *Refugí* (Schutzhütte) und einer Aussichtsterrasse steigt das letzte Stück über einen Serpentinenweg zur *talaia* steil hinauf. Der 1567 erbaute Wachturm bildete einen Teil des Warnsystems, das im 16. Jh. wegen der ständigen Piratengefahr errichtet wurde.
Der Weg ist mit Farbpunkten und Steinmännchen markiert. Der mittelschwere Aufstieg lässt sich in einer Stunde bewältigen.

Blick auf die Halbinsel La Victòria

Oben: Die Kirche Sant Jaume stammt aus dem 19. Jh.
Unten: In der Altstadt von Alcúdia kann man sich wohlfühlen.

Sieg der Madonna

Die Felsküste an der Nordseite der Halbinsel La Victòria öffnet sich zu kleinen Badebuchten und bietet immer wieder schöne Ausblicke zur Halbinsel Formentor. Nach etwa sechs Kilometern gelangt man zur Ermita de la Victòria, die versteckt in einem dichten Pinienwald liegt. Die Halbinsel und die Einsiedelei verdanken ihren Namen einer Marienfigur, deren Macht sogar den Piraten Angst einflößte. Bei einem ihrer Angriffe im Oktober 1551 unter dem Freibeuter Turgut Reis, der später zum Pascha von Tripoli aufstieg, drängte es die Piraten zu der kleinen Eremitage, die Mönche 30 Jahre zuvor errichtet hatten. Dort raubten sie die Mutter Gottes und verstauten sie im Bauch eines ihrer Schiffe. Ähnlich wie La Moreneta aus dem Kloster Lluc spielte auch die dunkle Madonna von La Victòria bei dem ungewollten Ortswechsel nicht mit. Am darauffolgenden Tag stand die Figur wieder in der Kapelle – ein klarer Fall von einem Wunder. Umso mehr, da sich der gleiche Vorgang einige Jahre später wiederholte. Wer wollte ihr da den Titel »Maria des Sieges« streitig machen? Der heutige Bau der Einsiedelei wurde 1679 fertiggestellt. In der einschiffigen Kapelle befindet sich die wundermächtige Figur, eine polychrom gefasste Madonna aus dem 15. Jahrhundert.

Fundació Yannick i Ben Jakober

Auf der Südseite der Halbinsel La Victòria hat die Stiftung Yannick i Ben Jakober ihren Sitz. In einem beneidenswert gelegenen Anwesen im Stil eines arabischen Palastes wird eine feine Sammlung zeitgenössischer Kunst präsentiert. Neben Arbeiten des Künstlerpaares Yannick und Ben Jakober sind Werke von Domenico Gnoli, Rebecca Horn, Meret Oppenheim und anderen zu sehen. Der Skulpturenpark und die sogenannte Sokrateshalle

Stadtrundgang Alcúdia

A Ciudad Romana de Pollentia
Grabungsstätte der ehemaligen römischen Siedlung Pollentia. Av. del Príncep d'Espanya gegenüber der Kirche Sant Jaume, Di–Fr 10–16, So 10.30–13 Uhr.

B Teatre Romà
Römisches Amphitheater an der Ma 3460 in Richtung Port d'Alcúdia.

C Museu Monogràfic de Pollentia
Zu sehen sind Funde der ehemaligen römischen Stadt. C/ Sant Jaume 30, Di–Fr 10–16, Sa, So 10.30–13 Uhr.

D Oratori de Santa Ana
Romanische Kapelle aus dem 13. Jh. In Richtung Port d'Alcúdia, gegenüber dem Friedhof.

E Església de Sant Jaume
Erbaut im ausgehenden 19. Jh. im neogotischen Stil. Sehenswert ist die Capella del Sant Crist mit dem gleichnamigen Kruzifix aus dem 15. Jh.

F Les murades
Stadtmauer aus dem 14. und 16. Jh. mit den sehenswerten Portalen Sant Sebastià und Xara.

G Ermita La Victòria
Einsiedelei mit Kirche auf der gleichnamigen Halbinsel.

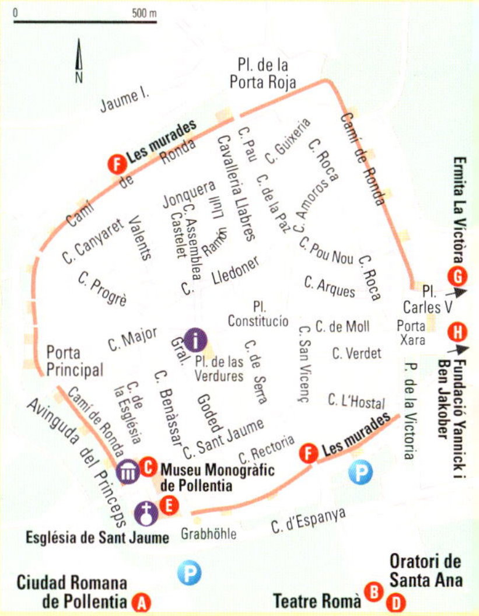

H Fundació Yannick i Ben Jakober
Di 9.30–12.30 und 14.30–17.30, Di–Sa Besichtigung mit Führung nach Anmeldung.
Tel. 971 54 69 15, www.fundacionjakober.org.
Anfahrt über den Vorort Mal Pas in Richtung Ermita. Beim Restaurant Bodega del Sol rechts, dann auf der C/ de la Muntaya noch ein paar Kilometer.

Schatten für die Vierbeiner – Pferdedroschken in Port d'Alcúdia

Oben: Lifeguard am Strand von Port d'Alcúdia
Mitte: Das spricht für die Bucht von Alcúdia – das Meer.
Unten: Traumstrand an der Bucht von Alcúdia

sind mit Arbeiten von Miquel Barceló und Gerhard Merz bestückt. Am umfangreichsten ist die Sammlung von 150 Kinderporträts des 16. bis 19. Jahrhunderts. Beim Spaziergang durch den Rosengarten kann man die Kunsteindrücke verarbeiten.

Port d'Alcúdia

Der Hafen und ehemalige Fischerort Port d'Alcúdia am nördlichen Ende der Bucht, der Badia d'Alcúdia, besitzt eine gewachsene Struktur und ist vor allem wegen der traditionellen Fischlokale zu empfehlen. Nach Südosten dehnt sich eine Urlauberhochburg aus: Die Badia d'Alcúdia ist bis Can Pocafort fast durchgehend bebaut und mit einer Bettenkapazität von rund 30 000 eines der touristischen Zentren der Insel. Grund für die gnadenlose Bebauung sind die kilometerlangen Sandstrände der Platja d'Alcúdia, Platja de Muro, Platja de Santa Margerita und Platja de Son Bauló. Das Freizeitangebot ist groß und reicht von der Kartbahn über die Surfschule bis zu Bootstouren nach Formentor. Auch die Veranstalter von Reisen für Radrennsportler arbeiten gerne mit Hotels an der Badia d'Alcúdia zusammen. Übrigens hat die Tourismusmaschine im Norden höhere Belegungszahlen als die Platja de Palma.

Can Picafort

Während Port d'Alcúdia besonders bei spanischen und britischen Badegästen beliebt ist, zieht es die deutschsprachige Kundschaft eher nach Can Picafort. Auch wenn die Bebauung etwas flacher ist, ist vom einstigen Fischerdorf nichts mehr zu sehen. Can Picafort ist ein reines Touristenzentrum zu dem auch die Urbanisationen Son Bauló und Muro zählen. Auch wenn der Ort keine Schönheit ist, kann man hier angenehme Tage verbringen. Der weite Sandstrand ist ein Traum und weil er nur langsam abfällt für Kinder gut geeignet.

Infos und Adressen

INFORMATION

O.I.T. Municipal Alcúdia. C/ Major 17, Alcúdia; Tel. 971 89 71 13; Fax 971 54 84 01, www.alcudiamallorca.com, www.alcudia.net
O.I.T Municipal Port d'Alcúdia. Ctra. Artà, 68, Ciutat Blanca / Alcúdia, Tel. 971 89 26 15, www.turismecb@alcudia.net
O.I.T. Platja de Muro. Avda. de s'Albufera 33, Platja de Muro, Tel. 971 89 10 13, Fax 971 89 40 00, www.turismemuro@ajmuro.net, www.ajmuro.net
O.I.T Municipal Can Picafort. Plaça Gabriel Roca 6, Can Picafort, Tel. 971 85 03 10, Fax 971 85 18 36, www.oit@ajsantamargalida.net, www.canpicafort.es

ESSEN UND TRINKEN

Ca n Costa. Freunde der mallorquinischen Küche pilgern schon seit Jahren in das Restaurant in der Altstadt von Alcúdia. Im alten Stadthaus werden Frit Mallorquí, Seeteufeleintopf oder Kaninchen mit Zwiebeln und andere Mallorca-Klassiker serviert. Die Hauptspeisen liegen zwischen 10 und 25 €. C/ Sant Vicenç 14, Tel. 971 54 53 94.

ÜBERNACHTEN

Cas Ferrer Nou Hotelet. In einem jahrhundertealten Stadthaus ist das kleine Designhotel eine Insel der Ruhe und des guten Geschmacks. Schöner Innenhof mit Sonnenterrasse.
C/ Pou Nou 1, Alcúdia, Tel. 971 89 75 42 oder 661 57 19 85, www.nouhotelet.com, DZ ab 135 €.

AKTIVITÄTEN

Die Halbinsel Victòria ist ein beliebtes Wander- und Mountainbikerevier. Entlang der kleinen romantischen Straße zur Ermita de la Victòria finden sich kleine Badebuchten. Die weiten Sandstrände der Bucht von Alcúdia sind für Kinder gut geeignet. In den Touristenzentren entlang der Bucht gibt es u. a. Radverleih und Wassersportcenter.
Beneidenswert gelegen ist die anspruchsvolle Anlage des Golf Club de Alcanada, Ctra. del Far, s/n, Port d'Alcúdia, Tel. 971 54 95 60, www.golf-alcanada.com

Ideal für Familien – Sandstrand in der Bucht von Alcúdia

Mitte: Vogelbeobachtung in der Albufera
Unten: Viele Vogelarten rasten im Feuchtgebiet an der Badia d'Alcúdia.

28 Naturpark S'Albufera

Sümpfe, Seen und viele Vögel

Die Albufera ist das größte Feuchtgebiet der Balearen und der älteste Naturpark Mallorcas. In dem zehn Kilometer breiten und sechs Kilometer tiefen Schutzgebiet an der Bucht von Alcúdia wurden schon über 200 Vogelarten gesichtet. Der Park bietet Natur- und Vogelfreunden eine willkommene Abwechslung zu den Touristenzentren zwischen Port d'Alcúdia und Can Picafort.

Das Feuchtgebiet zwischen Port d'Alcúdia und Can Picafort wurde im 18. und 19. Jahrhundert für die Malaria verantwortlich gemacht und sollte trockengelegt werden. Eine englische Firma entwässerte rund 2000 Hektar Land, doch dann wurde das Projekt aufgegeben. Heute gehören insgesamt 2584 Hektar zum Parc Natural de S'Albufera, das außerdem als Vogelschutzzone (ZEPA) und als »Naturraum von besonderem Interesse« gegen weitere Eingriffe geschützt ist.

MAL EHRLICH

ES GEHT AUCH OHNE VÖGEL

Naturräume, die weitgehend sich selbst überlassen werden und vor menschlichem Gestaltungsdrang geschützt werden, erlebt man nur selten. Nun ist es aber so, dass die Naturparks nicht für Touristen angelegt werden, sondern für die Tiere. Die Albufera ist kein Zoo, und es kann durchaus sein, dass man von den 200 vorhandenen Vogelarten nur eine Handvoll zu sehen bekommt. Darüber sollte man nicht enttäuscht sein, denn die weite Landschaft des Feuchtgebiets lässt sich auch ganz unornithologisch genießen – für eine Auszeit vom Trubel an der Badia d'Alcúdia.

Tier- und Pflanzenwelt

Ein Großteil des größten Feuchtgebiets der Balearen ist das ganze Jahr überflutet und mit einer dichten Vegetation von Ried und Schilf bewachsen. Nach Osten, zur Meerseite hin, begrenzt ein 300 Meter breiter Dünenrand den Naturraum. In den Sommermonaten dringt Meerwasser in das Gebiet, sodass die Böden an manchen Stellen salzhaltig sind. Dort wachsen Salzpflanzen wie Binsen, Schilf und Rohrkolben sowie an den Ufern Ulmen, Tamarisken und Weißpappeln. Als Besonderheit gilt die zart rosafarbene Moororchidee.

Die Albufera besitzt viele Fische und bietet Wasserschildkröten, Fröschen, Glasaalen und anderen Wassertieren Lebensraum. Vor allem aber ist der Naturpark wegen seines Vogelreichtums bekannt: Über 200 Arten steuern regelmäßig das Feuchtgebiet im Nordosten an oder sind hier heimisch. Wer kein eigenes Fernglas zur Beobachtung dabeihat, kann sich im Infozentrum Sa Roca eines ausleihen. Stockente, Blässhuhn, Tauchhuhn, Teichralle, Rohrweihe, Zwergtaucher, Zwergdommel, Stelzenläufer, Schilfrohrsänger, Kormorane, Krickenten, Tafelenten und andere brüten in der Albufera. Flamingos, Nachtreiher, Wanderfalken und Lachmöven überwintern hier, um nur einige zu nennen.

Der Eingang des Parks liegt sechs Kilometer südlich von Alcúdia an der Ma 12 nach Artà. Das Infozentrum »Sa Roca« liegt einen Kilometer vom Eingang entfernt und ist nur zu Fuß oder mit dem Fahrrad zu erreichen. Man kann sich über unterschiedliche Wegrouten informieren, die im Park ausgeschildert sind (April–Sept. 9–18, sonst bis 17 Uhr). Eine Besuchererlaubnis muss man sich an der Rezeption geben lassen, die nur bis 16 Uhr geöffnet hat.

Infos und Adressen

INFORMATION

OIT Platja de Muro:
Avda. de s'Albufera 33, Platja de Muro, Tel. 971 89 10 13.
Fax 971 89 40 00, www.ajmuro.net

Führungen:
2-stündige Rundgänge finden samstagvormittags für Gruppen bis 20 Personen statt.
Anmeldung: Tel. 971 17 68 00 oder im Informationsbüro unter www.parc.albufera@gmail.com und Tel. 971 89 22 50.

ESSEN UND TRINKEN

Meson Los Patos. Das nette mallorquinische Gartenlokal in der Urbanisation Muro hat eine treue Fangemeinde. Landestypische Küche zu fairen Preisen. Ctra. Port d'Alcúdia – sa Pobla, km 8,9, Tel. 971 89 02 65.

ÜBERNACHTEN

Hotel Parc Natural. Gleich gegenüber dem Naturpark liegt der luxuriöse Hotelkomplex. Die Lage am weiten Sandstrand unter dem lichten Pinienhain spricht für sich. Familienfreundliches Haus mit Spa und viel Komfort. Playa de Muro,
Tel. 971 89 20 17, www.grupotel.com

Auch Greifvögel kann man in der Albufera beobachten.

Oben: Nicht nur bei Autofahrern geschätzt – die Schlucht Sa Calobra
Mitte: Radlertreffpunkt in Orient
Unten: So viel Zeit muss sein – Fotostopp in der Serra Tramuntana.

29 Radfahren

Sport und Spaß auf zwei Rädern

Profiradler trainieren schon lange auf Mallorca, denn hier sind die Bedingungen ideal – vielfältige Landschaften, gute Straßen und mildes Klima. Immer beliebter wird die Insel auch für Hobbysportler und Genussradler. Markierte Touren und eine gute Infrastruktur machen es dem Radurlauber leicht, einen sorglosen Aktivurlaub zu verbringen. Das sind gute Aussichten, Mallorca anders und intensiver zu erleben.

Mit den Rennsportlern fing es an. Schon seit vielen Jahren kommen die großen internationalen Teams auf die Insel zum Trainieren. Den ganzen Winter über treten die Profis in die Pedale und bereiten sich auf die Saison vor. Diese beginnt mit der Mallorca-Rundfahrt, der *Mallorca Challenge*, die meistens zur Zeit der Mandelblüte Anfang Februar über die Insel rollt.

MAL EHRLICH

LIEBE FREUNDE AUF DEN RENNRÄDERN,
wenn ihr den Coll de Sóller hinaufspurtet, bewundere ich euch, denn das würde ich nicht schaffen. Wenn ihr den Puig de Randa zu schnell hinunterrast und die Kurve schneiden müsst, finde ich das gefährlich. Wenn ihr durch Pollença mit euren komischen Schuhen klackert und die Cafés belagert, ist mir das egal. Was mich aber nervt, ist, dass ihr auch auf schmalen Straßen nebeneinander fahrt. Vielleicht denkt ihr, die Autos, die sich am Berg hinter euch stauen, wären Begleitfahrzeuge wie bei der Tour de France. Aber das ist nicht so, sie wollen einfach nur vorbeikommen.

Profis wie Eric Zabel oder Miguel Indurain haben die Insel als ideales Trainingsgelände populär gemacht. Für sie zählen der durchweg gute Straßenbelag, die vielfältigen Streckenmöglichkeiten, die angenehmen Temperaturen und die schnelle Erreichbarkeit der Trainingsorte. Was den Profis und ihren Rennställen recht ist, ist den ambitionierten Hobbyradlern billig. Die kommen meist später, nutzen Pfingst- oder Osterferien oder legen den Urlaub zwischen Februar und Juni, um einige Tage auf dem Rennrad zu sitzen. Die meisten sind dabei genauso ehrgeizig wie ihre großen Idole. In den sportlichen Kurzurlauben geht es nur ums Radfahren, um Tageskilometer, Durchschnittsgeschwindigkeiten und Höhenmeter. Das eigene Fahrrad muss man nicht mitnehmen, denn die Verleihfirmen verfügen über hochwertiges Material. Viele Hobbysportler buchen bei Anbietern, die das komplette Paket im Programm haben: Transfer, Übernachtung, ein semiprofessionelles Rad sowie Helm und Kleidung.

Rennsport als Hobby

Wenn es auf Mallorca ein Zentrum der Radrennfahrer gibt, dann ist es die Bucht von Alcúdia. Laut Eigenwerbung hat das Iberostar-Hotel Playa de Muro die weltweit größte Radstation mit 2000 Renn-, Trekking- und Mountainbikes. Aber auch am anderen Ende der Insel, an der Platja de Palma, sieht man die Hobbysportler am frühen Morgen auf ihr Rennrad steigen. Wer konditionell noch etwas nachholen muss, beginnt mit kleineren Strecken in der Ebene. Die schnelleren Gruppen legen am Tag bis zu 180 Kilometer zurück, wobei die Königsstrecke durch die Serra de Tramuntana führt, mit Schweiß treibenden Anstiegen wie von Inca zum Kloster Lluc oder von Sóller nach Lluc sowie dem Coll de Sóller.

AUTORENTIPP!

RADFÜHRER MALLORCA ÖKO

Wer Radurlaub auf Mallorca machen möchte, sollte einen speziellen Radreiseführer mitnehmen. Paul Bickelbacher hat 22 schöne Touren für mehr oder weniger ambitionierte Genussradler ausgearbeitet. Sie erschließen alle Insellandschaften und lassen sich auch als Bausteine kombinieren. Da vor allem Nebenstrecken ausgewählt wurden, bestehen beste Voraussetzungen für ein entspanntes Fahrradvergnügen. Durch das handliche Format mit Spiralbindung sowie die detaillierten Streckenkarten ist der Guide unterwegs gut zu gebrauchen.

Literaturtipp. Paul Bickelbacher: Bruckmanns Radführer Mallorca, 192 Seiten, 14,95 €.

Was wirklich zählt: Streckenlänge, Höhenmeter und Ankommen

Infos und Adressen

SICHER AUF ZWEI RÄDERN

Auf Mallorca gilt Helmpflicht. Nebeneinanderfahren ist erlaubt, allerdings nur auf breiten Straßen mit Mehrzweckstreifen.
Achtung: Nach Regenfällen werden die Straßen zu Rutschbahnen. Wasser und Staub mischen sich zu einem schmierigen Belag.
Mountainbiker sollten Tore und Gatter immer so hinterlassen, wie sie sie vorgefunden haben.

RADRENNEN AUF MALLORCA

Challenge oder Vualta a Mallorca:
Profiklassiker zum Saisonauftakt Anfang Februar. Zuletzt in fünf Etappen.
Cinturón Ciclista:
Profirennen in vier Etappen; im April.
Classic by Max Hürzeler:
Amateurrennen. Eine Etappe; im April.
Volta Ciclo Turista:
Amateurrennen. Drei Etappen; im Mai.
Semana Internacional de Ciclismo Master: Rennwoche mit unterschiedlichen Wettbewerben. Im Oktober.
Nähere Informationen zu den Rennen unter www.vueltamallorca.com

Genussradler haben Mallorca erst vor Kurzem für sich entdeckt. Die Inselregierung hat den Trend schnell erkannt und baut das markierte Streckennetz aus. Unter dem Namen *Ecovies* (»ökologische Routen«) führt ein 150 Kilometer langes Netz durch den Norden. Die 14 Routen sind sowohl für Radfahrer als auch für Fußgänger oder Reiter geeignet und finden sich im Gemeindegebiet von Artá, Muro, Santa Margalida, Pollença, Alcúdia, Sa Pobla, Maria de la Salut, Ariany und Petra.

Auf Mallorca findet man sich immer schnell zurecht. Problemlos lassen sich unterschiedliche Routen je nach Schwierigkeit und Länge auswählen, für kleinere Ausflüge kann man auf beschilderte Rundstrecken wie die Ecovies zurückgreifen. Die Hotels und Fincas haben nachgezogen und bieten vielfach Mieträder an. Allerdings sollte sich, wer speziell zum Radfahren auf die Insel kommt, genauer informieren, welche Räder tatsächlich verfügbar sind und eventuell reservieren lassen.

So gut die Vorraussetzungen für Rennradler und Trekkingfahrer sind, wer auf Mallorca vielfältige Mountainbike-Routen erwartet, wird enttäuscht. An geeigneten Landschaften fehlt es nicht, doch das komplizierte Wegerecht der meist privaten Ländereien führt regelmäßig zu Streitigkeiten. Für kleinere Touren eignen sich die Halbinsel La Victòria und die Region im Norden von Artà, die sich mit dem Naturpark der Llevante-Halbinsel überschneidet.

Die Insel neu erleben

Wenn das Organisatorische geklärt ist, kann es losgehen. Unterwegs mit dem Rad erlebt man die Insel intensiver. Wie unterschiedlich Landschaften riechen können und wie anstrengend selbst kleine Berganstiege in der flach wirkenden Inselmitte sein können, das vergisst man als Autofahrer schnell.

Infos und Adressen

TOUREN UND REGIONEN

Llucmajor im Südosten nennt sich Radlerhauptstadt Mallorcas. Fast 200 km sind in der flachen und weiträumigen Landschaft als Radwege ausgewiesen. Radsportler finden hier ebenso gute Bedingungen wie Urlauber, die nur kleinere Touren planen.

Neben dem Südosten (als Standort eignet sich auch die Platja de Palma) ist der Norden mit der Bucht von Alcúdia ein Radfahrerzentrum. Zwischen Pollença und Artà lässt sich das gesamte Hinterland der Ebene Es Pla erschließen, wobei man auch relativ kurze, aber intensive Anstiege einbauen kann. Sehr beliebt sind die Auffahrten zum Santuari de Sant Salvador und zum Puig de Randa. Anspruchsvolle Strecken durch herrliche Landschaften bietet die Serra Tramuntana. Eine Herausforderung stellen der Coll de Sóller (500 Höhenmeter), die Auffahrt von Sóller zum Embalse de Cúber (900 Höhenmeter) und die Sa-Calobra-Schlucht (800 Höhenmeter), dar.

Die Ecovies (ökologische Routen) richten sich an Genussfahrer, die kleine Strecken von einem bis knapp 20 km suchen. Die 14 Strecken eignen sich auch fürs Nordic Walking oder zum Reiten. In den Gemeindegebieten Artá, Muro, Santa Margalida, Pollença, Alcúdia, Sa Pobla, Maria de la Salut, Ariany und Petra.

ORGANISIERTE RADFERIEN

Professionelle Radreiseveranstalter bieten Flug, Hoteltransfer, Unterkunft, gute Räder, Radwerkstatt und Equipment. Anbieter sind zum Beispiel: www.huerzeler.com, www.radferien-mallorca.com, www.bikefriends-schon.de

HOTELS FÜR RADFAHRER

Hotel Delta, Llucmajor. Komplett eingerichteter Radkeller mit professionellem Service. Außerdem finden die Gäste Tennisplätze, einen privaten Strand und andere Sportmöglichkeiten vor. C/ Tudó, Urbanisation Puig de Ros, Llucmajor, Tel. 971 78 61 35, www.hoteleraalfa.com

Barceló Pueblo Park. Das Hotel bietet ein Radzentrum mit allen Leistungen. Außerdem gibt es ein Fitnesscenter, Pools, Sauna. Sportlermenüs auf Wunsch. C/ Fra Joan Llabrés 16, Playa de Palma, Tel. (00 800) 42 27 23 56 (gebührenfrei aus Deutschland), www.barcelopueblopark.com

Iberostar Playa de Muro. Mehrere Außenpools und Hallenbad, Tennisplätze, Fitnessraum. Radprogramme in Zusammenarbeit mit Max Hürzeler. Av. de La Albufera 8, Playa de Muro, Tel. 971 89 04 43, www.iberostar.com

Read's Hotel & Spa. Das Luxushotel bei Santa María bietet seinen Gästen Straßen- und Mountainbikes sowie Picknickpakete zum Mitnehmen. Nach der Tour kann man sich im Vespasian-Spa verwöhnen lassen. Es gibt auch spezielle Radfahrer-Urlaubspakete. Santa Maria del Cami, Tel. 971 14 02 61, www.readshotel.com

RADVERLEIH

Embat Ciclos. Renn-Touring und Trekkingräder. Der Carbon-Renner kostet 25 €/ Tag, ein normales Trekkingrad 15 €. C/ Bartolomé Riutort 27, Can Pastilla, Tel./Fax 971 49 23 58, www.embatciclos.com

Radsportler im Restaurant »Cas Busso« (Llucmajor)

30 Artà und Capdepera
Alltag unter der Festung

Vom großen Touristenrummel blieben die Stadtzentren von Artà und Capdepera bislang verschont. Nur am Dienstag, dem Markttag, drängeln sich die ausländischen Besucher oder Dauerresidenten in den Gassen von Artà. Das historische Städtchen grüßt schon von Weitem mit einem Ensemble aus Festung und Wallfahrtskirche. Auch das sympathische Capdepera wird von einer Festungsanlage bekrönt.

Eigentlich seltsam, dass nicht mehr Touristen nach Artà kommen. Man fährt nur zehn Kilometer und kann sich in den Sand einiger sehr schöner Strände legen. Oder man radelt eine Viertelstunde und landet in einer Berglandschaft, die so wunderbar verwunschen von Wind und Sonne ist, dass man sich wie die Mönche von Betlém eine kleine Eremitage wünscht. Das Kloster in den Bergen der Halbinsel Llevant gehört zu den am schönsten gelegenen der Insel (siehe Seite 187). Trotz seiner Vorzüge blieb Artà ein ganz normales Städtchen mit kaum einer Handvoll Hotels.

Schmale Gassen und ein Museum

Auf dem Weg durch die gehsteigfreien Gassen hinauf zur Kirche Sant Salvador und dem Kastell aus arabischer Zeit wähnt man sich eher in einer nordafrikanischen Kleinstadt als im Umkreis der Touristenzentren Cala Ratjada und Cala Millor. Die liegen praktisch um die Ecke und sind doch Teil einer anderen Welt. An der Plaça Espanya lohnt ein Blick ins kleine Regionalmuseum, das eine sehenswerte Mixtur von Volkskunde bis Archäologie zeigt. Neben einer ornithologischen Sammlung mit 250 Exemplaren werden Funde aus der Talay-

Mitte: Das historische Städtchen von Artà sieht man bereits von Weitem.
Unten: Landwirt auf dem Wochenmarkt

ot-Kultur und traditionelle Handwerks- und Gebrauchsgegenstände ausgestellt.

Kalvarienberg und Wallfahrtskirche

Bei der mächtigen Pfarrkirche Transfiguració del Senyor (Verklärung Christi; 1563) mit den seltenen arkadenförmigen Stützmauern beginnt der Kreuzweg zum Kalvarienberg. Zwischen schmalen Zypressen blickt man über die verschachtelte Dächerlandschaft und landet im Nu in der Wallfahrtskirche Sant Salvador. Sehenswert sind die Mutter-Gottes-Figur aus polychromiertem Holz (13. Jahrhundert) im Inneren und die Historiengemälde an den Seitenwänden. Sie zeigen die »Steinigung des Ramón Lull« und »Übergabe der Medina Mayurca an Jaume den Eroberer«.

Ausblick nach Capdepera

Vom geländerfreien Wehrgang entlang der zinnenbekrönten Festungsmauer schaut man auf das leicht hügelige Land mit seinen Mandel- und Olivenbäumen, das von den Bergen des Llevante-Gebirges vor kalten Nordwinden geschützt wird. Ganz in der Nähe lässt sich noch ein weiteres Kastell ausmachen. Es gehört zum Nachbarstädtchen Capdepera, das unterhalb der Burg, malerisch am Berg klebt. Auch diese Anlage weist den typisch mallorquinischen Stammbaum auf: An der Stelle einer zuvor römischen Anlage bauten die Mauren den Burgberg zu einer Festung aus, die ab dem 13. Jahrhundert von den christlichen Machthabern erweitert wurde. 1323 ließ König Sanç I. eine Kapelle zu Ehren des hl. Petrus erbauen. Noch im 14. Jahrhundert musste die Madonna der kleinen Kapelle beweisen, zu welchen Wundern sie fähig ist. Als sich der Bucht von Ratjada eine Piratenflotte näherte, postierte man sie auf den Wach-

AUTORENTIPP!

DAS AUGE ISST MIT

Die Bucht von Canyamel gehört zu den Orten auf Mallorca, wo sich gerne die niederlassen, denen der Alltag keine finanziellen Nöte mehr beschert. Während sich ihre Villen an den Bergflanken rechts und links der Bucht hinter Pinien und anderem Grün dezent verbergen, darf sich der Besucher am schönen Strand wie zu Hause fühlen: Der offene und öffentliche Raum ist nur zu hochsommerlichen Spitzenzeiten überlaufen und daher sehr zu empfehlen. Seit Kurzem lohnt der Abstecher erst recht, denn mit der Umgestaltung des ehemaligen Hostal de las Cuevas zum Cap Vermell-Beachhotel hat auch ein fantastisches Restaurant eröffnet. Wie so oft auf Mallorca rührt auch hier ein Deutscher in den Töpfen. Er heißt Roland Schulte und macht das beneidenswert gut. Dass die Preise im »Vintage 1934« der Qualität angemessen sind, sich aber noch auf demokratischem Niveau bewegen, erfreut auch weniger routinierte Freunde guter Küche. Der Blick über die Bucht macht es definitiv zur guten Adresse für ein romantisches Essen zu zweit.

Vintage 1934. Plaça Pins de Ses Vegues 1, Canyamel, Tel. 971 84 11 57.

Oben: Keine Piraten in Sicht – der Wehrgang der Festung von Artà
Unten: Gut speisen im »Zezo«-Restaurant

turm Sa Baira. Daraufhin hüllte sich die Region in einen dichten Nebel und die Piraten drehten wieder ab. Seitdem trägt die Marienfigur den Titel Nostra Senyora de la Esperança (»Unsere liebe Frau der guten Hoffnung«). In der Festungsanlage ist auch ein Museum untergebracht. Es zeigt die Herstellungsschritte und Formen der lokalen Flechtkunst mit Palmblättern. Selbstverständlich hat man vom fast vollständig erhaltenen Wehrgang der Burg einen guten Blick über die Bergregion an der Nordostspitze Mallorcas.

Cala Ratjada

In der ersten Hälfte des 20. Jahrhunderts war Cala Ratjada ein Treffpunkt prominenter Antifaschisten. Auch Walter Benjamin weilte eine Zeit lang im Hafenstädtchen. Heute fühlen sich in dem Touristenzentrum vor allem deutsche Urlauber wohl. Dank des kleinen Fischereihafens gibt es in dem Städtchen aber noch ein Leben außerhalb des Tourismus. Seine weitläufige Meerespromenade entlang der Bucht lädt mit ihren zahlreichen Cafés und Restaurants auch außerhalb der Saison zu einem Spaziergang ein. Den schönsten Ausblick über die »Rochenbucht« und die Ostküste genießt man von der Punta de Capdepera, die vom Hafen im Nordosten nach zwei Kilometern erreicht wird.

Torre de Canyamel

Aus dem 13. Jahrhundert stammt der Festungsturm Torre de Canyamel, der im Tal des Torrent de Canyamel einst Mauren, Korsaren oder andere Feinde des friedlichen Insellebens abwehren sollte. Canyamel heißt auf Katalanisch Zuckerrohr, was seinerzeit in dem feuchten Tal angebaut wurde. Heute lockt neben dem eckigen Turm das urige Lokal »Porxada de sa Torre«, bekannt für Spanferkel, das über dem offenen Feuer gegrillt wurde.

Infos und Adressen

WICHTIGE SEHENSWÜRDIGKEITEN

Museu Regional d'Artà. Das 1927 eröffnete Museum widmet sich der Archäologie, Ethnologie und Naturhistorie. C./ Estrella 4, Mo–Fr 10–12 Uhr.
Almudaina und Wallfahrtskirche Sant Salvador. Markant thront über der Stadt die 1832 errichtete Kirche Sant Salvador.
Castillo de Capdepera. Wahrscheinlich wurde der strategisch günstige Berg schon von den Römern genutzt. Um 1300 wird die arabische Anlage weiter ausgebaut und in späteren Jahrhunderten zur größten Festung der Insel. Capella de la Esperança mit mittelalterlicher Madonna.
Cala Ratjada. Badeort mit Uferpromenade und Punta de Capdepera.
Torre de Canyamel. Verteidigungsturm aus dem 13. Jh. An der Ma 4042 zwischen Artà und Canyamel.

INFORMATION

OIT Cales de Mallorca – Artà. C. Costa i Llobera 7, Artà , Tel. 971 83 69 81, www.arta-web.com

ESSEN UND TRINKEN

Restaurant Finca Es Serral. Im Sommer kann man auf der Terrasse die leckeren mallorquinischen Spezialitäten genießen. Zu dem Anwesen in idyllischer Natur gelangt man über einen Abzweig am Ortsausgang von Artà in Richtung Capdepera, am Fußballplatz entlang und wieder links einen schmalen Weg den Hügel hinauf. Hauptspeisen zwischen 10 und 18 €. Polígono 18, Parcela 43, Tel. 971 83 53 36.

ÜBERNACHTEN

Hotel Casal d'Artà. Das Haus am malerischen Rathausplatz besitzt viel Charme und authentischen Charakter. Dazu gehören acht Zimmer, teilweise mit original mallorquinischen Stilmöbeln eingerichtet, ein holzvertäfelter Salon und eine sonnige Dachterrasse. Es gibt auch ein Familienzimmer mit zwei getrennten Räumen für vier Personen. C/ Rafael Blanes 19, Tel. 971 82 91 63, www.casaldarta.de, DZ 83–91 € inkl. Frühstück.
Hotel Sant Salvador. Farbenfrohe Kunstwerke und Ornamente gehören zum Stil des Patrizierhauses aus dem 19. Jh. Die beeindruckende Fassade soll übrigens von Antoní Gaudí oder zumindest einem seiner Schüler stammen. Besonders schön sind die großzügigen und vornehm-nostalgischen Zimmer der Planta Noble. C./ Castellet 7, Tel. 971 82 95 55, www.santsalvador.com, DZ 120–200 € inkl. Frühstück.

EINKAUFEN

In Artà und dem sehenswerten Nachbarort Capdepera hat sich das alte Kunsthandwerk der Korbflechterei erhalten. Dabei werden die Blätter der Zwergpalme vor allem zu Körben und Taschen geflochten.

Hotel »Sant Salvador« mit einer beeindruckenden Fassade

Mitte: Der Negropoli Son Real bei Can Picafort soll aus vorchristlicher Zeit stammen.
Unten: Reste eines großen Talayots mit Mittelsäulen in Ses Païsses

31 Das Vermächtnis der Steine

Spuren rätselhafter Ureinwohner

Auf Mallorca wimmelt es von archäologisch interessanten Steinen. Manche weisen in die Frühgeschichte der Insel. Die Grabungsstätten Ses Païsses bei Artà und der Negropolí Son Real bei Can Picafort bilden Höhepunkte einer spannenden Zeitreise ins erste und zweite vorchristliche Jahrtausend. Aber auch in den anderen Gegenden der Insel trifft man auf Spuren der Vergangenheit, zum Beispiel in Form von Steintürmen und Langhäusern, den »talaiots« oder »navetas«.

Schiffsförmige Navetas

Die ältesten Siedlungsspuren auf Mallorca weisen zurück bis ins 2. Jahrtausend v. Chr. In der Zeit der europäischen Höhlenkulturen erfolgten wichtige Entwicklungsschritte wie der Wechsel zum festen Siedlungsbau und dem Ackerbau, die Erfindung des Rads sowie die Herstellung von Keramikgefäßen und Werkzeugen aus Metall. Im Mittelmeer entwickelte sich ein reger Handel, wobei die Schiffe nicht mehr nur an der Küste entlangsegelten, sondern das Meer kreuzten und so ihre Reisewege abkürzten. Mit dem Wandel der Schifffahrt begann ein neues Kapitel der Insel. Vorräte wurden verschifft, Menschen fremder Kulturen brachten neue Techniken und Ideen mit, und manche blieben auch dort. Bis in die Mitte des 2. Jahrtausends, in der Zeit des Vortalayotikums, lebten die Inselbewohner in Höhlen oder Hütten. Teilweise legten sie künstliche Höhlen als Begräbnisstätten an, so bei Cala Sant Vincenç. Im Vortalayotikum wurden megalithische Langbauten gebaut, die bis zu 15 Meter langen *navetas*, die als Wohnung oder Grabstätte dienten. Das am besten erhaltene Langhaus, die Naveta Alemany, befindet sich bei Calvià.

Die Kultur der Talayoten

Bereits in den Anfängen dieser prähistorischen Kultur bauten die Inselbewohner Dörfer und Kulttempel. Dass das Leben kein friedliches Paradies gewesen war, beweisen die hohen Steinmauern, mit denen die Urmallorquiner ihre Siedlungen schützten. Nach den typischen Rundbauten, den *talaiots*, nennen die Historiker die Kulturepoche Talayotikum. Man nimmt an, dass der Talayot-Bau aus Korsika importiert wurde. Zumindest in der Frühphase entwickelte sich die Talayot-Kultur, die zeitgeschichtlich zwischen der Bronze- und der Eisenzeit liegt und eine Form der Megalithkultur ist. 1300 v. Chr. begann die erste Talayot-Phase, während der jüngsten, die mit der Ankunft der Römer im Jahr 123 v. Chr. endete, gab es wahrscheinlich rund 250 Talayot-Siedlungen auf Mallorca. Das typische Dorf ist oval und von einer Mauer umgeben. Im Inneren befinden sich ein oder mehrere Rundtürme, wobei sich die Bauweise im Lauf der Geschichte änderte.

Ses Païsses – ein Dorf im Stil der Zyklopen

Biegt man beim alten Bahnhof von Artà von der Hauptstraße ab, kommt man auf ein schmales Sträßchen in die *huerta*, den »Garten« von Artà. Die einfachen Häuser von Landarbeitern und Handwerkern säumen den Weg, der bald an einem Steineichenhain entlangführt. Dort, gut versteckt vor neugierigen Blicken, ragt eine 5,5 Meter hohe Mauer aus mächtigen Steinbrocken auf. Diese Bauart wird nach dem einäugigen Riesen, der dem fliehenden Odysseus und seinen Gefährten einen

AUTORENTIPP!

WANDERUNG VON COLÒNIA SON SERRA ZUR NEGRÒPOLIS

Seit die Finca Son Real in staatlichem Besitz ist, haben Wanderer bessere Möglichkeiten, den unbebauten Küstenstreifen zwischen Can Picafort und Colònia Son Serra zu erleben. Sandstrände und Dünenlandschaften machen das flache Küstengebiet am unbebauten Teil der Badia d'Alcúdia zu einem spannenden Natur- und Landschaftserlebnis. Anstatt von Son Bauló bei Can Picafort kann man die Negropole auch vom Osten her, von Colònia Son Serra, ansteuern und den Besuch des Ausgrabungsgebiets mit einer drei- bis vierstündigen Wanderung verbinden. Wer mit dem Fahrzeug unterwegs ist, stellt es am besten im Bereich des Jachthafens von Son Serra ab. Zu Fuß geht es nun in Richtung Lagune des Torrent des Revellar. Der sandige Weg führt über eine kleine Düne und folgt dann der Küste nach Nordwesten. Nach ca. vier herrlichen Kilometern entlang der Küste, auf denen man Verteidigungstürme passiert, die während des Spanischen Bürgerkriegs als Orientierungspunkte für U-Boote errichtet wurden, erreicht man die Nekropole Son Real.

Weitere Information:
Finca publica Son Real, Ma 12, km 17,7, mit Bauernhof-Museum. Tägl. 10–19 Uhr, Okt.–März bis 17 Uhr.

Oben: Die Grabstätte Ses Païsses
Mitte: Dolmen bei Son Real
Unten: Totenstadt mit Meerblick – die Negropoli Son Real

Steinbrocken hinterherwarf, Zyklop-Bautechnik genannt. Die Mauer gehört zu der am besten erhaltenen frühgeschichtlichen Anlage Mallorcas, der Talayot-Siedlung Ses Païsses. Vor dem 3000 Jahre alten Portal aus drei mächtigen Felsblöcken wurde Miguel Costa i Llobera ein Denkmal errichtet. Der Dichter-Priester hat im 20. Jahrhundert den Zauber dieser längst vergangenen Kultur in dem Gedicht *La deixa del geni grec* festgehalten (»Das Erbe des griechischen Genius«). Das Portal gehört zur ovalen Schutzmauer (um 1000–800 v. Chr.) im Zyklop-Stil, die die Siedlung umgibt. Aus der frühesten Phase um 1300 v. Chr. stammt ein mächtiger Rundturm im Zentrum der 100 mal 130 Meter großen Anlage. Er ist von rechtwinkligen Bauten und einem ehemaligen Säulensaal umgeben. Was an Keramik und Schmuck gefunden wurde, wird im Museu Regional d'Artà ausgestellt.

Totenstadt am Meer

Von Ses Païsses geht es auf der Ma 12 in Richtung Alcúdia. Ziel ist die Necropòli de Son Real, eine Stadt der Toten, die vor 2500 Jahren erbaut wurde. Um zum Gräberfeld zu gelangen, muss man ein Stück zu Fuß gehen. Entweder man lässt sein Auto beim Landgut Son Real zwischen Colonía de Son Serra und Can Picafort stehen, oder man spaziert von Can Picafort aus am Strand entlang in Richtung Südosten. Das 800 Quadratmeter große Gräberfeld der Necropòli de Son Real ist das größte im Mittelmeerraum. Die Toten legte man in Fötusstellung in die oberirdischen Grabstätten und gab ihnen Schmuck, Waffen und Gegenstände bei. Manches davon kann man im Museu monogràfic de Pollentia in Alcúdia anschauen (s. S. 169). Ab dem 4. Jahrhundert wurden die Körper oft eingeäschert. Erst in den 60er-Jahren legten Archäologen die Anlage im Osten von Can Picafort frei. Unklar ist bis heute, wer in der Totenstadt beigesetzt wurde.

Rundgang durch das alte Mallorca

WICHTIGE SEHENSWÜRDIGKEITEN

Ses Païsses. Hinter dem alten Bahnhof, Ortsausfahrt in Richtung Capdepera, ist ausgeschildert. April–Okt. Mo–Sa 10–13 und 14.30–18.30 Uhr. Nov.–März Mo–Fr 9–13 und 14–17 Uhr

Negròpoli Son Real. Das Gräberfeld liegt an einem 5 km langen unbebauten Küstenstreifen zwischen Can Picafort und Colònia Sant Pere. Für die Strecke am Strand entlang, östlich von Son Bauló, braucht man ca. 15 Minuten. Der Zugang ist auch über die Finca publica Son Real möglich. An der Ma12, km 17,7.

Ruta de Talayots. Info unter unter: www.conselldemallorca.cat/altramallorca

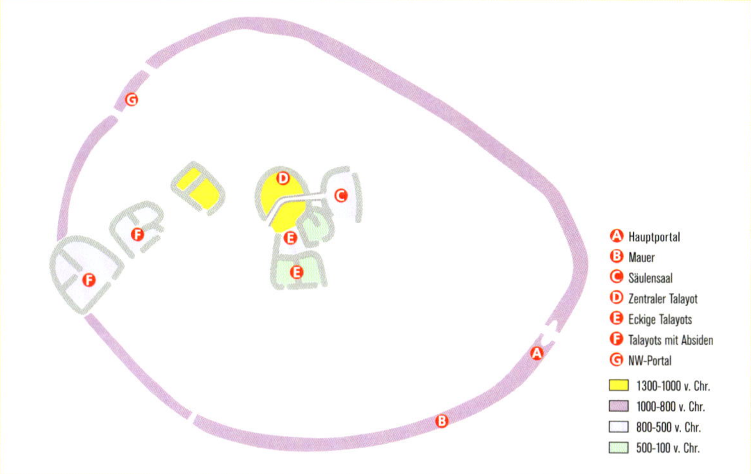

Route der Talayots

Der Inselrat hat eine Route ausgearbeitet, die neben Ses Païsses und der Negròpoli Son Real weitere prähistorische Stätten verbindet. So befindet sich im Norden beim Golfplatz Canyamel die Talayot-Siedlung Claper des Gegant. An der Landstraße zur Colònia Sant Pere bei Kilometer 1,3 steht der quadratische Talayot Sa Canova de Morell. Die größte erhaltene Siedlung der Insel, Capocorb Vell, befindet sich im Süden in der Nähe des Cap Blanc. Die dort erhaltenen 28 Kammern und fünf Türme waren Teil einer Anlage, in der rund 500 Menschen gelebt haben.

Noch weiß man nicht, wo die Menschen lebten, die in Son Real begraben wurden.

32 Naturpark Halbinsel Llevant

In die grünen Berge

Im Hinterland von Artà erstreckt sich der Naturpark der Halbinsel Llevant mit einer Fläche von 1672 Hektar. Die gemäßigte Bergwelt begeistert mit kargen und stillen Landschaften und der Ermita de Betlém, einer idyllisch gelegenen Einsiedelei. Die Naturstrände an der Nordseite sind zwar keine Geheimtipps mehr, aber noch immer reizvolle Alternativen.

Auf Mallorca gibt es auch eine Wüste, zumindest dem Namen nach. Die *desierto de Binialgorfa* zieht vor allem Einsamkeit liebende Naturen an und liegt im Parc Natural de la Peninsula de Llevant, der sich nördlich von Artà bis zum Meer erstreckt.

Sträßchen zum Glück

Ein bequemer Zugang mit dem Auto führt unterhalb der Festung von Artà auf der Ma3333 ins Hinterland. Die Radsportler haben die Strecke längst für sich entdeckt und ärgern sich über jedes Fahrzeug, das ihnen den schmalen Asphalt streitig macht. Tatsächlich schrumpft das Sträßchen, sobald es zum Puig de sa Font Crutia ansteigt, auf einspurige Breite. In dem malerischen Tal mit seinen kleinen Bauernhöfen, Obst- und Mandelbäumen fühlt man sich an italienische Landschaften erinnert. Vor allem im Frühjahr wird das geschützte Tal zum Pflanzenparadies mit blühendem Johanniskraut, Steineichen, Feigen und anderen Baumarten. Nach fünf Kilometern biegt die Ma3333 links ab und führt in engen Serpentinen auf das Plateau zwischen den Bergen Morei und Ferrutx.

Infos und Adressen

ÜBERNACHTEN

Hotel Rocamar. Kleines, neues Hotel im Ortskern von Colònia de Sant Pere. Die acht Zimmer sind in beigen, weißen und hellen Grautönen gehalten, was einen edlen und lichten Gesamteindruck hinterlässt. Von der Sonnenterrasse sieht man Bucht und Berge. C/ Sant Mateu 9, Còlonia de Sant Pere, Tel. 971 58 96 10, DZ 100–120 € inkl. Frühstück.

Karges Land mit Grün – auf dem Höhenzug der Llevante-Halbinsel

Baumlose Bergwelt

Sobald man die baumlosen Höhenlagen erreicht hat, erklärt sich, weshalb die Region Wüste genannt wird. Außer den kleinwüchsigen Stechpalmen, dem Buschwerk der Garriga und einigen Gräsern ist das Bergland karg und steinig. Im Schutzgebiet sind Krähenscharben, Korallenmöven, Zwergadler, Falken, Geier und Milane heimisch. In den Ruinen der arabischen Alquería Binialgorfa, etwa eine Tagesdistanz von Artà entfernt – wenn man wie seinerzeit auf dem Land üblich mit dem Esel reist –, hatten 1805 auch fünf Einsiedler eine geeignete Basis für ihr spirituelles Anliegen gefunden.

Ermita de Betlém

Der Stifter des Landes bat darum, dass der Ort an die Geburt Jesu erinnern möge, weshalb er Ermita de Betlém, Einsiedelei von Bethlehem, genannt wurde. Die neoklassizistische Kirche der auch heute noch bewohnten Einsiedelei steht Besuchern offen. Ihre Kuppel ist mit einer Krönung Mariens ausgemalt, schön sind auch die Kachelbilder in der Vorhalle.

Einen Besuch verdient auch die Font de S'Ermita, die Quelle der Einsiedelei, die man über einen Fußweg von wenigen Minuten erreicht. Mit Felsengrotte samt Marienskulptur, Bänken und Quelle findet der Pilger beste Bedingungen für eine fromme Rast.

Bis zum Meer und der Bucht von Alcúdia ist es nicht mehr weit. Dort hat die Bauwirtschaft ein gieriges Auge auf die ehemals verwaiste Colònia Betlem und die Colònia de Sant Pere geworfen. Letztere ist in den vergangenen Jahren immer lebendiger geworden. Die schöne Meerespromenade mit guten Restaurants und herrlichem Blick über die Bucht ist fast noch ein Geheimtipp.

Infos und Adressen

SEHENSWÜRDIGKEITEN

Ermita de Betlèm:
Anfahrt über Ma 3333 ab Artà; Mo–Fr 10–12 Uhr.

Parc Natural de la Peninsula de Llevant: Der Naturpark auf der Halbinsel nördlich von Artà dient dem Vogelschutz. Zum Wandern empfiehlt es sich, das Fahrzeug auf dem Parkplatz beim Gut Alqueria Vella abzustellen. (Anfahrt über Ma 3333, nach 5 km nicht links zur Ermita de Betlèm abbiegen, sondern rechts halten.)

Strände:
Die Halbinsel von Artà lockt an ihrer Nordseite mit einer Reihe schöner, unbebauter Strände. Die meisten Badegäste zieht es zur Cala Torta. Man erreicht die Bucht mit dem 150 m breiten Sandstrand über eine 10 km lange Piste ab Artà. Ruhiger und etwas kleiner ist die Nachbarbucht Cala Mitjana, ebenfalls mit natürlichem Sandstrand. Nur mit dem Boot oder zu Fuß erreicht man die westlichen Buchten Estreta und Matzoc.

INFORMATION

OIT Cales de Mallorca – Artà:
C/ Costa i Llobera 7, Artà ,
Tel. 971 83 69 81,
www.arta-web.com

ESSEN UND TRINKEN

Restaurant Sa Xarxa. Das herrliche Panorama über die Bucht von Alcúdia lässt sich sehr gut von der Terrasse des Sa Xarxa begutachten. Passend zur Lage bietet das mit Netzen dekorierte Lokal eine gute Auswahl von Fisch und Meeresfrüchten. Paseo del Mar, Colònia de Sant Pere,
Tel. 971 58 92 51.

33 Finca- und Landtourismus

Die Erfindung des Südens

Urlaub auf dem Land, in einer urigen Finca, einem romantischen Dorfhotel oder einem Landhotel mit allem Komfort – all das kann mit Finca-Urlaub gemeint sein. Das Angebot auf Mallorca ist enorm. Selten befinden sich die Häuser jedoch am Meer oder in der Nähe davon. Aber es gibt gute Gründe, anstatt an der Küste im Großhotel abzusteigen, einmal eine familiäre Unterkunft im Landesinneren zu probieren.

Anfang des 20. Jahrhunderts hat der Maler und Schriftsteller Santiago Rusiñol ein Buch über Mallorca geschrieben. Im Untertitel heißt das auch heute noch unterhaltsame Werk »Die Insel der Ruhe«. Gut, vor rund 100 Jahren waren damit auch das Leben in der Hauptstadt oder die Einsamkeit am Strand von S'Arenal gemeint. Aber auch im noch jungen 21. Jahrhundert lässt sich Mallorca als Insel der Ruhe erleben, sogar in der Hauptsaison. Man muss nur auf zwei Punkte achten: auf Lage und Logis. Konkret heißt das, weg von der Küste und den großen Hotelanlagen und rein ins idyllische Landleben von Finca-Hotels, Agroturismo und Hoteles de Interior, den kleinen Landhotels.

Zimmer mit Familienanschluss

Zum Beispiel in Lloseta. Das Dorf am Fuß der Serra Tramuntana, auf halbem Weg zwischen Inca und Alaró, sieht nur wenige Besucher. Erst recht im Winter. Im Petit Hotel Cas Comte fühlt man sich gut aufgehoben, fast so, als wäre man zu Besuch bei Freunden. Zwischen einem riesigen

Oben: Agrotourismus – Urlaub auf dem Land in bewirtschafteten Fincas und Herrenhäusern
Mitte: Die Finca Sa Franquesa Nova – es gibt nichts Schöneres zum Relaxen.
Unten: Esel und Pferd auf einer alten Finca auf Mallorca

Palast, an dem der Kochstar Ferran Adrià Interesse hatte, und der Pfarrkirche, ist das hübsche Hotel in einem Gebäude aus dem 18. Jh. untergebracht. Bernat Ramon i Bunyola kennt die Geschichten und Legenden des Dorfes. Am Abend erzählt er im ebenso rustikalen wie eleganten Salon, wie er als 50-Jähriger zum Hotelier wurde, und über Cas Comte und Lloseta. Es sind nicht nur die geschmackvollen, mallorquinischen Zimmer des Petit Hotels und seine Spas, es sind die Geschichten und Einblicke in die mallorquinische Gesellschaft, die den Aufenthalt so angenehm und spannend machen.

Das Gefühl auf Mallorca und nicht in einer deutschen oder britischen Parallelwelt angekommen zu sein, haben auch die Gäste des Canet Agroturismo.

Das Finca-Hotel zwischen Esporles und Esglaieta bietet angenehm frische und modern eingerichtete Zimmer sowie Apartments für Familien, aber auch einmalige Außenanlagen. Neben dem Parc Canet, dem Bauernhof und den Tieren gibt es auch einen Wasserpark mit Whirlpool und Wasserrutschen, ein Labyrinth und – bei Kindern besonders beliebt – das Eselreiten.

Das herrschaftliche Anwesen S'Alquería Blanca

Infos und Adressen

BASISWISSEN ZUM FINCA-URLAUB

Unter einer Finca versteht man ein Bauernhaus mit landwirtschaftlichem Grundstück. In der Regel sind es alte, teilweise historische Gebäude, die zu einfachen Pensionen, Ferienhäusern oder noblen Herbergen ausgebaut wurden. Finca-Hotels haben in der Regel nur wenige Zimmer, Suiten oder Apartments und zeichnen sich durch den Charme rustikaler mediterraner Landhäuser aus. Sie liegen in der überwiegenden Mehrzahl im Inselinnern. Nennt sich ein Hotel *Agroturismo*, gehört zum Hotelbetrieb auch noch eine Landwirtschaft. *Hoteles de Interior* werden kleine Dorfhotels genannt, die seit einigen Jahren immer mehr in Mode kommen, während das *Hotel rural*, das Landhotel, auch außerhalb einer Ortschaft liegen kann.
Auf der Seite der **Associació Agroturisme Balear** finden sich das komplette Finca-Angebot sowie Buchungsmöglichkeiten, www.topfincas.com

Alt und Neu – Apartment in der Finca »Hotel Can Canet«

Oben: Das Herrenhaus Son Pont stammt aus dem 15. Jh.
Mitte: Rustikaler Luxus im Finca-Hotel »La Reserva Rotana«
Unten: Wohnen und golfen – Pula Golf

Bauern- und Herrenhäuser

Ganz anders präsentiert sich die benachbarte S'Alqueria Blanca. Als *Alqueria* bezeichnet man einen Bauernhof oder Landsitz, wie er auch in den spanischen Provinzen Valencia und Granada vorkommt. Der Name stammt aus dem Arabischen: *Al-Garya* bedeutet in etwa »kleines Dorf«. Auch auf Mallorca wurden während der arabischen Herrschaft vom 10. bis 13. Jahrhundert solche Landgüter errichtet, unter denen die Alqueria Blanca ein besonders interessantes Exemplar darstellt. Anfang des 20. Jahrhunderts, als auf der Insel der Modernisme in Mode war, wurde das Anwesen unter der Leitung von Miquel Madorell i Rius umgebaut. Der Architekt hatte sich bereits mit dem Círculo Mallorquín in Palma einen Namen gemacht und hat sich auch im Salon mit vielen sehenswerten Details verwirklicht.

Ein Finca-Urlaub kann zur Reise in die Vergangenheit werden. Historischen Charme bietet Son Pont im Tal von Puigpunyent. Gerne führt der Hausherr durch das Anwesen, dessen älteste Bereiche aus dem 14. Jahrhundert stammen. An den Wänden der Salons hängen die Porträts der Ahnen, und in den Wirtschaftsräumen dämmert eine riesige und uralte Olivenpresse vor sich hin. Schön ist auch

MAL EHRLICH

WIR MÜSSEN DRAUSSEN BLEIBEN …

Natürlich kann jeder Hotelier machen, was er für richtig hält, und es steht auch den Finca-Betreibern frei, ihre Wunschklientel anzusprechen. Dennoch ist es ein Armutszeugnis, dass es Finca-Hotels gibt, die sich für zu edel halten, um Eltern mit Kindern ein Zimmer zu vermieten. Spanien ist im Grunde ein kinderfreundliches Land und sollte es auch auf den mallorquinischen Fincas bleiben.

der Blick über die Ländereien, den man gerne von einer Liege am Pool schweifen lässt. Ein Restaurant hat Son Pont nicht, aber wie in den meisten Agroturismo-Häusern freut man sich jeden Morgen auf ein reichhaltiges Frühstück, das mit Produkten aus dem eigenen Garten bereichert wird.

Mit Golfplatz, Weingut und Spitzenrestaurant

Mallorca-Neulinge lassen sich oft irreführen, dass rustikale Unterkünfte wie Landhotel oder Agroturismo immer auch einfach und günstig seien. Vielleicht der beste Beweis für das Gegenteil ist La Reserva Rotana bei Manacor. Das Luxusresort wurde um ein Herrenhaus aus dem 17. Jahrhundert erbaut und deckt sich mit den Idealen, die eine zahlungskräftige Kundschaft an ein mediterranes Anwesen haben mag. Die alte Bausubstanz wurde solide aufgearbeitet und mit Amphoren, steinernen Löwen, Palmen und blühenden Gärten versehen. Hotelgäste dürfen den hauseigenen 9-Loch-Golfplatz ohne Greenfee bespielen. Danach schmeckt ein frisch gebratener Fisch im Gartenrestaurant in Begleitung von einem Riesling aus dem hauseigenen Weingut. Für den Weißwein ist Miquel Gelabert verantwortlich, einer der besten Winzer der Insel. Wer es gerne gediegener und seriöser mag, ist im Hauptrestaurant beim deutschen Chefkoch Mario Fritzsche gut aufgehoben. Dort wird ein Rotana-Wein serviert, den es nirgendwo sonst gibt: der Crianza Prinzessin zu Sayn-Wittgenstein Hohenstein, benannt nach der Hoteleigentümerin.

Avantgarde in alten Gemäuern

Es gibt eine ganze Reihe hervorragender Finca-Hotels mit ebenfalls hervorragenden Restaurants. Das Petit Hotel Cases des Pula bei Capdepera zieht zu-

AUTORENTIPP!

DAS WEITE LAND

Was für ein Licht. Es ist Abend. Noch einmal schaut die Sonne über die Ebene, ehe sie versinkt. Ein goldrotes Strahlen legt sich über die leicht wogende Landschaft zwischen Manacor und Felanitx. Ungewöhnlich weit für eine Insel wie Mallorca ist das Panorama, das sich von der Terrasse des Haupthauses und vom Pool aus bietet. Überhaupt ist Sa Franquesa Nova anders als die meisten Edel-Fincas der Insel. Das fängt mit der Lage in der offenen und weiten Landschaft an. Die Einrichtung wiederholt nicht zum x-ten Mal die Idee vom mediterranen Landglück. Sie sucht und findet einen Weg, um zeitgenössisches Design und Komfort mit einer Hazienda aus dem 17. Jh. zu vereinbaren. Und dass man sich hier einmal in einem rein spanischen Haus aufhält, tut auch gut. Die Gäste der 24 Zimmer haben viel Platz, meistens eine eigene Terrasse, um sich ungestört der Weite zu überlassen. Die lässt einen auch am Morgen nicht los, wenn im Restaurant ein ausgezeichnetes Frühstück serviert wird, und nicht am Abend beim Dinner.

Sa Franquesa Nova. Avda. Es Parc 46, Manacor, Tel. 971 83 23 84, www.safranquesanova.com, direccion@safranquesa.com

Oben: Landschaft und Natur abseits der Küste
Mitte: »Son Penya Petit Hotel«
Unten: Klares Design – »Son Penya Petit Hotel«

dem auch Golfer an, liegt das alte Herrenhaus von 1581 doch innerhalb einer 18-Loch-Anlage. Eine Klasse für sich ist das Fünf-Sterne-Hotel Son Brull bei Pollença mit seiner Synthese aus historischem Gebäude und avantgardistischem Interieur. In den alten Mauern eines ehemaligen Klosters bietet das Restaurant 365 kreative Spitzenküche. Ein Golfplatz liegt in unmittelbarer Nähe, einige Kilometer weiter gelangt man zum Alcanada Golf, einem der schönsten Plätze der Insel. Die von Robert Trent Jones gestaltete Anlage bietet einen herrlichen Blick über die Buchten von Pollença und Alcúdia.

Wem das zu viel des Guten ist oder wer die Kombination aus Naturstein und Avantgarde lieber etwas kleiner und günstiger mag, sollte sich das Hotel Son Penya Petit anschauen. Das Areal des frisch renovierten Bauernhauses mit seinen zwölf Zimmern erstreckt sich über ein 37 Hektar großes Grundstück in Sant Llorenç mit Olivenbäumen und schönem Blick über die bukolische Landschaft. Zum hellen Sandstein der Gebäude passt das betont helle Design des Mobiliars, die klaren, fast minimalistischen Linien sowie natürliche, helle Stoffe. Schön, dass es auch ein gutes Restaurant dazu gibt.

Aufschwung auf dem Land

Finca-Urlaub boomt auf Mallorca. Als Mitte der 1980er-Jahre die Associació de Agroturismo Balear gegründet wurde, gab es erst zwei Höfe, die das magere Geschäft der Landwirtschaft mit der Zimmervermietung aufbessern wollten. Seitdem ist viel geschehen, und heute gehören dem Verband 158 Betriebe an. Nimmt man noch die Landhotels (*Hoteles rurales*) und Dorfhotels (*Turismo de Interior*) hinzu, kommt man insgesamt auf 242 Unterkünfte (Stand 2011), Miet-Fincas nicht mitgerechnet.

Alte Olivenpresse in der Finca »Son Pont«

Der Erfolg des Landtourismus läuft parallel zur Aufwertung des »anderen Mallorca«, doch eigentlich ist diese sprachliche Abgrenzung heute überflüssig. Es hat sich herumgesprochen, dass die Insel abseits der Küste mit ihren Hotel- und Apartmentanlagen und den ausufernden Ferienhaussiedlungen einen ganz anderen Charakter besitzt. Dass man den Stil Mallorcas, seine typische Architektur und Landschaft, den Lebensstil und die regionale Küche im Landesinnern besser erleben kann als in einem großen Ferienhotel. Grundsätzlich gibt es aber kein Besser oder Schlechter. Für was man sich entscheidet, ist eine Frage der Interessen – und manchmal auch des Budgets. Die Mehrzahl der Agroturismo-Betriebe bietet gediegenen bis luxuriösen Standard mit Preisen, die bei 90 bis 100 Euro fürs Doppelzimmer beginnen.

Klassischer Komfort

Noch nicht erwähnt wurden die sozusagen klassischen Landhotels mit Vier-Sterne-Standard, gutem Restaurant, Pool und manchmal auch Tennisplatz und Spa. Sie finden sich oft auch in den Katalogen der großen Reiseveranstalter, sind also

Oben: Mediterrane Atmosphäre – Orangenbäume gehören dazu.
Mitte: Frühstück im Agrotourismo »Sa Carrotja«
Unten: Finca-Hund Max wacht in CanColl.

Oben: Pool des Agrotourismo »Monnaber Vell«
Unten: Gesellige Weinprobe auf Monnaber Vell

pauschal zu buchen einschließlich Transfer, Halb- oder Vollpension. Das kann interessant sein, wenn man auf einen Mietwagen verzichten will.

Wunderbar in einem abgeschiedenen Nebental der Serra Tramuntana in der Nähe der Cuevas de Campanet liegen die Finca-Hotels Monnaber Vell und Monnaber Nou. Letzteres beeindruckt mit schönen und herrschaftlichen Salons, schweren Teppichen, Stilmöbeln und einer großen Außenpoolanlage. Monnaber Vell gibt sich insgesamt etwas privater, die Zimmer sind moderner im Stil, und wer mag, kann sich bei einer Weinprobe mit Hausherr Karsten Imm in den önologischen Kosmos der Insel einführen lassen. Die Lage im Hinterland zwischen Pollença und Inca kann wirklich begeistern und zieht auch Radsportler und Wanderer an.

Man könnte ein ganzes Buch mit den schönsten Finca- und Landhotels auf Mallorca füllen. Hier lässt sich nur eine kleine und subjektive Auswahl vorstellen, bei der Ca'S Curial in Sóller, Son Amoixa Vell bei Manacor, Son Borguny in Banyalbufar mit schönem Meerblick ebenso wie Can Simoneta, das über die Bucht bei Capdepera blickt, zumindest noch erwähnt werden sollten.

Blick auf die Bucht von Canyamel – Hotel »Can Simoneta«

Mallorcas beliebteste Fincas

Alqueria Blanca. Ctra. Palma-Soller, km 13,6, Bunyola, Tel. 971 14 84 00, www.alqueria-blanca.com
Canet Agroturismo. Ctra. Esglaieta-Esporles, km 1, Esporles, Tel. 971 61 17 77, www.parcdecanet.com
Ca's Curial. C/ La Villalonga 23, Sóller, Tel. 971 63 33 32, www.cascurial.com
Can Simoneta. Ctra. de Arta-Canyamel, km 8, Capdepera, Tel. 971 81 61 10, www.cansimoneta.com
Cas Comte. Petit Hotel & Spa. Comte d'Aiamans 11, Plaça Espanya, Lloseta, Tel. 971 87 30 77, www.hotelcascomte.com
Monnaber Nou. Campanet, Tel./Fax 971 87 71 76, www.mannaber.com
Monnaber Vell. Campanet, Tel. 971 51 61 31, www.monnabervell.com
Sa Torre de Santa Eugenia Agroturisme. Presidio Sa Torre, Alqueries, Santa Eugenia, Tel. 971 14 40 11, www.sa-torre.com
Son Amoixa Vell. Ctra. Cales de Mallorca – Manacor, km 3,4, Manacor, Tel. 971 84 62 92, www.sonamoixa.com
Son Borguny. Borguny 1, Banyalbufar, Tel. 971 14 87 06, www.sonborguny.com
Son Brull Hotel & Spa. Ctra. Palma – Pollença PM220, km 49,8, Pollença, Tel. 971 53 53 53, www.sonbrull.com
Son Penya Petit Hotel. Cami de Son Berga, Finca Son Penya, Sant Llorenc, Tel. 971 82 66 40, www.sonpenya.com
Son Pont. Ctra. Palma – Puigpunyent, km 12,3, Puigpunyent, Tel. 636 959 398, sonpont@ono.com, www.sonpont.com
La Reserva Rotana. Camí de S'Avall km3, Manacor, Tel. 971 84 56 85, www.reservarotana.com

Finca-Hotel »CanColl«

OSTEN & SÜDOSTEN

Vorangehende Doppelseite: Die türkisblaue Bucht von Cala sa Nau
Mitte: Der Martel-See in den Coves del Drach
Unten: Fantastische Unterwelt

34 Höhlen an der Ostküste

Zauberhafte Unterwelt

Das reiche Panorama der Insellandschaft setzt sich sogar unter der Erde fort. Insgesamt durchziehen rund 4000 Höhlen das Innere Mallorcas. Die schönsten finden sich an der Ostküste, fünf von ihnen können derzeit besichtigt werden. An sich schon faszinierend, werden die Steingebilde durch farbige Lichteffekte zusätzlich in Szene gesetzt.

Der Franzose Eduard Alfred Martel (1859–1938) pflegte ein für seine Zeit seltenes Hobby: Er erforschte Höhlen. Vielleicht lag es an der Lektüre des Romans »Reise zum Mittelpunkt der Erde« (1872) von seinem Lieblingsautor Jules Verne, dass er sich wie Professor Lidenbrock in eine Welt vorwagte, die bis dahin unbekannt und unerforscht war. Der hauptberufliche Rechtsanwalt reiste in den 1890er-Jahren nach Mallorca, wo er bei Porto Cristo die »Drachenhöhlen«, die Coves del Drach, entdeckte.

MAL EHRLICH

TRAUMWELT MIT MAKELN

Die Coves del Drach sind eine faszinierende Welt unter der Erdoberfläche. Man muss kein Geologe oder Speläologe sein, um von den Formationen der Tropfsteinhöhle, den Sälen, dem unterirdischen See begeistert zu sein. Sicher wird es aber viele Besucher geben, denen sich diese Schönheit verschließt. Es ist eben nicht ganz einfach, über die geschmacklose Massenabfertigung hinwegzusehen, die einsilbigen Kommentare der Angestellten und das kitschige Bootsspektakel mit Konzerteinlage. Das sollte man vor dem Besuch wissen – bevor man enttäuscht ist.

Coves del Drach

Das ist natürlich nicht ganz korrekt, denn die Höhlen waren keineswegs unbekannt. Bereits die Ureinwohner kannten und nutzten sie. Doch wagte sich niemand weiter als 200 Meter hinein, da man im Inneren einen Drachen vermutete. So blieb die Entdeckung des unterirdischen Sees Monsieur Martel vorbehalten. Bereits 1935 rückte Carlos Buigas die Fantasie anregenden Formen, die über Jahrhunderte aus dem Karst gewaschen und geschaffen wurden, ins rechte Licht. Den 1898 geborenen Ingenieur kann man als frühen Lichtkünstler bezeichnen, seine Spezialität waren beleuchtete Brunnen. Höhepunkt seiner Inszenierung in Porto Cristo war und ist die »Morgendämmerung am Martel-See«. Mit einer Länge von 117 Metern und rund 30 Metern Breite gilt er als größter seiner Art der Welt. Da das 17 °C warme Wasser leicht salzig ist, geht man davon aus, dass eine Verbindung mit dem Meer besteht.

Den Besuchern wird mehrmals am Tag ein stets gleiches Schauspiel geboten. Aus dem Dunkeln des Sees taucht ein mit Lampen geschmücktes Ruderboot mit Musikern auf, die Auszüge aus Werken klassischer Musik spielen. Während man der Musikeinlage noch einen kitschig-rührigen Zauber abgewinnen kann, muss man den Einbau einer tausend Zuschauer fassenden Tribüne als barbarische Tat brandmarken.

Die Coves del Drach haben sich durch eintretendes Meerwasser gebildet. Wahrscheinlich begann der Prozess im Miozän, also vor etwa 23 bis 5 Millionen Jahren. Insgesamt haben die 25 Meter unter der Erde liegenden Höhlen eine Länge von knapp 2,5 Kilometern. Genau genommen sind es vier Tropfsteinhöhlen, die miteinander verbunden sind: Cova de los Franceses, Cova de Luis Salvador, Cova Blanca und Cova Negra.

AUTORENTIPP!

DIE NATÜRLICHSTEN HÖHLEN

Das Licht- und Tonspektakel der Höhlen von Porto Cristo ist nicht jedermanns Sache. Höhlenwelten pur bieten dagegen die Coves de Campanet im Norden Mallorcas, an den südlichen Hängen des Monte de San Miquel. Etwa 400 m lang sind die Säle, die rund 50 m tief unter der Erde liegen. Die geführte Besichtigung durch Stollen und Säle, vorbei an kleinen Wasserbecken, dauert etwa 40 Minuten. Während der Erforschung der Höhlen stieß man auf fossile Reste des *Myotragus balearicus*, einer endemischen Rinderart, die vor mehr als 6000 Jahren auf den Balearen heimisch war. Die Höhlen wurden erst 1945 von einem Landwirt entdeckt, seit 1948 sind sie für Besucher geöffnet. Doch auch ohne Höhlenbesichtigung lohnt sich der Weg: Das Vorland der Tramuntana zeigt sich hier von einer besonders schönen Seite. Für eine Kaffeepause eignet sich das nette Lokal beim Höhleneingang.

Coves de Campanet. Autopista Palma – Port d'Alcúdia, Ausfahrt 37, Campanet, Tel. 971 51 61 30, April–Sept. tägl. 10–18, sonst bis 17 Uhr.

Oben: In den Coves del Drach
Unten: Tropfsteinsäule in den Drachenhöhlen

Coves dels Hams

Verlässt man Porto Cristo in Richtung Manacor, erreicht man nach etwa einem Kilometer die Coves dels Hams, die »Angelhakenhöhlen«. Den seltsamen Namen verdankt das Höhlensystem den baumartigen Säulen vertikal wachsender Tropfsteine. Die fantastische Unterwelt gliedert sich in ein Dutzend kleinere Höhlen mit typischen Stalagmiten und Stalaktiten. Für einen Zentimeter braucht so ein Zapfen zwischen 30 und 80 Jahre. Feine Stalaktiten wachsen von der Decke der Halle »Engelstraum«. Im Raum »Venezianisches Meer« wird ähnlich wie in der Drachenhöhle ein kleines Konzert gegeben. Digithams nennt sich eine Multivisionsshow, die die Höhlen für eine Animation über Meilensteine der Wissenschaftsgeschichte nutzt. Die Coves dels Hams wurden 1905 zufällig von Pedro Caldentey Santandreu entdeckt. Der Mallorquiner war auf der Suche nach Onyx-Mineralien, die es bei Porto Cristo häufiger gibt.

Coves d'Artà

Die dritte große Höhle an der Ostküste ist im Norden der Bucht von Canyamel, am Cap Vermell. Sie wurde schon von den Ureinwohnern genutzt. Zunächst betritt man eine weite Vorhalle, von deren kuppelförmiger Decke zahlreiche Stalaktiten wachsen. Über eine Steintreppe geht es weiter nach unten in den sogenannten Säulensaal, der an den Innenraum eines Gotteshauses erinnern soll. Im anschließenden »Saal der Säulenkönigin« kann man eine 25 Meter hohe Steinsäule bewundern. Beeindruckend ist auch die folgende Höhle, der man den Namen Hölle gegeben hat: Sie ist voller Säulen, Felsen, Stalaktiten und Stalagmiten, wobei auch ein steinerner Vorhang aus großer Höhe in bis zum Boden reichenden Falten abfällt. Auf Licht- und Tonspektakel wird verzichtet.

Mallorcas schönste Höhlen

WICHTIGE SEHENSWÜRDIGKEITEN

Coves del Drach. Die einstündige Besichtigung wird begleitet, aber kaum kommentiert. Höhepunkt ist ein zehnminütiges Konzert mit klassischer Musik. Ctra. Cuevas, Porto Cristo, Tel. 971 82 07 53, www.cuevasdeldrach.com, April–Okt. tägl. um 10, 11, 12, 14, 15, 16, 17, Nov.–März, tägl. um 10.45, 12, 14, 15.30 Uhr.
Coves dels Hams. Geführte Besichtigung mit Musikeinlage am unterirdischen See. Ctra. Manacor – Porto Cristo, Porto Cristo, Tel. 971 82 09 88, www.cuevas-hams.com, Sommer tägl. 10–18, sonst bis 17 Uhr.
Coves d'Artà. Der Besuch ist auch per Boot ab Font de sa Cala und Cala Ratjada möglich. Die Besichtigung dauert ca. 40 Minuten. Einlass jede halbe Stunde, Führungen auch auf Deutsch. Carretera de las Cuevas, Capdepera, Tel. 971 84 12 93, www.cuevasdearta.com, Mai–Okt. tägl. 10–18, sonst bis 17 Uhr.

Die »Säulenkönigin« der Höhle von Artà

WEITERE ZUGÄNGLICHE HÖHLEN

Neben den drei Höhlen an der Llevante-Küste können noch zwei weitere besichtigt werden. Die Coves de Campanet beim gleichnamigen Ort in

Eingang zu den Höhlen von Artà

der Nähe von Inca und die kleine Tropfsteinhöhle Coves de Gènova bei Palma. Das größte Höhlensystem, die Cova des Pas zwischen Llucmajor und Cala Pi, ist noch nicht ganz erforscht. Seine Ausmaße sind tatsächlich enorm, bisher wurden 72 km vermessen.
Coves de Campanet. Besichtigung nur mit Führung, auch in deutscher Sprache. Es gibt eine nette Cafeteria mit schönem Blick von der Terrasse aus. Autopista Palma – Port d'Alcúdia, Ausfahrt 37, Campanet, Tel. 971 51 61 30, www.covesdecampanet.com, April–Sept. tägl. 10–18 Uhr, sonst bis 17 Uhr.
Cuevas de Gènova. Geführte Besichtigung auch in deutscher Sprache. Dauer etwa 35 Minuten. Carrer Barranc 45, Palma (Stadtteil Gènova), Tel. 971 40 23 87, April–Okt. Di–So 13.30–19, sonst 10–13 und 16–18 Uhr. Im Juli und Aug. auch Mo geöffnet.

Mitte: Die mächtige Parroquia Sant Miquel
Unten: In der Markthalle von Felanitx

35 Felanitx

Windmühlen und Wein

Inmitten einer intensiv landwirtschaftlich genutzten Hügellandschaft liegt die 18.500-Einwohner-Stadt. Felanitx gehört zu den lebendigen Landzentren, in denen der Besucher das alltägliche und bodenständige Mallorca erlebt. Im Zentrum der Weinbaustadt ragt die Pfarrkirche aus dem 16. Jahrhundert auf. Typisch für Felanitx sind die Überreste alter Windmühlen oberhalb der Altstadt.

Wahrscheinlich gab es auf dem Berg, wo heute die Reste des Castell de Santueri stehen, bereits in der Bronzezeit eine Siedlung. Dort wurden künstliche und natürliche Höhlen gefunden, die um 2000 v. Chr. bewohnt waren. Später nutzten die Römer den strategisch günstigen Ort und bauten eine Festung auf dem Berg. Erstmals genannt wird Felanitx nach der Invasion der Araber im Jahr 902. In jener Zeit war der Ort für seine Azulejo-Werkstätten bekannt. Während der Reconquista ab 1229 wurde Felanitx zerstört und zunächst aufgegeben. 1300 stellte König Jaume II. eine neue Gründungsurkunde aus.

Im 16. Jahrhundert lebten rund 4000 Menschen in der Stadt, die damit eines der wichtigsten Zentren der Insel war. Neben der Landwirtschaft und dem Handwerk gewann der Weinbau in den kommenden Jahrhunderten zunehmend an Bedeutung. Im 19. Jahrhundert war die Stadt zusammen mit Inca das wichtigste Zentrum für Wein. Vom Hafen von Portocolom brachten Handelsschiffe die Weine vor allem nach Frankreich. Nach dem Niedergang durch die Reblaus ab 1891 gehört die D.O. Pla i Llevant rund um Felanitx heute wieder zu den Hauptanbaugebieten Mallorcas.

Die Skyline von Felanitx mit Windmühlen-Ruinen

Rundgang durch die Altstadt

Das Herz des Städtchens bildet die Parroquia Sant Miquel. Die mächtige Pfarrkirche, die sich hinter einer breiten Freitreppe erhebt, wurde zwischen 1551 und 1603 erbaut. Ihre Fassade ist im plateresken Stil gehalten, über dem Hauptportal wacht der Erzengel Michael. Der obere Teil der Hauptfassade wurde 1746 im Churrigueresk-Stil, einer spanischen Spielart des Barock, modifiziert. An der seitlichen Außenfassade findet sich eine Gedenktafel, die an den 31. März 1844 erinnert: Während der Osterprozession war damals eine Stützmauer eingebrochen, was den Tod von mehr als 400 Gläubigen zur Folge hatte. Im Inneren der üppig ausgestalteten Kirche zieht das goldglänzende Altarretabel die Blicke auf sich.

Gegenüber der Kirche führen einige Stufen zur Font de Margalida. Die Quelle soll heilende Wirkung haben und ist laut Volksglauben noch nie versiegt. Der Brunnen wurde 1830 barock gefasst. Oberhalb der Font de Margalida erhebt sich die Stadtvilla Ca'n Prohens aus dem 16. Jahrhundert, wo Arbeiten einheimischer Künstler gezeigt werden. Am größten ist der Trubel in Felanitx am Sonntagvormittag, wenn der Wochenmarkt gehalten wird. Die Geschäfte haben geöffnet und in den Straßen rund um die Markthalle hinter der Kirche Sant Miquel haben die Händler ihre Stände aufgebaut.

AUTORENTIPP!

CERÀMIQUES MALLORCA

ÖKO

In der Carrer Sant Agusti werden seit 1947 handgefertigte Keramiken hergestellt. Der Familienbetrieb hat sich auf dekorative und künstlerische Produkte spezialisiert. Als Basis dienen weiße, ebenfalls handgefertigte Rohlinge, die anschließend bemalt werden. Das Design der Vasen, Teller, Schalen, Krüge und Services ist meist geradlinig und klar. Beim Dekor finden sich florale Elemente, stilisierte natürliche Formen oder Abstraktes, meist in einem lasierenden Farbauftrag. Wem die Designs gefallen, der sucht sich im dazugehörigen Verkaufsraum ein schönes und originales Souvenir aus und nimmt ein Stück Mallorca mit nach Hause. Auf Wunsch werden auch eigene Entwürfe umgesetzt.

Ceràmiques Mallorca.
C/. Sant Agustí 50–58, Tel./
Fax 971 58 02 01,
www.ceramicasmallorca.com

Oben: Mallorquinischer Alltag auf dem Land
Mitte: Landwirtschaftliche Produkte und Kunsthandwerk
Unten: Felanitx ist auch bekannt für seine Keramik.

Calvari

Besinnlicher als der Wochenmarkt ist ein Spaziergang auf den Kalvarienberg. Von der Markthalle in der Carrer Maior sind es nur einige Schritte, ehe man in südlicher Richtung auf die Carrer de Call stößt, wo einst das Judenviertel des Ortes lag. Am Ausgang der Gasse beginnt der alte Kreuzweg. Er führt zu einer Kapelle im Süden der Stadt, von der man eine recht gute Aussicht hat. Für den leicht ansteigenden Spazierweg braucht man etwa eine halbe Stunde.

Castell de Santueri

Auch wenn der Puig de Sant Salvador, auf dem sich der gleichnamige Wallfahrtsort (siehe Seite 207) befindet, etwa 100 Meter höher ist, war wohl der 400 Meter hohe Berg im Südosten von Felanitx früher besiedelt. Dort, wo sich heute das Castell de Santueri befindet, hatten die Römer eine Festung erbaut. Die Araber bauten diese so stark aus, dass Jaume I. ein Jahr brauchte, um sie einzunehmen. Nach der Belagerung war die Burg nur noch eine Ruine, und es dauerte Jahrzehnte, bis im 14. Jahrhundert der Wiederaufbau begann. Heute ist die Festung verfallen, aber dennoch sehenswert. Allein die Anfahrt über eine schmale Straße durch das schöne Hügelland um Felanitx macht Laune, und die weite Aussicht vom ehemaligen Bollwerk lohnt den Weg. Bei gutem Wetter sind die Cabrera-Inseln im Süden, Ibiza im Südwesten und Menorca im Norden auszumachen. Da sich die Burg in Privatbesitz befindet, kann man sie nicht immer besichtigen. Am besten erkundigt man sich vorab in der Touristeninformation von Portocolom.

Infos und Adressen

INFORMATION

O.I.T Municipal Portocolom. Avda. Cala Marçal 15, Portocolom, Tel. 971 82 60 84, Fax 971 82 57 62, www.felanitx.org

WICHTIGE SEHENSWÜRDIGKEITEN

Església Sant Miquel. Monumentale Kirche im plateresken Stil, 16. Jh.

Font Margalida. Brunnen einer als heilig verehrten Quelle, gegenüber der Kirche Sant Miquel.

Ca'n Prohens (Centre Cultural). Plaça Santa Margalida, Mo–Sa 18–21 Uhr.

Calvari. Der Kalvarienberg erhebt sich im Osten der Altstadt. Schöner Blick über Felanitx. Von der C/ Maior in die C/ Call einbiegen und immer geradeaus gehen.

Castell de Santueri. Zuletzt geöffnet von April bis Okt. tägl. 10–19 Uhr. Besser nochmals den aktuellen Stand in der Touristeninformation von Portocolom erfragen.

ESSEN UND TRINKEN

Estragon. Es gibt gute, schöne und günstige Restaurants. Aber nur wenige sind alles zusammen. Das kleine und gemütliche Estragon (dtsch. Leitung) gehört zu diesem raren Kreis. Unschlagbar in Preis und Qualität ist das Tagesmenü für 10 €. Plaza Peralada 14, Tel. 971 58 33 03, Mo und Di geschl.

Viena. Sympathisches und beliebtes Lokal in Cas Concos, 7 km südlich von Felanitx (der Ma14 nach Santanyí folgen). Leckere spanische und internationale Küche. Treffpunkt der Deutsch-Mallorquiner. Metge Obrador 12–13, Cas Concos, Tel. 971 84 22 90.

ÜBERNACHTEN

Hotel Rural Sa Posada d'Aumallia. Das stilvolle Finca-Hotel bei Felanitx wurde 1991 als eines der ersten seiner Art eröffnet. Das Konzept, Komfort und historisches Ambiente zu verbinden, überzeugt nach wie vor. Antike Möbel, Garten, Pool. Camino Son Prohens 1027, Felanitx, Tel. 971 58 26 57, www.aumallia.com, DZ ab 100 €.

Es Passarell. Ein britisches Paar betreibt das romantische B&B in einer Finca aus dem 19. Jh. Schöne, dezent modern eingerichtete Zimmer, lauschige Terrassen. 2ª Vuelta nº 117, Felanitx, Tel. 630 086 994, www.espassarell.com, DZ ab 95 €.

Das Hotel »Rural Sa Posada d Aumallia« wurde 1991 eröffnet.

Mitte: Ein Kloster als Festung – das Santuari de Sant Salvador
Unten: Serpentinen und Kreuze – die Auffahrt zum Santuari

36 Santuari de Sant Salvador

Kloster mit Aussicht

Was die Lage betrifft, kann es kein anderes Kloster Mallorcas mit dem Heiligtum von Sant Salvador aufnehmen. Von der Felsnase des 509 Meter hohen Berges bei Felanitx ist die Aussicht einfach grandios. Das wehrhafte Kloster wirkt wie eine gut befestigte Burg. In ihrem Inneren befindet sich eine prunkvolle Barockkirche.

Die Mallorquiner haben ein Herz für Autofahrer – und für Reisebusse. Wo auch immer sich ein Aussichtspunkt befindet, wurde eine Straße gebaut. Damit man bequem zum Wallfahrtsort Sant Salvador gelangt, musste auf kurzer Distanz ein Höhenunterschied von 400 Metern bewältigt werden, sodass eine schmale und steile Straße entstand. Hobbysportler prüfen hier ihre Kondition auf dem Rennrad, und Busfahrer können beweisen, dass sie mit den Dimensionen ihres Gefährts vertraut sind. Die Serpentinen sind so eng, dass die Busse mehrmals rangieren müssen, bis eine Kurve geschafft ist. Anstrengend, aber schön ist der Pilgerweg ab Felanitx, für den man eineinhalb Stunden benötigt.

Auffahrt und Ausblick

Etwa auf der Hälfte der zwischen 1923 und 1927 erbauten Straße kommt man an einer kleinen Kapelle vorbei. Mit ihr wird der Marienfigur gedacht, die ein Hirtenjunge nach der Reconquista im Wald gefunden haben soll. Kurz darauf erreicht man den Fußweg, der zum Monument Crist Rei führt. Das 1934 im Stil des spanischen Barockbaumeisters Herrera errichtete Christkönigsdenkmal beweist einmal mehr, dass Mallorca und die Moderne nicht unbedingt parallel laufen: Mit seiner reaktionären und brachialen Ästhetik passt das Monument eigentlich nicht hierher. Der Blick von der Aussichtsterrasse nach Osten auf die Küste von Portocolom und Cales de Mallorca ist jedoch grandios.

Eine Kirche des 14. Jahrhunderts

Das verschlossen und trutzig wirkende Kloster geht auf die erste Hälfte des 14. Jahrhunderts zurück. Damals fiel etwa die Hälfte der Bevölkerung von Felanitx der Pest zum Opfer. Als Zeichen der Dankbarkeit errichteten die Überlebenden 1348 eine erste Kirche auf dem höchsten Berg der Umgebung, die Don Alfonso, der Burgherr von Santueri, finanzierte. Zwischen 1707 und 1734 wurde die heutige Kirche erbaut. Da die Anlage trotz des schwierigen Zugangs in großer Höhe immer wieder von Piraten heimgesucht wurde, befestigte man sie nach und nach. Auch wurden bis zum Ende des 18. Jahrhunderts Erweiterungen nötig, denn die Popularität der aufgefundenen Maria war derart gestiegen, dass man den Pilgerscharen Unterkunft und Verpflegung bieten wollte.

Barocke Klosterkirche

Die verehrte Maria steht heute beim Hauptaltar. Eine päpstliche Gesandtschaft krönte die Marienfigur 1934. Die Darstellung des heiligen Abendmahls im Eingangsbereich ist eine Kopie der Porta del Mirador der Kathedrale von Palma. Im sehenswerten Innenhof der Klosteranlage sind Votivgaben ausgestellt. Auch das urige Lokal innerhalb der Klostermauern hat trotz seines bescheidenen gastronomischen Angebots seinen Reiz. Bis 1992 lebten Mönche des Eremitenordens von Sankt Paul und Sankt Antonius auf Sant Salvador. Heute gehört das Kloster ebenso wie der Berg dem Bistum von Palma.

Infos und Adressen

TRIKOTS DES WELTMEISTERS

Unter den Votivgaben im Vorraum des Klosters überraschen sechs Radler-Trikots. Sie wurden von Guillermo Timoner der Muttergottes als Dank für seine Erfolge als Radrennfahrer verehrt. Der 1926 in Felanitx geborene Radsportler hat neben sechs Weltmeistertiteln als Steher (eine Form des Bahnradrennens) weitere 29 nationale Titel geholt – den letzten übrigens im Alter von 58 Jahren. In Spanien ist er eine Legende des Radsports.

Termine:
Heilige Messe in der Klosterkirche an Sonn- und Feiertagen um 18 Uhr. Am Sonntag nach dem 8. September wird der Jahrestag der Segnung der Jungfrau Maria gefeiert. Ein weiterer wichtiger Termin im liturgischen Kalender ist der *Domingo del Ángel*, der erste Sonntag nach Ostern.

Übernachten:
Sant Salvador Petit Hotel Hostatgeria. Die Zimmer des Klosterhotels wurden geschmackvoll renoviert und bieten eine fantastische Sicht auf das Umland. Angenehmes und klares Ambiente. Es können auch Apartments für bis zu sechs Personen gemietet werden. Puig de Sant Salvador Felanitx, Monasterio de Sant Salvador, Felanitx, Tel. 971 51 52 60, www.santsalvadorhotel.com, DZ 68 €

Mitte: Der Strand S'Amarador in der Bucht von Mondragó
Unten: Segeljacht in der Cala sa Nau, einer Bucht mit schönem Strand

37 Badebuchten

Cala Mondragó und andere Traumbuchten

Im südlichen Teil der Ostküste liegen die berühmten Cales von Mallorca. Die tief eingeschnittenen Buchten, die zum Baden und Erholen einladen, lassen das Herz höher schlagen. Türkisblaues Meer, das zwischen flachen Felswänden auf einen feinen weißen Strand schwappt, sanft begrünte Hügel rundherum – die Bilderbuchlandschaft könnte nicht idyllischer sein.

Manche der Cales sind echte Geheimtipps, jedenfalls so weit man das von einem Ort auf Mallorca sagen kann. Die abgelegenen Buchten erreicht man nur zu Fuß oder mit dem Boot. An der schönsten, der Mondragó-Bucht, ist es zumindest in der Nebensaison ruhig. Portocolom und Cala Figuera (s. S. 208, 212) sind die idyllischsten Orte dieser Küste.

Portocolom

Je näher man zum Meer kommt, desto touristischer präsentieren sich die Dörfer und Städte. Diese ein-

MAL EHRLICH

NICHTS FÜR RASTLOSE INSELERFORSCHER

Die herrlichen Buchten im Südosten sind ein Traum, wenn auch im Sommer tendenziell überlastet. Wer sich vorgenommen hat, während des Urlaubs die gesamte Insel zu erkunden, sollte sich diese Region nicht als Ausgangspunkt wählen. Von den küstennahen Feriensiedlungen in Cala Llombarts, Cala Figuera, Platja d'Or etc. muss man auf schmalen Stichstraßen immer erst ein Stück ins Landesinnere, um die nächste Bucht im Süden oder Norden kennenzulernen. Bis in die Serra Tramuntana oder in andere Gegenden der Insel fährt man eine halbe Ewigkeit.

fache Gleichung geht im Fall von Portocolom allerdings nicht auf, denn das Hafenstädtchen ist ein erstaunlich intaktes Dorf. Der »Kolumbushafen«, wie die 4400-Einwohner-Gemeinde übersetzt heißt, liegt an einer weiten Bucht, die einen idealen natürlichen Hafen abgibt. Der älteste Teil des erstmals im 13. Jahrhundert erwähnten Orts liegt im Norden der Bucht: Vor dem pittoresken Hafen schaukeln einige Fischerboote, die traditionellen Llaüts. Entlang dem modernen Jachthafen, der sich südöstlich anschließt, reihen sich Restaurants und Cafés aneinander. Etwas weiter Richtung Süden am Meer gelangt man in den touristischen Bereich Cala Marçal, wo es einen kleinen Badestrand gibt.

Cala Sa Nau und Cala Mitjana

Die Bucht Sa Nau liegt etwa gleich weit von Portocolom und der Feriensiedlung Cala Ferrer/Platja d'Or entfernt. Kein Ort trübt das Bild dieses schönen Badestrandes, den man zu Fuß oder mit dem Fahrrad von den genannten Orten erreichen kann. Wer mit dem Auto unterwegs ist, lässt es am besten auf einem Parkplatz in etwa 500 Meter Entfernung. In der Bucht hat sich das Meer gut 300 Meter lang in den porösen Kalk gegraben. Einsam ist man auch an diesem Sandstrand nicht. Im Sommer bietet ein Strandkiosk kühle Getränke und Snacks an. Über einen Pfad erreicht man in südlicher Richtung die Cala Mitjana (etwa eine halbe Stunde auf einem nicht ausgeschilderten Weg entlang der Küste). Die Bucht ist nur 30 Meter breit, herrlich gelegen – und da nur zu Fuß zu erreichen, wenig besucht.

Infozentrum beim Parkplatz von Ses Fonts de n'Alís. Tägl. 9–16 Uhr. Tel. 971 18 10 22. Es gibt drei beschilderte Routen (20 bis 45 Min.).

AUTORENTIPP!

PARC NATURAL DE MONDRAGÓ

Der S'Amarador-Strand in der Cala Mondragó kommt dem Ideal einer mediterranen Strandbucht ziemlich nah. Anders gesagt, schöner geht es kaum. Die Buchten im Südosten Mallorcas sind viel mehr als außergewöhnliche Anker- oder Badeplätze. Das Naturschutzgebiet Cala Mondragó beweist, wie vielfältig die Natur ist, wenn man ihr den Raum dazu lässt. Neben den Buchten, Klippen und Stränden geht es über Dünen in ein Feuchtgebiet, den Torrent de s'Amarador mit reicher Artenvielfalt. An sonnigen Frühlingstagen durch die dichte Vegetation des Naturparks zu wandern, macht glücklich. Die Sonne bricht sich durch die Kronen von Pinien und Steineichen, wilde Ölbäume und Orchideen lassen sich entdecken, während ein vielstimmiges Konzert aus Vogelstimmen das 766 Hektar große Schutzgebiet erfüllt.

Oben: Die Bucht Cala Esmeralda
Mitte: Einige Badebuchten der Llevante sind nur zu Fuß erreichbar.
Unten: An der Cala Llombards mit ihrem breiten Sandstrand

Cala d'Or und Cala Mondragó

Die weitläufige Feriensiedlung Cala d'Or gruppiert sich um mehrere kleine Buchten. Im Unterscheid zu anderen Urbanisationen kann man die Einbindung der Architektur in das mediterrane Landschaftsbild als recht gut gelungen bewerten. Zwischen den einzelnen Ferienvillen wurde genügend Platz für Pinien, Wacholder oder Grün gelassen. Cala d'Or gilt als Beispiel für den Ibiza-Stil. Im Zentrum lässt es sich angenehm durch eine gepflegte Fußgängerzone mit Boutiquen und Lokalen flanieren. Am Ausgang der Cala Longa thront das alte Fort Es Forti, das besichtigt werden kann. Die natürlichen Badebuchten sind eigentlich sehr schön, allerdings im Sommer überlaufen.

Von seiner schönsten Seite zeigt sich die Ostküste an der Cala Mondragó. Genau genommen sind es zwei Buchten mit den Stränden S'Amarador und Fonts de n'Alis. Sie liegen zwei Kilometer südlich von Portopetro und vier Kilometer nördlich von Cala Figuera. 1992 wurde der größte der mallorquinischen Meereseinschnitte zu einem Naturpark erklärt. Daher ist bis auf zwei ältere Hotelanlagen in Traumlage die Schönheit der Natur erhalten geblieben. Neben den beiden Sandstränden und dem grünblauen Wasser ist eine Wanderung durch den Naturpark ein Erlebnis.

Cala Llombards / Cala s'Almunia

Etwas südlich des Fischerortes Cala Figuera (S. 212) ist eine weitere Traumbucht. Die von Felsen und Pinien umgebene Cala Llombards besitzt einen 60 Meter breiten Sandstrand. Malerisch drängen sich alte Bootsschuppen am Ausgang der Bucht an den Felsen. Die gleichnamige Urbanisation sorgt dafür, dass im Sommer viele Besucher kommen. Weitere zwei Kilometer südlich verzaubert die Minibucht Cala s'Almunia mit einem kleinen Sandstrand.

Infos und Adressen

INFORMATION

O.I.T Municipal Cala d'Or. Perico Pomar 10, Cala d'Or, Tel. 971 65 74 63, Fax 971 64 80 29, www.ajsantanyi.net

O.I.T Municipal Portocolom. Avda. Cala Marçal 15, Portocolom, Tel. 971 82 60 84, Fax 971 82 57 62, www.felanitx.org

DIE BADEBUCHTEN

Cala sa Nau. Zwischen s'Horta und Cala d'Or dem Hinweisschild zur Cala sa Nau folgen.

Cala Mitjana. Abgelegene Bucht mit kleinem Sandstrand. Zu Fuß über Cala Sa Nau zu erreichen oder über Cala d'Or. Dort im Ortsteil Cala Ferrera nach der Avenida Horta Ausschau halten und parken. Dem Weg weiter zu Fuß folgen.

Cala Mondragó und Parc Natural Mondragó. Zufahrt über Santanyí und S'Alquería Blanca ist ausgeschildert.

Cala Llombards. Sandstrand beim gleichnamigen Ferienort.

Cala s'Almunia. Am Ortseingang von Cala Llombards rechts halten.

ESSEN UND TRINKEN

Colón. Man weiß nicht so genau, was bei diesem Kultrestaurant am Hafen wichtiger ist, die erstklassige Küche oder das Gesellschaftsspiel von Sehen und gesehen werden. Eine Institution. Portocolom, C/ Cristófor Colom 7, Tel. 971 82 47 83.

Florian. Wem es im Colón zu edel oder die Reisekasse etwas schonen möchte, kann man auch einige Häuser weiter gut essen. Das wissen natürlich auch die deutschen Residenten, die es sich hier bei leckeren Tapas gut gehen lassen. Portocolom, C/ Cristófor Colom 11, Tel. 971 82 41 71.

Sa Sinia. Was in diesem traditionellen Fischrestaurant auf den Tisch kommt, ist einfach spitze. Frische Qualität ohne Schnickschnack. Das Preisniveau ist günstig bis moderat. Portocolom, C/ Pescadores 25, Tel. 971 82 43 23.

ÜBERNACHTEN

Hotel Playa Mondragó. Einfaches, aber solides Hotel in traumhafter Lage. In Gehweite vom Strand. Gäste können mit dem Fahrzeug bis zum Hotelparkplatz fahren. Zimmer oder Apartments. Cala Mondragó, Santanyí, Tel. 971 65 77 52 (Sommer), 971 64 35 66 (Winter), www.playamondrago.com, DZ ab 40 €.

Hotel Cala d'Or. Als das Hotel in den 1930er-Jahren erbaut wurde, gab es noch kein Tourismuszentrum Cala d'Or. Nach Erweiterungen und Renovierungen hat das Haus noch etwas vom alten Charme bewahren können. Bestlage über der Bucht. Av. de Bélgica 33, Cala d'Or, Tel. 971 65 72 49, www.hotelcalador.com, DZ ab 130 € (Hauptsaison nur wochenweise).

Lecker – Paella am Hafen von Portocolom

Mitte: Die schmale Bucht Cala Figuera lockt viele Tagestouristen an.
Unten: Boots- und Wochenendhäuser säumen die schmale Bucht von Figuera.

38 Cala Figuera
Strandlos glücklich

Dem Namen Cala Figuera begegnet man auf Mallorca häufiger. Eine einsame Badebucht auf der Halbinsel Formentor heißt so, eine Bucht bei Magaluf im Südwesten von Palma und der romantische Ort im Südosten, um den es hier geht. Die schmale Bucht mit malerischen Bootsgaragen und bunten Fischerkähnen lockt viele Tagesgäste an. Man kann es hier aber auch gut länger aushalten.

Cala heißt Bucht, weshalb man richtig vermutet, dass der malerische Ort im Südosten am Meer liegt. Die Cala Figuera (»Feigenbucht«) ist schmal und lang wie ein Fjord und teilt sich in zwei Arme, die Cala d'en Boira und die Cala d'en Busquets. Sie hat sich tief in die Kalkfelsen der sonnenverwöhnten Küste vorgearbeitet, sodass das türkisblaue Wasser wie ein klarer Fluss wirkt, an dessen Ufern sich die Fischer ihre Hütten und Häuser gebaut haben. Um den südlichen Arm drängen sich dicht die Bootshäuser. Teilweise wurden für die Boote Höhlen in den Fels gegraben. Darüber schachteln sich die Wohnhäuser an den Hang der engen Bucht.

Ein Ort zum Wiederentdecken

In Cala Figuera, erstmals erwähnt 1306, wurde früher der Santanyí-Stein verladen. Das erste Wohnhaus wurde erst 1899 erbaut, 40 Jahre später bekam die Siedlung eine eigene Kirche, die heute allerdings als Pizzeria zweckentfremdet ist.

Cala Figuera wurde bereits in der ersten Phase des Massentourismus ab den 1960er-Jahren entdeckt. Hotels, Apartments und Ferienhäuser entstanden, über dem kleinen Hafen öffneten Restaurants.

Zum Glück wurde das idyllische Bild des schönsten Fischerortes der Insel bis heute nicht zerstört, denn die Bauten der 1960er- und 1970er-Jahre fügen sich recht gut ins Gesamtbild ein. Manche der betagten Anlagen wie das Hotel La Sirena, das sich als schlichter Klotz über dem Eingang der Bucht erhebt, haben einen eigenen nostalgischen Charme. Hotels, in denen noch die Atmosphäre des frühen Mallorca-Booms lebendig ist, sind sehr selten geworden. Wer weiß, vielleicht wird man irgendwann die Strand- und Touristenhotels der ersten Stunde wieder in ihren Originalzustand von, sagen wir 1965, zurückbauen?

Es geht auch ohne Strand

Sicher kommen noch immer viele Touristen in das Idyll mit den kleinen Fischerbooten. Der große Andrang aber ist vorbei. Mag sein, dass es am fehlenden Strand liegt. Ein Manko sicher – wer baden möchte, muss ins benachbarte Cala Santanyí radeln, mit dem Pendelbus fahren oder eine gute halbe Stunde wandern. Doch das Fehlen eines Strandes kann auch Vorteile bringen. In Cala Figuera kann man recht günstige Hotel- oder Hostalzimmer bekommen. Da es eine ordentliche Auswahl an Restaurants gibt – zum Teil mit schöner Aussicht über den Ort und den Hafen –, lässt es sich hier auch gut länger aushalten.

Der Künstler vom Niederrhein

Unterhalb des Hotel Sirena, hat der Deutsche Hein Driessen (geb. 1932) sein Atelier. Der Künstler pendelt schon seit knapp 40 Jahren zwischen Niederrhein und Mallorca, malt hier die bunte Welt des Mittelmeers und dort die grauen Stimmungen des Nordens. Die Arbeiten des Deutsch-Mallorquiner sind im Atelier Sirena, C/ Virgen del Carmen 31 zu erstehen.

Infos und Adressen

INFORMATION

O.I.T Cala d'Or. Perico Pomar 10, Cala d'Or, Tel. 971 65 74 63, turisme@ajsantanyi.net, www.ajsantanyi.net

ESSEN UND TRINKEN

In der C/ Virgen del Carmen, die etwas oberhalb der Bucht entlangführt, gibt es eine Reihe netter Lokale mit Außenterrasse. Exquisite Küche sollte man nicht erwarten, dafür ist die Lage einen Stern wert. Probieren kann man es mit dem Restaurant **L'Arcada** (mallorquinische Küche) in der Hausnummer 80 oder im Restaurant **Mixtral**, Hausnummer 42, wo die Karte eher international ausgerichtet ist.

ÜBERNACHTEN

Hotel Villa Sirena. In herrlicher Lage über dem Eingang der Bucht. Einfache, aber ausreichend komfortable Zimmer mit herrlichem Meerblick. In einem Nachbargebäude können auch Apartments für zwei bis vier Personen gemietet werden.
C/ Virgen del Carmen 37,
Cala Figuera, Tel. 971 64 53 03,
www.hotelvillasirena.com,
DZ ab 69 €.

Hotel Rocamar. Etwas oberhalb des Hotel Villa Sirena, aber ebenfalls mit sehr guter Aussicht, liegt das Hotel mit Pool. Auch hier gibt es die Möglichkeit, Apartments zu mieten.
C/ Juan Sebastián Elcano 38,
Cala Figuera, Tel. 971 64 51 25,
www.rocamarplayamar.com,
DZ ab 55 €.

Mitte: Rund 10 000 Kakteen wachsen im Botanicactus.
Unten: Aride Landschaften im botanischen Garten

39 Botanicactus

Ein Loblied auf den Kaktus

Botanicactus ist ein Paradies für Pflanzenliebhaber. An die 40 000 Exemplare wachsen in diesem privaten botanischen Garten, der der größte seiner Art in Europa sein soll. Vor allem Kakteen haben es dem Gründer Oswald Maccario angetan. Aber auch die Pflanzenwelt des Mittelmeerraums und ein Palmengarten gedeihen prächtig im 15 Hektar großen Areal.

Sie mögen es heiß und trocken und mit Mallorca haben sie eigentlich nicht viel am Hut. Dennoch wachsen gut 10 000 Kakteen zwischen Santanyí und Ses Salines im Süden der Insel. Mit den stacheligen Hungerkünstlern fing es an. Oswald Maccario hatte bereits in Südfrankreich Kakteen gezüchtet, Mitte der 1980er-Jahre suchte er einen Ort, um einen großen Garten anzulegen. Aus der Idee wurde der nach eigenen Angaben größte botanische Garten Europas mit einer Fläche von 15 Hektar. 1987 eröffnete Sohn Jean Marc Maccario den privaten Park, der aus unterschiedlichen Vegetationszonen besteht.

Kakteengarten

Die Kakteen kommen mit dem Mittelmeerklima gut zurecht. In diesem Teil des Parks wachsen Feigen- und Laubkakteen, Agaven oder stachelige Kugeln wie der Seeigelkaktus. Kenner werden ihre Freude haben und versuchen, von den 1300 Unterarten dieser Spezies möglichst viele zu bestimmen. Von einem kleinen Hügel aus lässt sich die aride Zone gut überblicken. Spätestens hier wird man feststellen, dass auch andere Pflanzenarten in Botanicactus ein Zuhause gefunden haben.

Mediterraner Garten

Ideale Bedingungen findet die Flora im Bereich »mediterraner Garten«: knorrige Olivenbäume sowie Feige, Granatapfel und unterschiedliche Palmenarten. Eukalyptus und andere Baumarten sind ebenso zu sehen, so auch blühende Sträucher wie Hibiskus, Rose und Strelizien etc.

Feuchtgebiet und Palmengarten

Der dritte Bereich war für die Maccarios am schwierigsten anzulegen und zu bepflanzen: das Feuchtgebiet. Das Becken für den 10 000 Quadratmeter großen Teich wurde ausgebaggert; der Aushub als künstliche Hügel angelegt, die wiederum als Windschutz dienen. Einige Wasservögel haben das Angebot angenommen und sich ebenfalls angesiedelt. Ansonsten wachsen in diesem Bereich große Palmen wie Washingtonia, Zwergpalme, Palmfarn, kanarische Dattelpalme und andere Arten.

So angenehm das Klima auf Mallorca auch ist, es hat auch seine Tücken. Gerade mal zwei Jahre nachdem der botanische Garten eröffnet hatte, zerstörten Stürme und heftige Niederschläge das Pflanzenparadies, sodass es zeitweise schließen musste. Auch 2002 riss ein Sturm Bäume aus.

Kakteenzucht

Die Welt der Kakteen fesselt seit mehr als 30 Jahren auch Toni Moreno. Der Mallorquiner züchtet ebenfalls bei Santanyí die stacheligen Gewächse. Allerdings ist Cactus Toni Moreno kein botanischer Garten, sondern eine Pflanzschule, in der 250 Sukkulentenarten gezüchtet werden.

Infos und Adressen

INFORMATION

Botanicactus. Ctra. Ses Salines – Santanyí, km 1, Tel. 971 64 94 94, www.botanicactus.com, tgl. 9–18 Uhr

Cactus Toni Moreno. C/ Sant Bartomeu 19, Ses Salines, Tel. 971 64 92 80, www.cactustonimoreno.com, Mo–Fr 8–13 und 15–18 Uhr.

WEITERE SCHÖNE GÄRTEN AUF MALLORCA

Jardines d'Alfàbia. Verwunschener Garten einer ehemals arabischen Anlage. Ctra. Palma – Sóller (Ma 11), km 17, www.jardinesdealfabia.com, Mo–Fr 9.30–18.30 Uhr (im Winter bis 17.30 Uhr), Sa 9.30–13.30 Uhr.

Raixa. Landhaus mit schönem Berggarten und romantischen Elementen. Ctra Palma – Sóller (Ma11), km 12,2, www.raixa.cat, derzeit Sa, So 10–14 Uhr.

Sa Granja. Auch das bei Reisegruppen beliebte Bauernhofmuseum besitzt sehenswerte Grünanlagen (siehe auch Seite 92). Ctra. Esporles – Banyalbufar, km 2, Esporles, Tel. 971 61 00 32, www.lagranja.net, tägl. 10–19 Uhr (im Winter bis 18 Uhr).

Jardí Botànic Sóller. Botanischer Garten. Artenbank seltener mallorquinischer Pflanzen. Ctra. Palma – Sóller, km 30, www.jardibotanicdesoller.org, Di–So 10–18 Uhr (im Winter bis 14 Uhr).

Mitte: Die Kleinstadt Santanyí im Süden der Insel
Unten: Der verlockende Strand von Cala Santanyí

40 Es Trenc und der Süden Mallorcas

Migjorn – der stille Süden

Mallorcas Süden ist ideal zum Baden und Relaxen. Ruhige Landstädtchen aus sonnengelbem Stein wie Santanyí und Ses Salines haben nicht nur schöne Ortskerne, sondern hier findet man auch nette Cafés, Restaurants und Läden. Es Trenc halten viele für Mallorcas schönsten Strand – ein fünf Kilometer weites Beachvergnügen. Vom Hafen der Colònia Sant Jordi legen die Boote zum Cabrera-Archipel ab, Mallorcas einzigem Nationalpark.

Santanyí

Die Kleinstadt im Süden ist bekannt für ihre Steinbrüche, in denen der helle, goldfarbene *Marés*-Stein abgebaut wird, der unter anderem in der Kathedrale La Seu von Palma verbaut wurde. Obwohl das Landstädtchen einige Kilometer vom Meer entfernt ist, war es im 15. und 16. Jahrhundert ein beliebtes Ziel für Piratenangriffe. Ende des 16. Jahrhunderts hatte man eine Befestigungsmauer errichtet, von der heute noch das Haupttor, die westlich der Pfarrkirche gelegene Porta Murada, erhalten ist. Mit dem Bau der mächtigen Pfarrkirche wurde im ausgehenden 18. Jahrhundert begonnen. Glanzstück des Gotteshauses ist eine Orgel von Jordi Bosch (1739–1801), für die die Kirche eigens erweitert wurde. Der in Palma geborene Orgelbauer gilt als einer der großen Meister seines Fachs.

Die ältere Capella del Roser nebenan mit ihrem sehenswerten Kreuzgang wurde in der ersten Hälfte des 14. Jahrhunderts im Übergangsstil von Romanik und Gotik erbaut.

Leuchtturm am Kap Ses Salines

Santanyí ist ein beliebter Treffpunkt der ausländischen Residenten der Region. Sie finden in dem netten Landstädtchen nicht nur angenehme Cafés und Lokale – zum Beispiel an der Plaça Maior –, sondern auch Geschäfte für die stilvolle Einrichtung der Finca sowie einige Kunstgalerien.

Ses Salines

Eigentlich hat das kleine Landstädtchen acht Kilometer westlich von Santanyí nicht viel zu bieten. Dabei herrscht in dem Ort eine eigene Atmosphäre, die in der Schwebe lässt, ob das Land oder das Meer den größeren Einfluss hat. Einen kurzen Halt darf man dennoch einlegen und in der beliebten Fisch-Tapas-Bar »Casa Manolo« eine kleine Stärkung zu sich nehmen. Die Casa befindet sich an der Hauptstraße gleich neben der Kirche.

Cap de Ses Salines

Zwischen Ses Salines und Santanyí zweigt die Ma 6110 ab. Zehn Kilometer lang führt die Straße immer nach Süden, vorbei an Zäunen und Tro-

Infos und Adressen

VOM CAP SES SALINES ZUR PLATJA DE ES CARAGOL

Die Wanderung beginnt am Leuchtturm von Cap Ses Salines. Dort geht man vor dem Zaun rechts, also Richtung Nordwesten, an der Steilküste entlang, mit Blick auf den Cabrera-Archipel. Nach einem knappen Kilometer kommt man zu einem feinen weißen Sandstrand, der Platja Es Caragol. Wer mag, kann noch weiterwandern und sich an der Platja de Es Carbó einen Badeplatz suchen. Die Strände sind nicht überlaufen. Verpflegung muss man selbst mitbringen.

FLOR DE SEL

Das beste Speisesalz ist das naturbelassene Flor de Sel. Es ist reicher an Mineralstoffen als raffiniertes Salz oder Meersalz und bildet sich als feine Kruste auf der Oberfläche der Lake. Von Hand wird es abgeschöpft und gereinigt. Mit der Vermarktung des Flor de Sal d'es Trenc ist der Schweizerin Katja Wöhr ein Volltreffer gelungen. Zusammen mit dem britischen Sternekoch Marc Fosh wurden unterschiedliche Aromakombinationen entwickelt, wie Hibiskussalz oder Orangen-Chili-Salz (erhältlich in Feinkostläden, www.flordesalestrenc.com).

Steinmännchen markieren den Weg entlang der Küste.

Oben: Strand von Es Trenc
Mitte: Der Dünengürtel bei Es Trenc ist 7 km lang.
Unten: Das Feuchtgebiet und die Salzseen liegen hinter Es Trenc und seinem Dünengürtel.

ckensteinmauern, hinter denen Mandel- und Johannisbrotbäume stehen und über denen der meist blaue Himmel strahlt. Je weiter man fährt, desto mehr hat man das Gefühl, sich einem unbestimmten Ende zu nähern. Luft, Sonne und Land greifen mächtig nach der Seele. Dann ist man da: Ohne Parkplatz endet der Asphalt vor einem verschlossenen Tor. Dahinter steht ein Leuchtturm. Nicht einmal Platz zum Wenden bleibt. Cap de Ses Salines, der südlichste Punkt der Insel, bietet Aussicht, Felsen und auch einen kleinen Badestrand. Das Fahrzeug lässt man an der Straße stehen, wie es die anderen auch machen. Sicherheitshalber nimmt man alle Wertsachen mit, öffnet das Handschuhfach und macht sich auf den Weg.

Colònia Sant Jordi

In Colònia Sant Jordi gefällt es den Schweizern besonders gut. Keine schlechte Wahl, obwohl der Ort eigentlich keine Schönheit ist, sondern ein reines Tourismusprodukt. Colònia Sant Jordi besitzt zwei Trümpfe: Im Osten der Kolonie gibt es einen schönen Hafen mit Promenade und viele Restaurants. Dort befindet sich übrigens auch die

MAL EHRLICH

VIEL TECHNIK, WENIG AUSSAGE

Das neue Centro de visitantes de Cabrera ist wirklich gut gelungen. Die Architektur, die Aquarien, die Außenanlangen – das überzeugt. Mit der Multivisionsshow hat man allerdings ein Eigentor geschossen. Die aufwendige und anfällige Technik, die künstliche Regenfälle, Sturm und Gewitter steuert und die Tribüne der Besucher in die Höhe fährt, ist eher lächerlich als beeindruckend. Der Informationsgewinn ist gering und echte Emotionen können die in künstlichen Felsen versteckten Bildschirme auch nicht erzeugen.

Touristeninformation. Und im Westen grenzt einer der schönsten Strände der Insel an, die Platja es Trenc.

Seit Kurzem beherbergt der Ort auch das sehenswerte Besucherzentrum der Cabrera-Inseln. 21 Millionen Euro war dem Umweltministerium das Centro de visitantes de Cabrera wert, das naturgemäß aber nicht die Exkursion in den Nationalpark des Archipels ersetzt. In der Nähe des Hafens ragt das konische Gebäude aus dem Boden, das mit seiner Natursteinfassade wie eine Mixtur aus Felseninsel und Talayot-Turm aussieht. Der Besucher lernt in 17 Aquarien mit rund 4000 heimischen Meeresbewohnern zunächst die Unterwasserwelt des Nationalparks kennen. Nach der Vorführung eines 3-D-Films geht es in die oberen Etagen, wo man sich sozusagen über dem Meeresspiegel befindet. Dort zeigt eine aufwendige Multivisionsshow, was man erleben könnte, wenn man tatsächlich auf der Inselwelt wäre, die man von der Dachterrasse aus auch sehen kann.

Es Trenc

Im Westen von Colònia Sant Jordi erstreckt sich einer der beliebtesten Strände der Insel. Es Trenc ist ein feinsandiges Beachvergnügen von fünf Kilometern Länge. Das Schöne daran: Im Hinterland türmen sich keine Hotelburgen oder Ferienhaussiedlungen, sondern nur Dünen und Pinien. Vor etwa 100 Jahren sah es an der Platja de Palma noch genauso aus. Den Strand erreicht man über Colònia Sant Jordi im Osten, Ses Covetes im Westen und über die Zufahrt an den Salzseen Salines de Llevant. Die Parkplätze in Strandnähe sind gebührenpflichtig und mehr oder weniger bewacht. Mehrere Strandbars versorgen den im Sommer sehr gut besuchten Strand.

AUTORENTIPP!

AUSFLUG ZUM CABRERA-ARCHIPEL

Zum Nationalpark Cabrera, knapp 10 km südlich des Kaps Ses Salines, gehören neben der Hauptinsel Cabrera 18 Kleininseln. Von Colònia Sant Jordi und Porto Petro verkehren Ausflugsboote zur Hauptinsel mit seiner typisch mediterranen Vegetation. Neben Pinien, Steineichen, Wolfsmilch und mehr als 400 weiteren Arten wächst hier etwa auch der seltene Balearen-Buchsbaum. Zehn verschiedene Eidechsenarten sind auf den im Sommer trocken-heißen Inseln heimisch. Ansonsten begeistern sich Vogelkundler, wenn sie Kormorane, Korallenmöwen oder Seeadler erspähen. Erwandern kann man die Hauptinsel mit einer geführten Tour oder auf eigene Faust. In der Hafenbucht kann man das Informationszentrum besichtigen oder baden. Weniger begeistert als heutige Besucher waren die 9000 französischen Kriegsgefangenen, die zwischen 1809 und 1811 auf das Eiland verfrachtet wurden. Nach Kriegsende 1814 konnten nur 3600 Häftlinge nach Frankreich zurückkehren.

Excursions a Cabrera. An der Hafenpromenade neben dem Tourismusbüro. Tel. 971 64 90 34, www.excursionsacabrera.es

Salines de Llevant

Die Salzseen gehören zum Feucht- und Sumpfgebiet Salobrar de Campos, das hinter Es Trenc und seinem Dünengürtel liegt, und bieten ein Fest für die Augen: Kontrastreich setzten sich die weißen Berge des gewonnenen Salzes von der flachen Landschaft und dem meist blauen Himmel ab. Die Becken, in denen die Lake verdunstet, nehmen durch chemische und bakterielle Prozesse eine rötlich violette Farbe an. Rund 8000 Tonnen Salz werden hier jährlich produziert. Beim Abzweig zu den Salinen trifft man auf die einzige Heilquelle der Insel, die Banyos de Sant Joan. Seit 1845 wird das 38 °C heiße und leicht radioaktive Wasser bei der Behandlung von Rheuma- und Hauterkrankungen in dem kleinen Thermalbad angewendet. Im Kurhaus befindet sich auch ein kleines nostalgisches Hotel.

Capocorb Vell

Weiter westlich in Richtung Cala Pi und Cap Blanc ändert sich die Landschaft nicht. Es bleibt flach und still, daher ist die sonnige Südspitze ideal zum Radfahren, wenn man sich nicht gerade die heißen Monate Juli oder August dazu ausgesucht hat. Vor mehr als 3000 Jahren stand drei Kilometer nördlich von Cala Pi eine für damalige Verhältnisse große Siedlung. Capocorb Vell gab es wohl schon seit 1400 v. Chr. Aus dieser Zeit stammen drei gut erhaltene Turmbauten. Nach und nach kamen weitere Talayots und eine Stadtmauer hinzu, die als eingestürzter Steinwall die Anlage umbiegt. Einige der 28 Talayot-Bauten sind noch so gut erhalten, dass man hineingehen kann.

Oben und Mitte: Salzberge von Salines de Llevant
Unten: Verarbeitung des Meersalzes

Infos und Adressen

INFORMATION

O.I.T Municipal Colònia Sant Jordi. C/ Esplanada del Puerto, Colònia de Sant Jordi, Tel. 971 65 60 73, Fax 971 65 64 47, turisme@mallorca.net, www.mallorcainfo.com, www.coloniasantjordi.es, www.ajsantanyi.net

WICHTIGE SEHENSWÜRDIGKEITEN

Santanyí. Kreisstadt mit hübschem Zentrum. Sehenswert sind dort die Plaça Maior, die Kirche Sant Andreu mit der älteren Capella El Roser aus dem 14. Jh. und das Stadttor Porta Murada (16. Jh.).

Ses Salines. Botanicactus, Ctra. Ses Salines – Santanyí, km 1, Tel. 971 64 94 94, www.botanicactus.com, März–Okt. Mo–Fr 9–18.30/19 oder 19.30 Uhr, Nov.–Feb. 10.30–16.30 Uhr. Nur im Sommer Sa und So 9–14 Uhr.

Colònia Sant Jordi. Hafen.

Centro de visitantes de Cabrera. C/ Gabriel Roca, Colònia de Sant Jordi, tägl. 10–14.30 und 15.30–18 Uhr.

Strand Es Trenc. Zugang über Ses Covetes, Colònia Sant Jordi und über eine Stichstraße bei de Banyos de Sant Joan. Bewachte Parkplätze und Strandlokale vorhanden.

Salines de Llevant. Die einzige Meeressaline von Mallorca mit turmhohen Salzbergen liegt im Naturschutzgebiet Es Salobrar.

Capocorb Vell. Gilt als bedeutendste Talayotsiedlung des westl. Mittelmeers. Die fünf Talayots und 28 Wohnhäuser waren wahrscheinlich bis ins 3. oder 4. Jh. bewohnt. Zwischen Llucmayor und Cala Pi, Fr–Mi 10–17 Uhr.

ESSEN UND TRINKEN

Mirador de Cabrera. Das Restaurant liegt etwas versteckt in einem Wohnviertel, doch nach einigen Irrfahrten wird man mit herrlicher Aussicht übers Meer und sehr überzeugender Fusionsküche entschädigt. Murillo 8, Urbanisation Es Pas de Vallgonera (Cala Pi), Tel. 971 12 33 38.

Casa Manolo. Beliebtes kleines Fischrestaurant. Plaça Sant Bartomeu 1, Ses Salines, Tel. 971 64 91 30.

ÜBERNACHTEN

Hostal Es Turó. Einfaches Hostal in günstiger Lage am Meer. C/ Gabriel Roca 28, Colònia Sant Jordi, Tel. 971 65 51 78, hostalesturo@telefonica.net, www.hostalesturo.com

Hotel Santanyi. Kleines neues Stadthotel im alten Ortskern unter deutscher Leitung. Plaza Constitució 7, Santanyi, Tel. 971 64 22 14, www.hotel-santanyi.com

Blick über die Bucht Cala Santanyí

41 Ballonfahrt

Abenteuerliche Luftnummer

Oben: Mallorca von oben
Unten: Bis zu 16 Personen können im großen Korb mitfahren.

Beim Abheben verspürt man einen Adrenalinschub ... und dann ist es einfach nur schön, die Erde von oben! Bei dieser entschleunigten Art des Reisens nimmt man sich die Zeit, um Strukturen und Farben intensiv wahrzunehmen: die Felder mit der rötlichen Erde, immer wieder Mandel- und Johannisbrotbäume, Steinmauern rahmen das Land in unregelmäßige Karrees, eins neben dem anderen. Ricardo Aracil, einer der besten Piloten Europas, bietet auf Mallorca Ballonfahrten an.

Die meisten Mallorca-Urlauber reisen mit dem Flugzeug an, kennen das Gefühl zu fliegen und konnten, wenn sie einen Fensterplatz erwischt hatten, auch die Insel aus der Vogelperspektive sehen. Sie werden dennoch staunen, denn ob man im Jet fliegt oder mit einem Heißluftballon fährt, macht einen großen Unterschied.: Das Naturerlebnis ist unvergleichlich. Bei einer Fahrt mit dem Heißluftballon erlebt man Mallorca aus ungewöhnlicher und abenteuerlicher Perspektive.

Aufbruch vor Sonnenaufgang

Am frühen Morgen geht es los. Der Startplatz muss so gewählt werden, dass der Wind das Gefährt nicht ins Tramuntana-Gebirge weht oder aufs offene Meer. Wenn alles fertig ist, der Korb vertäut, der Brenner die Luft im Ballon erwärmt hat, müssen alle Passagiere schnell in den Korb. Zwischen vier und 16 Personen können die Gefährte von Mallorca Balloons transportieren. Damit der 16-Sitzer abheben kann, braucht es einen riesigen Ballon, der 38 Meter Höhe misst und sogar im Guinnessbuch als größter Heißluftballon Spaniens erwähnt wurde.

Erfahrene Piloten

Schon seit mehr als 20 Jahren heben Mallorca Balloons ab. Das erste Luftgefährt war ein Ballon für vier Personen sowie ein betagter Landrover als Verfolgerfahrzeug. Heute hat die Firma sechs Ballons, mehrere Kleinbusse und neben Ricardo Aracil noch einen zweiten Piloten. Der Firmengründer aus Manacor hat schon etliche Preise gewonnen, die Alpen und Pyrenäen überquert und belegt im spanischen Ranking der besten Piloten Platz zwei und im deutschen Ranking Platz sieben.

Lautlos in 500 Meter Höhe

Ist man erst einmal in der Luft, kann man sich entspannen und schauen. Das Betrachten von Land und Leben hat etwas Meditatives. Wann hat man schon die nötige Distanz, um die Dinge in Ruhe von oben zu betrachten? Die Luft, der Wind, das Kribbeln im Bauch, ja selbst die Tiefe, sie ist ganz anders, viel unmittelbarer als im Flugzeug. Wirklich hoch hinaus geht es jedoch nicht, der Ballon steigt auf 300 bis 500 Meter, manchmal auch bis 800 Meter, wenn es der Flughafen erlaubt. Lautlos gleitet der Korb durch den Morgen. In der Ferne sieht man die Cabrera-Inseln und Menorca – und dann ist die Fahrtzeit auch schon vorbei. Die Landung kann durchaus etwas unsanft sein: Wenn der Korb zur Seite kippt, dauert es mitunter einige Momente, bis sich alle Insassen wieder sortiert haben.

Aber auch solche Erlebnisse stärken das Gemeinschaftsgefühl. Nachdem die riesigen Stoffbahnen gemeinsam wieder eingerollt wurden, schreitet der Pilot zur Ballontaufe. Ein Schuss Cava aufs stolze Haupt und eine Urkunde – falls es zu Hause Zweifler geben sollte – besiegeln einen höchstwahrscheinlich unvergesslichen Urlaubstag.

Infos und Adressen

FAHRTEN MIT DEM BALLON

Mallorca Balloons:
Tel. 971 81 81 82, in Deutschland: (0 40) 306 98 80 18, www.mallorcaballoons.com
Preise: 160 € Erwachsene / 90 € Kinder, auch Fahrten über die Mandelblüte, über Palma oder die Tramuntana auf Anfrage.

FLÜGE MIT DEM HELIKOPTER

Mallorca aus der Vogelperspektive lässt sich auch per Helikopter erleben. Wer einen Heli-Führerschein besitzt, kann bei Sloane Helikopters auch selbst fliegen. Wer noch keinen hat, kann dies nachholen und den Mallorca-Aufenthalt nutzen, um den Helikopter-Führerschein zu machen.

Sloane Helicopters Mallorca:
Flughafen Son Bonet, Autobahn Palma – Inca, Ausfahrt Al Campo, Tel. 971 79 41 32, mobil 639 702 411, www.sloanemallorca.com, Rundflug 30 Min. im Viersitzer 450 €; Eigenausleih 275 €.

Motorflug helicopters SL:
Flughafen Son Bonet, Tel. 971 59 30 69, mobil: 607 733 813, www.rotorflug.com, Rundflug 30 min. im Zweisitzer 185 €, im Viersitzer 447 €.

INSELMITTE

Vorangehende Doppelseite: In dieser Gegend von Mallorca gibt es mehr Schafe als Einwohner. **Unten:** Jardins d'Alfàbia – Treppe zum Gärtnerhaus

42 Jardins d'Alfàbia und Raixa

Historische Gärten und Residenzen

Die Jardins d'Alfàbia gehören zweifellos zu den schönsten Gartenanlagen der Insel. Das einzige noch erhaltene Zeugnis maurischer Gartenkunst verzaubert mit seinen Laubengängen, Wasserspielen und einem sehenswerten Gutshaus. Die Gärten des nahe gelegenen Herrenhauses Raixa setzen dagegen auf die romantische Verbindung wilder und gestalteter Natur. Nach jahrelanger Restaurierung ist das Herrenhaus nun wieder geöffnet.

Die Mauren, die im 10. Jahrhundert Mallorca überfielen und für etwa 250 Jahre die Kultur prägten, nutzten das Oberflächenwasser, indem sie Bewässerungssysteme aus Kavernen und Kanälen anlegten. Damit schufen sie auf der wasserarmen Insel nicht nur fruchtbare Anbauflächen, sondern auch kunstvolle Gärten. Die Jardins d'Alfàbia wurden im 12. und 17. sowie 19. Jahrhundert angelegt. In diesen verwunschenen Gärten genießt man nicht nur barocke und englische Elemente, sondern bekommt auch eine hervorragende Vorstellung von maurischer Gartenpracht.

Alfàbia – die Residenz des Wesirs

In arabischer Zeit zählte das Landgut zu den größeren und bedeutenderen der Insel. Es gehörte dem mächtigen Ben Abet, einem arabischen Wesir, der allerdings den christlichen Eroberer Jaume I. unterstützte, als dieser die Insel 1229 einnahm.

Im »roten Schlösschen«

Für seine Unterstützung wurde Ben Abet fürstlich mit Landbesitz entlohnt. Im 16. Jahrhundert wird die ehemalige Residenz des Wesirs von der Familie Santacília erworben. Ab etwa 1750 heißt der neue Besitzer Gabriel de Berga i Zaforteza, einer der reichsten Männer Mallorcas. Zaforteza lässt die ehemals gotischen Bauten abreißen und im damaligen Stil der Zeit, dem plateresken Barock umgestalten oder neu errichten. Den Zafortezas gehört der Landsitz bis heute.

Rundgang

Man betritt das Landgut durch ein großes Eisentor aus dem Jahr 1864. Eine von Platanen gesäumte Allee führt leicht bergan, direkt auf das barocke Hauptportal zu. Durch die herrliche Anlage der Gärten und das schlossartige Herrenhaus wird der Besucher über einen Rundweg geleitet. Zunächst geht es auf einer mit Palmen gesäumten Treppe zum barocken Gärtnerhaus. Gleich daneben findet sich die Zisterne, die von einer Quelle in der Serra d'Alfàbia gespeist wird und deren Wasser die Gartenanlage mit ihren Teichen und Wasserspielen versorgt. Eines davon ist in einen Laubengang in-

AUTORENTIPP!

ÖKO

KUNSTHANDWERK AUS MALLORCA

Im Umland von Palma beziehungsweise im Vorland der Tramuntana gibt es noch einige traditionelle Werkstätten. Bei Bujosa in Santa María del Camí werden Textilien mit typisch mallorquinischen Zungenmustern gewebt. Marratxi ist Mallorcas Zentrum für Töpferei- und Keramikprodukte; in den Stadtteilen Sa Cabaneta und Pòrtol gibt es zahlreiche Hersteller und Händler. Das Keramikmuseum Museu del Fang mit etwa 900 Ausstellungsstücken zeigt Glanzstücke dieses Handwerks. Schöne Glaskunst für die Finca oder für zu Hause findet sich bei Lafiore bei S'Esgleieta.

Artesanía Textil Bujósa. Bernardo Santa Eugenia 53, Santa Maria del Camí, Tel. 971 62 00 54.
Lafiore. Ctra. Valldemosa, km 11, S'Esgleieta, Tel. 97161 18 00.
Museu del Fang. Keramikmuseum, C/ del Molí 4, Sa Cabaneta, Tel. 971 79 76 24, Di–Fr 10.30–13 Uhr.

Oben: Toreinfahrt zum Landgut
Mitte: Interieur des Herrenhauses
Unten: Flämischer Holzstuhl

MAL EHRLICH

DER STUMME PALAST

Raixa ist nach den Jahren der Restaurierung wieder für die Öffentlichkeit zugänglich. Das ist eine gute Nachricht. Die weniger gute ist, dass die Restaurierung nicht überzeugen kann. Die Räume des Palasts haben weder den Charme des Alten noch den Reiz des Neuen. Sie sind, wenn man so will, verstummt. Das ist schade. Bleibt zu hoffen, dass die Wiederherstellung der Gärten besser gelingt.

tegriert, der von einer Pergola mit 32 Säulenpaaren beschattet wird. Für den Besucher manchmal überraschender als ihm lieb ist, schaffen 24 Wasserspeier eine Art Tunnel, der zu einem Balkon führt, wo sich ein idyllischer Blick über die fruchtbare Landschaft und die Ländereien des Gutes mit Orangen- und Zitronenbäumen bietet.

Typisch für die barocke Gartengestaltung sind die mit Buchsbaum gesäumten Parterres, die sich nun anschließen. Sie sind mit allerlei Blumen bepflanzt. Durch einen Gang, der von toskanischen Säulen gefasst wird, sind die Gebäude und der englische Garten verbunden. Dieses romantische, fast tropisch wuchernde Idyll wurde im 19. Jahrhundert angelegt. Gewundene Pfade, Teiche und Brunnen geben ihm einen verwunschenen Charakter.

Das rote Schlösschen

Nach dem Gartenerlebnis erreicht man den unteren Teil des Gutshauses. Das sogenannte rote Schlösschen wurde im 17. Jahrhundert erbaut und ist mit sehenswerten Stücken ausgestattet. Die Möbel, Teppiche, Bilder, Karten und Kunstwerke stammen aus unterschiedlichen Jahrhunderten und haben musealen Wert. Herausragend sind die

Bibliothek mit einigen Inkunabeln sowie die originalen mallorquinischen Möbelstücke, die jedes für sich ein kleines Vermögen wert sind.

Lobpreis Allahs

Vom Haupthaus erreicht man den Innenhof, die *clastra*. Ehe man die Anlage wieder verlässt, lohnt ein genauerer Blick auf das Torhaus. Die aufwendig gestaltete Artesonado-Decke stammt noch aus der Zeit, als der arabische Gouverneur Ben Abet im 13. Jahrhundert in Alfàbia residierte. Wahrscheinlich zierte sie einen der Salons des Wesir-Palastes. Unterhalb der Decke findet sich eine kufische Inschrift mit einem Lobpreis Allahs: »Allah ist das Gesetz, Allah ist mächtig, von Allah kommt die Gnade, es gibt keine anderen Götter als Allah, aller Reichtum liegt in Allah«. Die mächtigen, mit Eisen beschlagenen Torflügel stammen vom ehemaligen Inquisitionsgericht, das 1823 abgerissen wurde und an der Stelle der heutigen Plaça Maior in Palma stand.

Raixa

Von den Jardins d'Alfábia sind es nur vier Kilometer auf der Ma11 in Richtung Palmanyola zum palastartigen Landgut Raixa. Nach Abschluss der ersten Restaurierungsphase ist das Anwesen als Besucher- und Informationszentrum wieder zu besichtigen. Nicht nur die Geschichte der Finca, sondern auch zu Umwelt, Architektur und Ethnologie informieren die Ausstellungen im Herrenhaus, das anders als etwa La Granja oder Els Calderers nicht möbliert ist.

Den Kern der 52 Hektar großen *possessió* bildet ein zwei- bis dreistöckiges Gebäudekarree, das sich um eine *clastra*, einen Innenhof, gruppiert. Die Innenräume des Herrenhauses wurden teilweise im modernen Stil restauriert. Zu sehen sind die

Oben: Palmen und Wasserspiele
Unten: Brunnen mit Putto in den Gärten der Alfàbia

Die Gartenanlage folgt den Beschaffenheiten der Natur. Der mit Felsen durchsetzte Hang des Berggartens »Sa Muntanyeta« wirkt, als sei er sich selbst überlassen. Angelegte Pfade führen zu einem Rundpavillon.

Wohn- und Verwaltungsräume, die ehemalige Küche, das Gemach des Kardinals Despuig sowie die Hauskapelle. Die Bereiche der landwirtschaftlichen Nebengebäude mit Ölmühle, Öllager, Stallungen, Sattlerei etc. wurden noch nicht restauriert.

Das Haupthaus öffnet sich mit einer eleganten Loggia aus zehn Bögen zum unteren Garten, der sich in einen nicht mehr vorhandenen Orangengarten mit vier regelmäßigen Parterres und in einen englisch inspirierten Garten mit Palmen, Zypressen, Washingtonia- und Araucaria-Bäumen unterteilt. Dieser Bereich wurde immer wieder verändert; die heutige Gestalt wurde Mitte des 20. Jahrhunderts angelegt.

Der erste Gartenbereich, den der Besucher betritt, beginnt hinter dem neogotischen Portal von 1898. Hier steht eine Büste von Kardinal Despuig, der hier gelebt hat (siehe Seite 232). Vom ehemaligen Labyrinth unterhalb der Balustrade kündet noch ein leeres Karree.

Das Herrenhaus Raixa ist wieder geöffnet.

Zwischen Freitreppe und Zugangsgarten dominieren romantische Elemente wie ein kleiner Teich mit Neptunfigur. Nach Westen hin erreicht man ein enormes Wasserreservoir mit einer Oberfläche von 1400 Quadratmetern. Von der Aussichtsterrasse am Rand des Teichs hat man einen schönen Blick über das stille Tal. Der höchstgelegene Teil der Anlage, der steile Trockengarten Sa Muntanyeta, wird nicht mehr von dem Wassersystem gespeist und besitzt daher einen ganz anderen Charakter. Die wildromantische Atmosphäre wird verstärkt durch eine künstlich angelegte Grotte, einen neomaurischen Aussichtspunkt, eine Kapelle und einen neoklassizistischen Rundtempel.

Geschichte

Die historischen Wurzeln von Raixa liegen wahrscheinlich in maurischer Zeit. Es gibt Dokumente, in denen ein Gehöft mit dem Namen Arraixa genannt wird, das einem gewissen Beni-Atzar gehört hat. Nach der Aufteilung der Landgüter durch König Jaume an diejenigen, die ihn bei der Eroberung Mallorcas im 13. Jahrhundert unterstützt hatten, fiel es an die Grafschaft Roussillion, die damals zu Katalonien gehörte. Nachdem Raixa noch einige Male den Besitzer wechselte, kaufte es 1660 Ramon Despuig i Rocabertí, der drei Jahre zuvor zum Grafen von Montenegro ernannt wurde. Nach einem Grundbucheintrag gehörten zu der Anlage eine Kapelle sowie eine Öl- und Windmühle, um das Getreide mahlen zu können. Außerdem wird eine Sammlung mit religiöser Malerei und historischen Karten genannt. Mitte des 18. Jahrhunderts wurden auf der *possessió* Seidenraupen gezüchtet. Auf den Ländereien wuchsen Eichen und Pinien und in diversen Gärten Zitrusfrüchte, Gemüse und Safran.

Oben: Große Freitreppe mit Apollo-Gärten
Mitte: Löwen flankieren die Freitreppe.
Unten: Großes Bassin zur Bewässerung der Gärten

Der kunstsinnige Kardinal

Kardinal Antoni Despuig i Dameto (1745–1813), ein Nachfahre und Erbe des erwähnten Ramon Despuig, hatte während einer Italienreise seine Neigung für die Kunst und Kultur des Mittelmeerlandes entdeckt. Als er wieder zurück auf Mallorca war, ließ er das Gut im italienischen Stil umbauen. Despuig besaß eine bedeutende Sammlung antiker Statuen und ließ sich einen klassizistischen Garten anlegen. Für die Umgestaltung waren die Bildhauer Pasqual Cortès, Lluís Melis und die Gartenarchitekten Giovanni Tribelli und Francesco Lazzarini verantwortlich. Die Skulpturensammlung des kunstsinnigen und gelehrten Despuig kann man heute im Castell Bellver in Palma begutachten. 1910 verkaufte der letzte Graf der Linie Despuig das Anwesen.

Streit um Raixa

Ende der 1990er-Jahre gelangte das mittlerweile restaurierungsbedürftige Landgut in die Schlagzeilen. Die Erbengemeinschaft wollte das Kulturdenkmal verkaufen und hatte sogar schon eine prominente Käuferin gefunden: Unter den Bietern machte die deutsche Modeschöpferin Jil Sander das Rennen und unterzeichnete 2001 eine Kaufoption für 8,4 Millionen Euro. Doch es kam anders: Nicht zuletzt Proteste der mallorquinischen Öffentlichkeit und die Angst vor dem Ausverkauf der Insel setzen die Landesregierung unter Druck, sodass das spanische Umweltministerium und der Inselrat von Mallorca ihr Vorkaufsrecht in Anspruch nahmen und Raixa 2002 für die von Frau Sander gebotene Summe kauften. Nach der Restaurierung des Haupthauses wurde Raixa Ende 2009 für die Öffentlichkeit wieder eröffnet.
Die Restaurierung der Gartenanlagen ist noch nicht abgeschlossen.

Oben: Blick über die Wasserterrasse hinweg
Mitte: Kardinal Despuig ließ das Landgut im Stil eines italienischen Palazzo umbauen.
Unten: Zentraler Innenhof

Infos und Adressen

WICHTIGE SEHENSWÜRDIGKEITEN

Jardines d'Alfàbia. Ctra. Palma – Sóller (Ma11), km 17, Apr–Okt. Mo–Sa 9.30–18.30 Uhr, Nov.–März Mo–Fr 9.30–17.30 Uhr, Sa 9.30–13 Uhr, www.jardinesdealfabia.com

Raixa. Ctra. Palma – Sóller (Ma 11), km 12,2, derzeit Sa, So 10–14 Uhr, www.raixa.cat

ESSEN UND TRINKEN

Ses Porxeres. Etwas unterhalb des Eingangstors zu den Alfàbia-Gärten liegt das edel-rustikale Restaurant, das besonders bei Mallorquinern beliebt ist. Gehobene Küche mit entsprechenden Preisen. Ctra. Palma – Sóller (Ma11), km 17, Tel. 971 61 37 62; Hauptspeisen zwischen 16 und 30 €.

ÜBERNACHTEN

Agroturismo Alfábia Nou. Es nennt sich Agroturismo, ist aber ein herrschaftliches Anwesen mit italienischen und kolonialen Stilelementen. Anlage mit sechs Apartments und Pool. Ctra. Palma – Sóller (Ma11), km 17, Bunyola, Tel. 971 14 82 48, www.alfabia-nou.com, Apartment 2–3 Pers. ab 90 €.

Read's Hotel & Spa. Zwischen Santa Maria del Camí und der Serra de Tramuntana inmitten schöner Gärten liegt eines der besten Hotels der Insel. Das historische Gehöft hat einen edel-rustikalen Charme, besten Service und zwei Restaurants, die ebenfalls zur Spitzenklasse zählen. Ctra. Vieja Santa María – Alaró, km 4, Tel. 971 14 02 61, www.readshotel.com, DZ 220–290 €.

UMGEBUNG

Bunyola liegt an der Südflanke der Tramuntana und besitzt eine hübsche Plaça mit Caféterrassen. Liebhaber schöner Bergstraßen kommen beim **Coll de Sóller** auf ihre Kosten. Seit ein Tunnel das Orangental mit dem Rest der Insel verbindet, ist die Passstraße wenig befahren und daher ideal für Radsportler oder Genussfahrer.

43 Mandelblüte

Wintertraum in Weiß und Rosa

Oben: Ausritt im Vorfrühling
Mitte: Auch schön – Blüten des Aprikosenbaums
Unten: Süßes aus Mandeln ist verführerisch.

Jedes Jahr – in der Regel von Mitte Januar bis Mitte Februar – verwandelt sich die Insel in ein rosa-weißes Blütenmeer. In den Ausläufern der Tramuntana, etwa zwischen Andratx und Calvià, wirken die blühenden Bäume besonders malerisch. Die Mandelblüte bietet einen schönen Anlass, Mallorca außerhalb der Saison zu besuchen.

Wann es losgeht, lässt sich nie genau vorhersagen. Sind der Dezember und der Januar richtig kalt, lassen sich die Knospen der rund fünf Millionen Mandelbäume etwas mehr Zeit. Normalerweise beginnt der Blütenzauber ab Mitte Januar. Spätestens in der ersten Februarwoche ist kein Halten mehr und die landwirtschaftlich geprägten Flächen legen ein rosafarbenes Blätterkleid an. Wenn dann noch die Sonne scheint, fühlt man sich bei Temperaturen um 15 °C wie im Frühling.

Erfolg mit Mandeln

So lässt sich der Winter aushalten: Hier steht ein blühender Baum, dort zieht sich ein farbenprächtiger Mandelhain den Berghang hinauf. Die Landschaft wirkt bisweilen übertrieben schön, ja geradezu kitschig. Allerdings wurden die Bäume nicht gepflanzt, um den Touristen eine rosa Brille aufzusetzen. Als im Jahr 1891 ein kleines Insekt mit dem wissenschaftlichen Namen *Viteus vitifoliae* als blinder Passgier eines Schiffes an Land und ins nächstbeste Gesträuch gesprungen war, begann die Misere. Die Reblaus verbreitete sich in Windeseile und schädigte fast den gesamten Bestand an Rebstöcken. Nie wurde mehr Wein auf Mallorca angebaut als im ausgehenden 19. Jahrhundert.

Ein Großteil der Mallorquiner lebte vom Anbau und dem Export der Weine nach Frankreich. Doch damit war nun Schluss.

Mandelbäume statt Reben

Die Bauern und Großgrundbesitzer sattelten um. Statt auf Wein setzten sie nun auf Mandeln und bepflanzten die Insel im großen Stil. Wie so vieles, was die Landwirtschaft und den Speiseplan der Mallorquiner bereichert hat, wurden auch die Mandelbäume im Mittelalter von den Arabern eingeführt. Die Mauren machten aus der Balearen-Insel nach der Eroberung im Jahr 903 einen blühenden Garten. Sie legten Terrassen und Bewässerungskanäle an, führten neue Arten ein und pflegten die bebauten Flächen.

Der Handel mit den *ametlles* brachte den Landwirten seit dem Mittelalter gutes Geld ein, denn die Qualität der mallorquinischen Mandel wurde hoch geschätzt. Schon früh begann man mit dem Export, ab dem ausgehenden 18. Jahrhundert wuchs die Anbaufläche stetig. Mit dem Niedergang des Weins vervielfachte sie sich nochmals. 2007 zählte das Landwirtschaftsministerium fünf Millionen Mandelbäume auf einer Fläche von 24 400 Hektar. Heute ist die Tendenz rückläufig, was vor allem daran liegt, dass man mit Mandeln kein schnelles Geld verdienen kann. Auf Mallorca werden die Früchte noch weitgehend in Handarbeit geerntet, denn die Parzellen eignen sich kaum für die maschinelle Bearbeitung wie sie etwa auf dem spanischen Festland in Andalusien oder um Murcia praktiziert wird.

Die Ametla mallorquina

Die mallorquinischen Mandeln haben einen besonders hohen Fett- und Zuckergehalt, sie gelten als besonders aromatisch. Daher hat die »Vereini-

AUTORENTIPP!

DER DUFT DER MANDELBLÜTE
Das echt mallorquinische Parfüm *Flor d'Ametler* gibt es schon seit den 1930er-Jahren. In der hauseigenen Geschichtsschreibung des Unternehmens wird die Idee des Mandelblütenparfüms wahrlich märchenhaft beschrieben: »So war es, dass eines Tages, als Bernardo Vallori unter den Mandelbäumen schlenderte und von deren berauschendem Duft durchtränkt war, er sich an seine Mutter und Großmutter erinnerte, als sie ihre eigenen Parfüms herstellten. Sie weichten die empfindlichen Blumen zusammen mit Rosmarin, Lavendel, Salbei und Minze in Wasser ein. Dieser Duft erschüttert ihn tief. Gefühle wie Liebe, Zärtlichkeit, Freude, Euphorie und Leidenschaft haben sich seines Körpers bemächtigt … während eine Idee in seinem Kopf Gestalt annahm.« Jedes Jahr im Februar werden die Blüten für dieses wohlriechende Souvenir gesammelt. Wer möchte, kann die Parfümwerkstatt in Marratxí nach Voranmeldung besichtigen. Einen Shop mit den zum Teil limitierten Produkten gibt es natürlich auch.

Flor d'Ametler. Camino de Can Frontera, Marratxí, Tel. 971 60 15 10, www.flordametler.com, Factory Shop und Parfümwerkstatt Mo–Sa 10.30–14 Uhr.

Oben: Im Blütenrausch – Wildblumen und Mandelbäume
Unten: Mandeln aus Mallorca gelten als besonders aromatisch.

gung zur Förderung der mallorquinischen Mandel« eine Qualitätsmarke eingeführt, die *Ametla mallorquina*, die den Kunden eine gleichbleibend hohe Qualität garantieren soll. Dem Verband gehören 3000 Bauern an, die jährlich 2,6 Millionen Tonnen produzieren. Das Garantiesiegel steht für Mandeln, deren Schale sauber, gesund, trocken und frei von Fruchtwänden und schwarzen Flecken ist. Mandeln, die ohne Schale angeboten werden, müssen gesund und süß sein und dürfen nicht ranzig schmecken. Da die Mandelblüte auch den Tourismus in der Vorsaison fördert, werden die Mallorquiner wohl nicht zulassen, dass ihre Blütenlandschaft verschwindet.

Die Verwendung der Mandeln

Die mallorquinischen Mandeln werden zum Beispiel im spanischen Weihnachtsgebäck *turrón* verarbeitet. Die aus der Gegend zwischen Valencia und Alicante stammende Süßspeise wird aus Mandeln, Zucker, Honig und Eiklar zubereitet. Mandelkerne kann man geröstet oder roh essen. Gesalzen sind sie ein beliebter Snack. Eine typische mallorquinische Nachspeise, der *gató* (ein Mandelkuchen), wird häufig mit Mandeleis serviert. Darüber hinaus werden aus den Früchten Likör, Mandelmilch, Mandeln in Honig, Mandelplätzchen, Marzipan und andere Leckereien hergestellt.

Die Mandelblüte erleben

Die Mandelblüte stellt einen bezaubernden Hintergrund dar, um das Landesinnere während des milden Winters zu erleben. Im Januar und Februar bereiten sich die Radprofis auf der Insel für die Saison vor. Etwas mehr Zeit, die Landschaft zu genießen, haben ambitionierte Hobbysportler und Radwanderer. Auch Wanderer werden hier und da auf blühende Mandelbäume stoßen, sofern sie nicht in der Serra Tramuntana, der schönsten Wanderregion, unterwegs sind. Hobbyfotografen und Maler finden während des Naturschauspiels schöne Motive. Seit 2010 gibt es auch eine Mandelblütenmesse. Sie findet am ersten Sonntag im Februar in der Gemeinde Son Servera im Osten der Insel statt. Die *Firó de la Flor d'Ametler* hat sich zur Aufgabe gemacht, die Vielseitigkeit der Mandel zu zeigen, in Speisen und Kunsthandwerk.

Routen und Orte

Mandelbäume wachsen vor allem in der Ebene Es Pla, an der Südseite der Serra de Tramuntana und im Migjorn, der Südspitze Mallorcas.

Schön ist der Anblick von einer erhöhten Position, etwa vom Klosterberg Puig de Randa oder den Einsiedeleien Sant Salvador und Bonany. Ganz in Weiß-Rosa getaucht wird auch der Gürtel zwischen Establiments, Bunyola und Alaró. Herausragend ist auch das Tal bei Caimari.
Im Südosten kann man die Hügellandschaft der Serra de Llevant um Felanitx und Ses Salines als Anlaufpunkt empfehlen.

Guide zur Mandelblüte

Die Balearen-Regierung arbeitet derzeit an einem »Mandelblüten-Führer« mit Wanderungen, Rad- und Autotouren. Er soll nach Fertigstellung auf www.balearsculturaltour.net veröffentlicht werden.

Firó de la Flor d'Ametler

Die Messe zur Mandelblüte findet am ersten Sonntag im Februar in Son Servera statt (Infos unter www.ajsonservera.net).

Infos und Adressen

MANDELBÄUME AUF MALLORCA

Blühende Mandelbäume sind zu einem Wahrzeichen Mallorcas geworden. Im 18. und vor allem im 19. Jh. wurde ihr Anbau massiv erweitert. Derzeit stehen rund fünf Millionen Mandelbäume auf der Insel. Die Tendenz ist rückläufig. Es gibt rund 300 verschiedene Arten.
Die Mandelblüte beginnt meist Mitte Januar in der Gegend um Porto Cristo und endet Mitte bis Ende Februar in den höher gelegenen Regionen.

Oben: *Gató* – Mandelkuchen
Unten: Die Mandelblüte ist ein Fest für Fotografen.

44 Castell d'Alaró

Eine Festung unter dem Himmel

In 800 Metern Höhe erhebt sich die Ruine von Alaró über Mallorca. Schon aus weiter Ferne kann man seine Mauerreste ausmachen, die hoch oben auf einem markanten, mythisch wirkenden Felsstumpf regelrecht entrückt wirken. Der Aufstieg zum Castell, wo sich auch die Wallfahrtskirche Nostra Senyora del Refugi befindet, ist wegen seiner Aussicht eine der schönsten Ausflüge auf der Insel. Beschaulich geht es im Landstädtchen Alaró zu.

Auf Mallorca mangelt es nicht an aussichtsreichen Plätzen. Praktisch jeder Berg, der sich einigermaßen markant jenseits der Serra de Tramuntana erhebt, wird von einer Einsiedelei bekrönt. Neben der historischen und spirituellen Anziehung, die

Mitte: Das Castell d'Alaró
Unten: Das letzte Stück zur Festung muss man zu Fuß gehen.

MAL EHRLICH

GUT VERSICHERT?

Um den Aufstieg zum Kastell zu verkürzen, kann man mit dem Auto bis zum Landgasthaus »Es Verger« fahren. Ein Vergnügen ist dies allerdings nicht, dazu ist die Piste zu schlecht. Nachdem man einige enge Kehren auf dem losen Untergrund gemeistert hat, durchziehen auch noch tiefe Rinnen den schmalen Weg. Spätestens jetzt fragt man sich, welchen Versicherungsschutz der Mietwagen hat. Besonders am Sonntagnachmittag braucht man ausgezeichnete Nerven und Fahrkenntnisse, denn immer wieder muss man auf der schmalen Piste zurücksetzen und prekäre Stopps einlegen, um den von oben kommenden Verkehr passieren zu lassen. Nach etwa vier Kilometern ist der Restaurantparkplatz erreicht, wo man das Auto gerne stehen lässt und die restliche Strecke zu Fuß zurücklegt.

solche Orte in der Regel ausstrahlen, reizt auch die Aussicht, die überall ein wenig anders, aber immer beeindruckend ist. Sozusagen der Gipfel aller Aussichtspunkte ist das Castell d'Alaró.

Markante Felsen

Der 822 Meter hohe Felsklotz des Puig d'Alaró hat einen Zwillingsbruder, den Berg S'Alcadena, der nur sechs Meter niedriger ist, aber ähnlich kahl wie ein riesiger Backenzahn aus dem Grün des Gebirgsvorlandes aufragt. Die Gestalt der beiden Felsen regte schon immer die Fantasie an. In den *rondaies*, den Märchen der Insel, die von Erzherzog Ludwig Salvator gesammelt wurden, treiben dort Hexen in Vollmondnächten ihr Unwesen. In der prähistorischen Talayot-Kultur war der Puig d'Alaró bereits besiedelt. Die Römer befestigten den natürlichen Wachturm, und die Mauren machten es nicht anders, die unten im Tal das Gehöft Oloron gründeten. Dieser Name findet sich in einem Dokument von 1241 und verkörpert damit den ersten gesicherten Hinweis für das heutige Alaró.

Widerstand der Volkshelden

Kurz nachdem die Christen Mallorca eroberten – die Festung von Alaró fiel als letzte maurische Bastion –, kam es angeblich zu einer grausamen Episode. Der Sohn von Jaume dem Eroberer, Jaume II., rief Mallorca 1276 zu einem eigenständigen Königreich aus. Sein Bruder Alfons II. von Aragón war mit diesem Schritt keinesfalls einverstanden und schickte Truppen nach Mallorca. Palma fiel schnell, doch im Hinterland stießen die Aragoneser auf erbitterten Widerstand. 1286 belagerten die Truppen Alfons II. noch immer das Castell d'Alaró, auf dem Guillem Cabrit und Guillem Bassa das Kommando führten. Nachdem es den Aragonesern schließlich gelang, das Kastell einzunehmen, ließ Alfons die

AUTORENTIPP!

SCHICKE SCHUHE

Auf Mallorca werden ausgezeichnete Lederwaren und Schuhe gefertigt. Mitte des 19. Jh. belieferten 250 Firmen vor allem Süd- und Nordamerika. Heute gibt es noch etwa 40 Hersteller, darunter die international vertretenen Marken Camper, Lottusse, Barrats und Farrutx. In den Outlet-Stores von Inca lässt sich das ein oder andere Schnäppchen machen. Wer etwas Zeit mitbringt, kann sich auch einen individuellen Schuh anfertigen lassen. Die Manufaktur Tony Mora in Alaró, bekannt für ihre Cowboystiefel, näht Lederstiefel nach den Wünschen der Kundschaft.

Re-Camper Shop und **Lottusse Outlet.** Polígono Industrial s/n, Inca (an der Stadtausfahrt in Richtung Binissalem);
Tony Mora Shop und Factory, Ctra. Alaró 4, Alaró.

Re-Camper Shop – hier kann man günstig Schuhe erwerben.

Oben: Einkehr im Restaurant »Es Verger«
Mitte: Spezialität des Hauses ist gegrilltes Lamm.
Unten: Einfach und gut – die Landküche des »Es Verger«

Verteidiger von Alaró bei lebendigem Leib rösten. 1298 erhielt Jaume II. auf päpstliches Geheiß sein Königreich zurück, Alfons soll wegen seiner grausamen Tat exkommuniziert worden sein. 1343 fiel Mallorca dennoch an das Königreich Aragón. Die beiden Guillems liegen als Volkshelden in der Kathedrale La Seu begraben. In der Kapelle Ermita de Nostra Senyora del Refugi finden sich ihre Bildnisse rechts und links der Marienfigur Verge de Refugí.

Prozession zur Einsiedelei

Die Kapelle bauten die Bewohner von Alaró 1622. Damals litt die Insel unter einer Hungersnot, da es zu wenig geregnet hatte. Nachdem man eine feierliche Prozession auf den Berg unternommen hatte, fiel endlich das ersehnte Nass, und zum Dank wurde die Kapelle errichtet. Noch heute führen jedes Jahr zwei Prozessionen zur Ermita, eine nach Ostern und die weitere im September. Die etwa zweistündige Wanderung von Alaró beziehungsweise der halbstündige Weg vom Parkplatz des Restaurants »Es Verger« lohnen sich. Vom Kastell überblickt man die Ebene Llanura del Centre im Südosten und die Serra de Tramuntana im Nordwesten.

Alaró

Ins Städtchen Alaró lockt der nette Hauptplatz mit der Pfarrkirche Sant Bartomeu aus dem 13. und 18. Jahrhundert. Von ihrer Kanzel hat 1419 der heilige Vicenç Ferrer gepredigt. Cafés und Restaurants finden sich hier sowie herrschaftliche Häuser. Malerisch ist auch die Oberstadt Los d'Amunt rund um die Plaça Cabrit i Bassa, wo sich Natursteinhäuser aneinander drängen. Alaró war die erste Gemeinde auf Mallorca, die sich mit Strom versorgte. Die Reste des 1901 in Betrieb genommenen Elektrizitätswerkes sind an der Avinguda de la Constitució.

Infos und Adressen

ESSEN UND TRINKEN

Es Verger. Einfaches und rustikales Restaurant in einem historischen Hof unterhalb der Festung. Sehr beliebt und lecker sind Lammschulter (*paletilla de cordero*) und Spanferkel (*lechona*). Camino Castillo 143, Alaró, Tel. 971 18 21 26, Di-So 9–18 Uhr.

Mandala. Im romantischen Weiler Orient führt ein Paar aus der Schweiz das unkomplizierte und schöne Restaurant. Orientalisch inspirierte Fusionsküche. C/ Nueva 1, Orient, Tel 971 61 52 85.

ÜBERNACHTEN

S'Olivaret. Das historische Landgut mit rustikal gediegenem Charme liegt am Fuß des Puig d'Alaró. Hallenbad und Freibad, gutes Restaurant (Nov.–Mitte März geschl.). Ma 2100 Alaró – Orient, km 3, Tel. 971 51 08 89 (www.solivaret.com).

Refugí Puig d'Alaró. Einfache Herberge auf dem Castell d'Alaró. Ganzjährig geöffnet. Tel. 971 18 21 12. 12 € pro Person.

Petit Hotel Alaró. Das kleine Landhotel mit sieben romantisch eingerichteten Zimmern hat Ende 2009 eröffnet. Es befindet sich in einem historischen Gebäude im alten Stadtkern. Mit Pool. Camp Roig 43, Alaró, Tel. 971 51 87 51, www.petithotelalaro.es, DZ ab 85 €.

FESTE

Alaró ist bekannt für seine Prozessionen während der *semana santa*, der Karwoche.

Blick vom Kastell über das Bergland

Oben: Eher untypisch für Mallorca – hier reift ein Pinot Noir im Fass. **Unten:** Picknick und Weinprobe auf dem Gut Santa Catarina

45 Mallorquinische Weine

Kleine Insel, große Weine

Der Weinbau hat auf Mallorca eine lange Tradition. Besonders geschätzt war im 17. und 18. Jahrhundert der Malvasier, dessen Reben an der Tramuntana-Küste wuchsen. Bis ins 19. Jahrhundert hinein war Wein das wichtigste Exportgut der Insel. Dann zerstörte die Reblaus fast die gesamten Anbauflächen. Nach einer langen Phase des Niedergangs geht es seit den 1990er-Jahren wieder bergauf. Heute gibt es eine florierende Weinszene, die jedes Jahr mit neuen ambitionierten Bodegas überrascht.

Es ist kein Geheimnis: Aus Mallorca kommen gute Weine. Überraschend mag vielleicht noch sein, mit welcher Energie und Begeisterung die meist kleinen Bodegas versuchen, das Beste aus dem Weinberg zu holen. Unterhält man sich mit Winzern, zu denen auch einige Deutsche zählen, spürt man die Leidenschaft, mit der sie versuchen, den typischen Charakter der Insel in edle Weine zu übersetzen.

Vielfältige Böden

So vielfältig wie Mallorca als Urlaubsziel ist, so unterschiedlich herrschen regionale Bedingungen für den Weinbau. Das Mikroklima spielt für den Anbau eine große Rolle, mitunter gibt es selbst innerhalb einer Lage unterschiedliche Beschaffenheiten. Die Herkunftsbezeichnungen *D.O. (Denominació d'Origen) Binissalem, D.O. Pla i Llevant* und *Vi de Terra Serra Tramuntana-Costa Nord* bieten daher nur eine ungefähre geografische Verortung der Anbaugebiete. Tatsächlich lässt sich mit ihnen nur wenig über den Zusammenhang von Land beziehungsweise Terroir und Wein sagen.

Dennoch sind diese Ursprungsbezeichnungen wichtig: 1991 begann mit der *D.O. Binissalem*, wenn man so will, die Renaissance der Qualitätsweine der Balearen-Insel. Ohne eigene D.O. war und ist auf dem spanischen Weinmarkt nichts zu holen. An den Export ins europäische Ausland wagte in den 1990er-Jahren noch kaum jemand zu denken. Für Weine aus Spanien standen die Anbaugebiete Rioja, Penedés und Ribera del Duero, vielleicht auch noch Andalusien mit seinen Sherry-Weinen. Der Rest wurde nicht wahrgenommen.

Grundlagen des Erfolgs

José Luis Ferrer gründete seine Bodega in Binissalem 1931, zu einer Zeit, als sich der Weinbau seinem Tiefpunkt näherte. Heute gilt das Gut mit 2000 Barrique-Fässern als eines der größten und traditionsreichsten Unternehmen der Insel. Ferrer hatte in Frankreich studiert und den Weinbau kennengelernt. Auf Mallorca investierte er in moderne Anlagen und Anbaumethoden. Später orientierte man sich bei Ferrer an der klassischen spanischen Ausbausystematik für Rotweine, die man nach Crianza, Reservas und Gran Reservas unterscheidet.

Die Grundidee der spanischen Qualitätsweine, der Ausbau im Barrique, kommt ursprünglich aus Frankreich. Diese 225-Liter-Fässer – meist aus französischer oder amerikanischer Eiche – geben dem Wein ein größeres Aromaspektrum, indem Gerbstoffe (Tannine) besser eingebunden werden. Heute gibt es kaum einen guten Rotwein, der nicht wenigstens einige Monate im Fass gereift ist. Die Unterscheidung nach Lagerdauer in Crianza und Reserva verliert dagegen zunehmend an Bedeutung.

Seit Mallorca zum Eldorado der kreativen Winzer geworden ist, kann man allein durch Größe nicht mehr bestehen. Also wird auch bei der sonst eher

Infos und Adressen

DAS WEINFEST VON BINISSALEM

Jedes Jahr am dritten Septemberwochenende wird in Binissalem die *Festa de Vermar* gefeiert. Das Weinfest startet mit einer ausgelassenen Traubenschlacht, die sich zwar noch nicht mit der berühmten Tomatenschlacht von Bunyola messen kann, aber jährlich immer mehr Besucher anlockt. Volkstümlicher geht es auf der Plaça de la Esglesia beim Wettbewerb der Traubentreter zu. Dabei treten Gruppen in historischen Kostümen gegeneinander an. Wer am meisten Trauben versaftet hat, gewinnt.

Festa de Vermar. Am dritten Wochenende im September, Binissalem.

konservativen Bodega Ferrer getestet und experimentiert. Zum Beispiel mit sortenreinen Rotweinen aus der Manto-Negro-Traube, die in 24 unterschiedlichen Eichenfässern ausgebaut wird, oder auch mit biologischen Anbaumethoden.

Geschichte

Der Weinbau auf Mallorca begann mit der Eroberung der Römer 123 v. Chr. Auch als über der Insel der Halbmond wehte und sie zum Kalifat Córdoba gehörte, wurden die Rebstöcke gepflegt. 1229 waren die Christen wieder am Zug, und in einer der ersten Amtshandlungen sicherte sich König Jaume I. das Vorrecht auf Anbau und Verarbeitung der Trauben in Bunyola, Campos, Felanitx, Manacor, Porreres und Valldemossa. Zu einer gewissen Berühmtheit brachte es im 16. Jahrhundert der Malvasier, der auf den Terrassen bei Banyalbufar und Estellencs wächst. Wie man aus den Dokumenten eines historischen Weinkellers in Banyalbufar weiß, wurde er im 19. Jahrhundert als trockener Jahrgangswein getrunken oder im Fass gereift und mit Muskatellertrauben ergänzt. Anfang 2000 hat ein Professor von der Balearen-Universität aus einer der letzten erhaltenen Reben einen virusfreien

Oben: Binissalem – bekannt für gute Weine
Mitte: Bodega José Luis Ferrer
Unten: Das größte Fasslager hat José Luis Ferrer in Binissalem.

MAL EHRLICH

TEURE TROPFEN

Sicher hat Qualität ihren Preis und ein kleines Weingut kann, um über die Runden zu kommen, seine Weine nicht verschenken. Auch wenn die Winzer Mallorcas beständig das Gegenteil behaupten – ihre Weine liegen in der Regel einige Euros über den Konkurrenten vom spanischen Festland. Bisweilen hat man den Eindruck, dass ein guter mallorquinischer Wein durch einen überhöhten Preis noch ein bisschen besser dastehen soll – so etwa beim Kultwein Anima Negra.

Sprössling gezüchtet. Wer den wiedererweckten Malvasier probieren möchte, fährt am besten nach Banyalbufar und Estellencs und sucht die Kooperative Malvasia de Banyalbufar oder die Bodegas Son Vives, Ca'n Pico und Tomeu Isern auf.

In der Weingeschichte Mallorcas gibt es ein Vorher und ein Nachher – und dazwischen Jahrzehnte der önologischen Ödnis. Das Vorher endet 1891. Bis dahin wurden auf einer Fläche von 33 000 Hektar Trauben für 750 000 Hektoliter Wein angebaut. Anders gesagt, es wurde mehr als 20-mal so viel Wein produziert wie heute. Zwei Drittel davon gingen in den Export nach Frankreich, wo die Winzer noch mit den Folgen der Reblausplage zu kämpfen hatten und den Bedarf nicht decken konnten.

Doch dann kam der Schädling auch nach Mallorca und zerstörte innerhalb eines Jahres fast den gesamten Rebbestand. 1903 hatte sich die Anbaufläche auf etwas mehr als 3000 Hektar reduziert. Viele Grundbesitzer wechselten vom Weinanbau zu Mandeln und Johannisbrot, andere gaben auf und versuchten ihr Glück im Ausland. Als in den 1950er-Jahren der Ansturm der Massen auf Mallorca begann, war der Weinbau so gut wie verschwunden.

Schöne neue Weinwelt

Irgendwann, Ende der 1980er-, Anfang der 1990er-Jahre, als sich die Ferieninsel mehr und mehr als Ziel einer kaufkräftigen Klientel etablierte, änderte sich die Stimmung. Mit den Luxushotels, Edelfincas und Sternerestaurants wuchs die Nachfrage nach dem Besonderen. Das muss und soll gerade nicht aus fernen, exotischen Ländern kommen, soll nicht mit Flugzeugen oder Schiffen um die halbe Welt transportiert werden, sondern viel besser und viel ökologischer vor Ort gewachsen sein. Mit der Entdeckung des »anderen Mallorca« wur-

AUTORENTIPP!

DEUTSCH-MALLORQUINISCHE RARITÄTEN ÖKO

Im Handel findet man sie nicht, höchstens auf der Weinkarte ausgewählter Restaurants, aber dort kosten sie mindestens das Doppelte des Preises direkt ab Bodega. Die Weine der Deutschen Christiane Schallock sind ausgesucht und eigenständig, der prämierte Rote hat ein reiches Bouquet und kommt für einen Südländer fast leicht daher. Schön balanciert ist der Weißwein. Beide gibt's direkt ab Bodega zu kaufen:
Bodegas Xalóc. Zona Norte Can Puig, Ca na Monada, Pollença, Tel./ Fax 971 53 19 10, www.bodegasxaloc.com.
Exklusivität gilt auch für die Rotweine Sestal und Sestalino, die Sebastian Keller auf Ses Talaioles keltert. Ungefiltert, dicht und komplex an Gestalt, können sie gut noch einige Jahre im Keller reifen. Der Bernd-Philippi-Schüler schert sich nicht um Wettbewerbe, mallorquinische Sorten oder breite Vertriebswege. Sein Wein ist exklusiv und soll es sein. Man bekommt ihn nur im ausgesuchten Fachhandel.

Christiane Schallock und Kellermeister Josep Bibiloni prüfen die Reife der Trauben.

Oben: Weinbau in der Ebene Es Pla
Mitte: Wein und Kunst
Unten: Mit der längsten Tradition – Malvasier aus Banyalbufar

den nicht nur das Landesinnere, die Dörfer und ihr ruhiges Landleben aufgewertet. Man erinnerte sich auch wieder an heimische Traditionen und fragte sich, ob ein Eiland, das so schöne und vielfältige Landschaften besitzt, nicht auch Weine hervorbringen kann, die mehr sind als einfache Tischweine.

Wie auf Bestellung geschah dann das Wunder, mit dem Mallorca als alte und neue Weinregion auf sich aufmerksam machte. Es war 1994 im schönen Landstädtchen Felanitx. Miquel Ángel Cerdà, Pere Obrador und Francesc Grimalt kamen auf die Idee, Wein zu keltern. Nur so zum Spaß und für den Eigenbedarf. Der Most einiger vernachlässigter Callet-Lagen wurde in alte Milchtanks gekippt und siehe da: Anima Negra, die »schwarze Seele« war geboren. Die Weinkritiker lagen den Hobbywinzern zu Füßen und bejubelten die vom Kommerz unbefleckte Geburt – bis auf den heutigen Tag. Der Geniestreich der *Àn Negra Viticultors* hatte Folgen. Autochthone Rebsorten wie Callet und Manto Negro wurden auch für anspruchsvolle Gaumen salonfähig. Nun konnten sich mallorquinische Kellermeister daranmachen, den ureigenen Charakter der Insel zu erforschen und aus ihm einen Wein zu keltern, der es mit den Spitzengewächsen Frankreichs, der Rioja oder Italiens aufnehmen kann.

Hauptsache Charakter

»Wir haben uns für Qualität und Charakter entschieden, wir wollen Weine, die eigenständig und anders sind«, sagt Ramón Servalls i Batle, der mit seinem Bruder die Bodega »Macià Batle« führt. Nach dem Zukauf des Weinguts Santa Catarina führen sie die größte Bodega der Insel. 2010 war wieder ein Macià-Batle-Wein unter den von Weinpapst Peñin ausgezeichneten Weinen vertreten.

Infos und Adressen

D.O. Binissalem. Die Region um Binissalem war das erste Weinbaugebiet Mallorcas, das eine eigene Ursprungsbezeichnung (D.O. = Denominación de Orígen) erhielt. Zur 1991 gegründeten D.O. gehören die Gemeinden Santa María del Camí, Consell, Binissalem, Sencelles und Santa Eugènia. Die Tramuntana schützt die Region vor kalten Nordwinden. Neben den internationalen Sorten Cabernet, Syrah und Merlot sind 41% der insgesamt 621 Hektar mit Manto Negro bestockt. Weitere autochthone Rebsorten sind Callet und Monastrell. Typische Weißweintrauben sind Moll, Moscatel und Chardonnay. Rotweine müssen mindestens zur Hälfte aus der heimischen Sorte Manto Negro gekeltert sein. Bei den Weißweinen dominieren Moll oder Muskateller.

D.O. Pla i Llevant. Im westlichen Teil der Zentralebene und im Gebirgszug Serra Llevant wurde schon zu Zeiten der Römer Wein angebaut. Den D.O.-Status erhielten die Gemeinden Artà, Algaida, Campos, Capdepera, Felanitx, Llucmajor, Manacor, Montuiri, Muro, Petra, Porreres, Sant Joan und Sineu im Jahr 1993. Das Meer hat einen großen Einfluss auf das Mikroklima der 247 Hektar großen Anbaufläche. Neben den aus der D.O. Binissalem bekannten Rebsorten dürfen auch Pinot Noir bei den roten und Riesling bei den weißen Sorten verarbeitet werden.

Serra de Tramuntana – Costa Nord (Vi de la Terra). Dieses Gütesiegel bezeichnet Weine aus dem Nordwesten der Serra Tramuntana von Andratx bis zum Kap Formentor. Die Region ist keine eigenständige D.O., sondern zählt zur Kategorie der Landweine. Dennoch haben sich die Winzer eine Reihe von Auflagen gemacht, die für Qualität und Eigenständigkeit sorgen. Das kalkige Juragestein und die Anbauflächen in Lagen mit bis zu 1000 Metern Höhe geben der elf Hektar großen Region eine ganz eigene geoklimatische Beschaffenheit. Eine typische Rebsorte ist der Malvasier, für den die Insel in früheren Jahrhunderten bekannt war.

Ebenfalls zu finden sind die Kennzeichnungen **Vi de la terra Mallorca** und **Vi de la terra Illes Balears** mit Anbauflächen von 302 Hektar. Dass es sich hierbei nur um Landweine handelt, darf nicht zu dem Schluss führen, sie seien von minderer Qualität. Manchen Winzern sind die Vorgaben des Kontrollrats zu streng – zum Beispiel wenn es darum geht, wie viel Prozent der heimischen Trauben ein Wein haben muss – und sie verzichten auf die Klassifizierung.

Oben: Weinprobe bei Macià Batle
Mitte: Weine des Hauses Macià Batle
Unten: In der Bodega von Macià Batle

Mehr noch als der Branchenprimus sind es die kleineren Bodegas, die mit überraschenden Weinen begeistern. Miquel Gelabert aus Manacor wurde 2002 und 2008 zum »Winzer des Jahres« gekürt. Seine Weine sind wahre Geschmackskunstwerke, die mit Preisen nur so überhäuft werden.

Sein Bruder Toni Gelabert arbeitet biodynamisch, erntet und arbeitet nach dem Mondkalender und den Prinzipien des Feng-Shui. Jaume Mesquida hat wie viele seiner Kollegen erst einmal die Insel verlassen, um im Ausland Erfahrungen zu sammeln. Heute führt er in Porreres mit seiner Frau das größte Familiengut der Insel. Als typisch für die Euphorie und Leidenschaft der neuen Weinszene kann Celler Binigrau gelten: Eigentlich kommen die Brüder Miquel und Matias Batle aus der Agrarbranche beziehungsweise aus einer Anwaltskanzlei. 2003 erfüllen sich die Weinverrückten den Traum von der eigenen Bodega. Der Erfolg des ausgezeichneten Nounat-Weißweins und des roten Obac gibt ihnen recht.

Auch Deutsche mischen in der Weinbranche mit. Der Pfälzer Thomas Wambsganss war einer der Ersten. Zunächst arbeitete er als Önologe bei Ca'n Vidalet bei Pollença, dann wechselte er zu Castell Miquel. 1999 hatte der Pharmaunternehmer Prof. Dr. Michael Popp die Ländereien bei Alaró gekauft. Der Bionorica-Gründer ist ein Perfektionist. Anfangs wollte er wenig Wein für ausgewählte Kunden machen, doch dann packte ihn der Ehrgeiz. Mithilfe des Pfälzers und seinem Vorgänger Joan Mora hat sich Castell Miquel in der Hitliste auf die vorderen Plätze gearbeitet. Demnächst werden die »Stairway-to-Heaven«-Weine mit Beipackzettel ausgeliefert. An den Hängen von Castell Miquel – daher der Name Stairway to Heaven – wachsen Trauben mit kleinen Beeren und dichter Haut. Sie geben dem Wein Aroma und reichlich Tannine.

Infos und Adressen

José L. Ferrer. Seit José Luis Ferrer das Gut in den 1930er-Jahren gegründet hat, ist viel in Sachen Wein passiert. Daran hat das Traditionshaus in Binissalem großen Anteil. Ideal für einen Besuch. C/ Conquistador 103, Binissalem, Tel. 971 51 10 50, www.vinosferrer.com. Führungen Mo–Fr 11 und 16.30 Uhr (auch auf Deutsch), 6 €.

Macià Batle. Eine der schönsten Bodegas. Das größte Gut der Insel überzeugt mit ausgezeichneten Weinen. Im Shop kann man sich mit hauseigenem Olivenöl, Konfitüren und Patés eindecken. Camí de Coanegra, Santa María del Camí, Tel. 971 14 00 14, www.maciabatle.com. Mo–Fr 9–19 Uhr im Sommer, sonst bis 18.30, Sa 9.30–13 Uhr. Während der Öffnungszeiten Besichtung ohne Termin und ohne Führung möglich. Geführter Rundgang nach Anmeldung: 8,60 € (mit Weinprobe), 11,60 € (mit Weinprobe und Imbiss).

Bodegas Santa Catarina. Im romantischen Gewölbe findet jeden Sonntag offene Weinprobe statt. Wer Lust hat, kann sich von der Schönheit der Anlage, die von einer schwedischen Familie erbaut wurde, bei einem Rundgang überzeugen. Crta. Andratx – Capdellá, km 4, Andratx, Tel. 971 23 54 13, www.santascatarina.com. Mo–Fr 10–18 Uhr. Während dieser Zeit freie Besichtigung. Geführt für Gruppen nach Voranmeldung. Offene Weinprobe und Besichtigung So 12–14 Uhr. Eintritt frei.

Àn Negra Viticultors. Die Anima Negra (»schwarze Seele«) aus der heimischen Callet-Traube ist einer der bekanntesten und besten Weine der Insel. In der Bodega ist man nicht auf Besucher eingestellt. 3a Volta, 18 Ap. 130, Felanitx, Tel. 971 58 44 81, www.animanegra.com

Vins Miquel Gelabert. Die Spitzenweine von Miquel Gelabert werden regelmäßig ausgezeichnet. C/ Salas 50, Manacor, Tel. 971 82 14 44, www.vinsmiquelgelabert.com

Binigrau Vins y Vinyes. Aus einer spannenden, noch jungen Bodega kommt ein hervorragender Weißwein. Der Nounat wird aus Chardonnay und Prensal-Blanco-Traube gekeltert. Auch den roten Obac sollte man probieren. C/ Fiol 33, Biniali, Tel. 971 51 20 23, www.binigrau.es

Bodegas Castell Miquel. Für die herausragenden »Stairway-to-Heaven«-Weine ist der Pfälzer Thomas Wambsganss verantwortlich. Ctra. Alaró – Lloseta, km 8,7, Tel. 971 51 06 98, www.castellmiquel.com

Kellerromantik in den Bodegas von Santa Catarina

46 Sineu

Der ruhende Pol

In der Mitte von Mallorca, ein wenig erhöht und – wie es sich gehört – bekrönt von einer schönen Kirche aus dem 13. Jahrhundert, liegt Sineu. Beschauliche Gassen mit historischen Stadthäusern und ein malerischer Kirchplatz prägen das Stadtbild. Nur am Mittwoch, wenn Markttag ist, wird es voll und lebendig. Im benachbarten Ort Petra wurde der Gründer von Los Angeles und anderen Städten Kaliforniens geboren.

Es Pla, die Ebene zwischen der Serra Tramuntana und dem Gebirge der Llevanteküste, ist noch immer geprägt von Landwirtschaft und bäuerlichen Strukturen. Wer die Gegend um Sa Pobla, Muro, Sineu und Petra bereist, wird feststellen, dass der Tourismus dort nur eine untergeordnete Rolle spielt. Allerdings sollte man sich nicht der Illusion hingeben, es gäbe noch so etwas wie ein unentdecktes Mallorca. Dennoch, die landwirtschaftliche Seite der Insel ist nirgendwo lebendiger als in Es Pla, und gerade diese noch intakten Strukturen machen den Reiz der sehenswerten Orte aus.

Im Zentrum der Insel

Als historisches und geografisches Zentrum der Ebene kann Sineu gelten. Malerisch liegt die Altstadt auf einem Hügel mit Kirche und ehemaligem Königspalast. Schon zu der Zeit, als das Kalifat von Córdoba bis auf die Balearen-Insel expandierte, war Sineu ein bedeutender Handelsplatz. Ein Jahrtausend zuvor hatten die Römer die Siedlung *Sinium* gegründet, die möglicherweise dort lag, wo sich das heutige Sineu befindet.

Mitte: Schon von Weitem zu sehen – die Kirche Santa Maria de Sineu
Unten: Sineu hat den berühmtesten Wochenmarkt.

Was den Besucher heute interessiert, stammt aber aus der Zeit der mallorquinischen Könige. Jaume II. machte sich Ende des 13. Jahrhunderts daran, seine Insel mit einer Reihe von Residenzen zu schmücken. Er ließ in Palma die Almudaina umbauen, das Castell Bellver und in Valldemossa eine Residenz errichten. Sineu machte er wegen seiner zentralen Lage zu einer Residenzstadt. Zu ihrem Wahrzeichen wurde ein geflügelter Löwe, der den heiligen Markus, den Stadtpatron, symbolisiert.

Església de Santa Maria de Sineu

Der *Lleó de Sant Marc* bewacht den Platz vor dem Pfarramt der monumentalen Gemeindekirche, dem auffälligsten Bauwerk der Stadt. Schon von Weitem ist die ab 1505 erbaute Església de Santa Maria de Sineu zu sehen. An ihrer Stelle stand bereits ab dem 13. Jahrhundert ein Gotteshaus, das durch einen Brand jedoch zerstört wurde. Den wehrhaften Glockenturm, 1549 neben der Kirche auf einem quadratischen Grundriss errichtet, kann man über eine schmale Wendeltreppe besteigen und die Aussicht über die Ebene Es Pla genießen. Ein überdachter Gang, der *pontet de Santa Bàrbara*, verbindet den Turm mit der Kirche.

Außen im schlichten gotischen Stil gehalten, wurde 1880 die Westfassade neu gestaltet und eine Kuppel ergänzt. Im Chor kann man sich das gotische Bild der Jungfrau Maria von Sineu, eines der sogenannten *vírgenes-sagrario* (heiligen Jungfrauen), von Gabriel Mòger aus dem Jahr 1509 ansehen. Die Kapelle Fonda schmückt ein Altarbild der Jungfrau Maria mit dem Rosenstrauch (Mare de Déu del Roser) von 1572 sowie Malereien von Rafael Guitard. Im Pfarramt wurde ein Museum mit einer Sammlung alter Wappenschilder und Keramiken eingerichtet, die bei Arbeiten im Umfeld des Gotteshauses gefunden wurden.

AUTORENTIPP!

WEINE VON MIQUEL OLIVER

ÖKO

Mögen Sie guten Wein? Dann sollten Sie der Bodega Miquel Oliver in Petra einen Besuch abstatten. In dem traditionellen Familienbetrieb keltert die junge Winzerin Pilar Oliver hervorragende Weine. Ihren roten Aià aus der Merlot-Traube hat der spanische Weinpapst José Peñín 2010 mit 91 Punkten ausgezeichnet. Der Wein wird sieben Monate in amerikanischen und französischen Barrique-Fässern ausgebaut und ist für einen südländischen Rotwein angenehm leicht mit fein eingebundenen Tanninen. Fülliger ist der Rotwein Ses Ferritges, eine Cuvée der heimischen Sorte Callet mit den internationalen Syrah, Merlot und Cabernet. Bemerkenswert ist auch der weiße Muscat, ein leckerer Sommerwein, trocken und säurebetont – schließlich ist es nicht leicht auf Mallorca, eine guten Weißwein zu machen. Die Weine kann man in der sehenswerten Bodega probieren und natürlich käuflich erwerben.

Bodegues Miquel Oliver. C/ Font 26, Petra, Tel. 971 56 11 17, Mo–Fr 10–13.45 und 15.30–18:30 Uhr, www.miqueloliver.com

Palau dels Reis de Mallorca

Der Convent de las Monjas Concepcionistas diente einst den Königen von Mallorca als Palast. Jaume II. hatte den Bau 1309 in Auftrag gegeben. Er steht wahrscheinlich auf den Resten des Alcázars von Emir Mubaxir. Mit dem Verschwinden des Königreichs Mallorca ging es auch mit dem Stadtschloss bergab. 1538 wurde es vom spanischen König Felipe II. dem Nonnenorden übergeben, der die Anlage den neuen Bedürfnissen anpasste und bis heute bewohnt. Die Nonnen leben in strenger Klausur, weshalb das Kloster nicht besichtigt werden kann. In der zugänglichen Klosterkirche befindet sich ein Mariengemälde, das Gaspar Gener 1590 geschaffen hat.

Petra

Knapp zehn Kilometer östlich kommt man nach Petra. Das sehenswerte Landstädtchen überrascht mit rechtwinklig angelegten Straßen und ist bekannt für seine guten Weine. Der berühmteste Mann der 3000-Einwohner-Gemeinde wird wohl für alle Zeiten Fra Juniper Serra (1713–1784) bleiben. Der Franziskanermönch schiffte sich 1749 mit anderen Missionaren nach Mexiko ein. Von der Ordensstation an der Grenze zur Baja California ging er unermüdlich auf Missionstour und errichtete Niederlassungen, aus denen unter anderem die Städte San Diego, San Francisco und Los Angeles hervorgingen.

Im Convent Sant Bernardi von Petra ging der künftige Missionar zur Schule. Die Kirche des Konvents wurde 1677 im barocken Stil fertiggestellt. Über die C/ Fra Juníper kommt man zur Casa Natal i Museu Juníper Serra. Im Geburtshaus und Museum kann man Bilder, Landkarten und Modelle der Missionskirchen sehen, die Serra gegründet hat.

Oben: Windmühle und Restaurant – Moli d'en Pau
Mitte: Auf dem Wochenmarkt gibt es fast alles zu kaufen.
Unten: Handbestickte Tischdecken

Infos und Adressen

WICHTIGE SEHENSWÜRDIGKEITEN

Església de Santa Maria de Sineu. Pfarrkirche aus dem 16. Jh. Museum mit alten Keramiken im Pfarrhaus.

S'Estació Centre d'Art. Der Deutsche Klaus Drobig hat im Bahnhof von 1878 ein sehenswertes Kunstzentrum mit Galerie eingerichtet. Das 1988 eröffnete S'Estació Centre d'Art zeigt aktuelle Kunst aus Mallorca, dem spanischen Festland und Deutschland. C/ S'Estracio 2, Tel. 971 52 07 50, Mo–Fr 9.30–14 und 16–19, Sa 10–13 Uhr.

Wochenmarkt. (mit Viehmarkt) am Mittwoch.

Casa Natal i Museu Juníper Serra. In Petra, Geburtshaus und Museum des Missionars und Gründers von San Diego, San Francisco und anderen Städten in Kalifornien. (Sollte das Museum verschlossen sein, kann man im Haus rechts des Eingangs, C/ Miquel de Petra 2, nach dem Schlüssel fragen.)

Rathaus. Einen Abstecher sollte man auch in die C/ Sant Francesc unternehmen. Das heutige Rathaus der 3400-Einwohner-Gemeinde war bis 1835 ein Minoritenkloster. Der Convent dels Mínims wurde 1667 gegründet und 1722 umfassend umgebaut.

Der Wochenmarkt findet jeden Mittwoch statt.

MÄRKTE UND MESSEN

Sa Fira. Die meisten Besucher kommen nicht nach Sineu wegen seiner sympathischen Altstadt und den Kulturdenkmälern, sondern wegen seiner Märkte. Sa Fira ist die älteste Landwirtschaftsmesse Mallorcas. Sie wurde 1318 erstmals eingeführt und findet jedes Jahr am ersten Sonntag im Mai statt.

Viehmarkt. Jeden Mittwoch wird seit 1306 der berühmte Wochen- und Viehmarkt abgehalten (s. S. 254 f.).

ESSEN UND TRINKEN

Molí d'en Pau. Netter Landgasthof mit Windmühlen-Romantik, mallorquinischer Küche. Ctra. Santa Margalida, km 25, Sineu, Tel. 971 85 51 16.

Es Celler. Im rustikalen Kellerlokal wird noch echt mallorquinisch gekocht. Leckeres Tumbet und Gegrilltes. Günstige Preise. C/ l'Hospital 46, Petra, Tel 971 56 10 56.

ÜBERNACHTEN

Hotel León de Sineu. Die ältesten Teile des herrschaftlichen Hauses stammen aus dem 15. Jahrhundert. Mit dem Charme antiker Möbel, einem verwunschenen Garten hat das Hotel mehr Stil als so manches Luxus- oder Boutiquehotel. C/ Dels Bous 129, Sineu, Tel. 971 52 02 11, www.hotel-leondesineu.com. DZ ab 90 €.

Hotel Sa Plaça. Das Landhotel in Petra hat nur drei Doppelzimmer. Schönes altes Mobiliar, viel Atmosphäre und noch mehr Ruhe. Sehr empfehlenswertes Restaurant. Plaça Ramon Lull 4, Petra, Tel./Fax 971 56 16 46. DZ 110 €.

Oben: Wochenmarkt in Sineu
Unten: Zum traditionellen Viehmarkt kommen die Bauern aus nah und fern und bieten ihre Ware feil.

47 Traditionelle Wochenmärkte

Massen und Märkte

Das traditionelle und bodenständige Mallorca erlebt man auf Wochenmärkten und Dorffesten im Landesinnern. Frisches Gemüse, hausgemachte Spezialitäten, aber auch Kunsthandwerkliches, Lederwaren und Textilien werden angeboten. Fast jede Gemeinde hat ihren eigenen Markt- und Festkalender. Hier lernt man Mallorca und seine Alltagskultur von seiner schönsten Seite kennen.

Was ist bloß los in Sineu? Gestern lief das kleinstädtische Leben so langsam und gemächlich vor sich hin, dass man denken konnte, die Zeit würde noch mit alten Pendeluhren gemessen. Doch heute scheint sich ganz Mallorca in den Gassen der Altstadt verabredet zu haben. Es ist Mittwoch und

MAL EHRLICH

GEFÄLSCHTE MARKENARTIKEL

Sonnenbrillen von Chanel, Gucci und anderen Marken, Luxushandtaschen von Luis Vuitton oder Musik-CDs und DVDs – das alles wird am Strand von Palma und auf Märkten zu sensationell günstigen Preisen angeboten. Das Problem ist, die Sachen sind gefälscht. Ob die Sonnenbrillen wirklich UV-sicher sind, weiß niemand. Ebenso wenig kennt der Käufer die Umstände ihrer Herstellung, die Bezahlung und Lebensbedingungen der illegalen Verkäufer. Deren rechtliche und finanzielle Situation wird von international agierenden Banden ausgenutzt. Ob man dennoch kauft, muss schließlich jeder für sich entscheiden.

Traditionelle Wochenmärkte

Mittwoch ist Markttag. Das ist schon immer so, zumindest seit sehr langer Zeit. 1306 bekam die Gemeinde von König Jaume II. das Marktrecht. Seitdem kommen die Bauern von nah und fern, bieten Obst und Gemüse oder lebendes Vieh und hoffen auf ein gutes Geschäft.

Lokal und global

Beim großen und großartigen Markt von Sineu treffen Altes und Neues aufeinander, das traditionelle Leben und das der globalisierten Welt. Auf der Plaça vor der Pfarrkirche Mare de Deu dels Angels haben sich die Obst- und Gemüsehändler postiert. Die einen haben in den Kisten, das was im eigenen Garten oder den Feldern wächst, die anderen bieten das internationale Sortiment: Bananen aus Südamerika, Litschis aus China und Äpfel aus Italien. Vor dem Kirchenportal türmen sich die Creixoneras, die gebrannten Tonschalen, am anderen Ende setzt der Schuhhändler auf den Reiz des Findens: Auf einem langen Tisch türmt sich die Ware im schönsten Durcheinander.

Richtung Unterstadt wird Feigenbrot in kunstvoll geflochtenen Behältern aus Palmblättern verkauft, Käse, Wurstwaren wie Sobrasada und Botifarró, luftgetrockneter Schinken, Honig und Kräuter. Welche Richtung man auch einschlägt, überall sind Stände aufgebaut. Es gibt Lederwaren und hübschen Schmuck aus Filz, Trockenfrüchte und Selbstgebasteltes. Unter den Händlern sind etliche Deutsche, die versuchen, ein ganz normales mallorquinisches Landleben zu führen. Sie gehören ebenso zur globalisierten Gegenwart der Balearen-Insel wie die Flüchtlinge aus Afrika, die der markenbewussten Kundschaft gefälschte Designerbrillen und Taschen von Luis Vuitton anbieten. Solange jeder sein Geschäft macht, kommt man miteinander aus.

AUTORENTIPP!

MALLORCA AUS ZWEITER HAND

Bis vor wenigen Jahren gab es noch keine Flohmärkte auf Mallorca. An einem Sonntag im Jahr 1995 stellte ein Australier im Industriegebiet von Consell einen Stand auf. Er hatte sich auf Mallorca niedergelassen und wollte sich von den Resten seines alten Lebens trennen. Sonntag für Sonntag kam er wieder, drei Monate lang, bis aus seinem einsamen Stand der erste Flohmarkt der Balearen-Insel wurde.

Traditionen wachsen schnell. Heute kommen jeden Sonntag einige Tausend Besucher, die an 300 Ständen nach Büchern, DVDs, gebrauchtem Küchengeschirr und -gerät, Gartenwerkzeugen und anderen nützlichen Dingen suchen. Auch antike mallorquinische Möbel und Dekorationsartikel – zumindest sehen sie echt alt aus – werden mitunter angeboten. Der Erfolg von Consell hat Nachahmer gefunden. Samstags finden in Palma und Campos ebenfalls Flohmärkte (*rastrillos*) statt.

Consell. Industriegebiet, So vormittags.

Palma. Avinguda de Gabriel Alomer i Villalonga, Sa vormittags.

Campos. Am Rand des Wochenmarkts, Sa vormittags.

Sonntags in Santa Maria del Camí

Auch der Sonntag eignet sich bestens für einen Marktbesuch. In Pollença verwandelt sich die Plaça Maior in ein lebendiges Durcheinander. Routinierte Hausfrauen gehen früh auf den Markt und anschließend in den Gottesdienst, ihre Ehemänner machen es umgekehrt. Nach der Sonntagsmesse queren sie den Markt, um im Café Ca'n Moixet oder im Club de Pollença einen *cafe cortado* oder *carajillo* einzunehmen, einen Espresso mit heißem Brandy oder Rum.

Sehr beliebt ist auch der Markt von Santa María del Camí. Im Schatten der Gemeindekirche wird am Sonntagvormittag das aromatische Obst und Gemüse der Insel angeboten, heimische Orangen, Kapern, Knoblauch, Oliven. Am Käsestand bekommt man neben würzigen Sorten aus heimischer Ziegen- und Schafsmilch auch den Queso de Mahón von der Nachbarinsel Menorca. Man erkennt ihn an der quadratischen Form mit den abgerundeten Ecken. Lecker ist auch der luftgetrocknete mallorquinische Schinken, der es durchaus mit den Kollegen vom spanischen Festland aufnehmen kann. Gegen Mittag ist Schluss und die Inselbewohner wenden sich dem geheiligten Familienritual zu – einem ausgiebigen Sonntagsessen.

Oben, Mitte und unten:
Sonntags in Santa Maria del Camí – alles was das Land hergibt

Köstlicher Landschinken

Mallorcas traditonelle Märkte

WOCHENMÄRKTE

Montag. Caimari, Calviá, Lloret de Vista Alegre, Manacor, Montuiri.

Dienstag. Alcúdia, Arenal, Artá, Campanet, Can Pastilla, Llubí, Porerres, Portocolom, Santa Margalida.

Mittwoch. Andratx, Capdepera, Colònia de Sant Jordi, Es Pont d'Inca, Llucmajor, Petra, Port de Pollença, Santanyí, Selva, Sencelles, Sineu.

Donnerstag. Ariany, Calonge, Can Pastilla, Campos, Consell, Inca, Pòrtol, Sant Joan, Sant Llorenc, Ses Salines.

Freitag. Algaida, Binissalem, Can Picafort, Inca, Llucmajor, María de la Salut, Es Pont d'Inca, Son Carrió, Son Servera.

Samstag. Alaró, Buger, Bunyola, Campos, Cala Ratjada, Costitx, Esporles, S'Horta, Lloseta, Palma, Manacor, Portocolom, Santa Eugenia, Santa Margalida, Santanyi, Sòller.

Sonntag. Alcúdia, Felanitx, Inca, Llucmajor, Muro, Sa Pobla, Pollenca, Porto Cristo, Santa María del Camí, Valldemossa.

MARKTHALLEN IN PALMA

Mercat Olivar. Wochentags von 7–14.30 (Fr 14.30–20 Uhr) kann man sich von der Vielfalt der Inselprodukte überzeugen. Neben Obst und Gemüse, Kräuter, Oliven, Käse, Wurst, Fleisch und Fisch gibt es Stände mit Blumen und Backwaren. Im Zentrum der Hauptstadt zwischen Plaça Maior und Plaça Espanya liegt die Markthalle.

Mercat Santa Catalina. Bei den Restaurantküchen der Stadt besonders beliebt, im gleichnamigen Stadtteil westlich der Altstadt (Mo–Sa 7–15 Uhr).

MESSEN

Januar. Sin Servera, *Fira de Sant Antoni*, Landwirtschaftsmesse.

Februar. Marratxí, *Fira del Fang*, Keramikmesse (Ende Feb. – Anfang März).

März. Santa Margalida, *Fira de Santa Margalida*, Landwirtschaftsmesse (letztes Märzwochenende) – Andratx, *Fira d'Andratx*, Landwirtschafts- und Kunsthandwerksmesse (Ende März oder Anfang April).

April. Muro, *Fira de Sant Francesc*, Landwirtschafts- und Kunsthandwerksmesse (Mitte des Monats) – Pollença, *Fira del Vi*, Weinmesse (Mitte des Monats) – Santa María del Camí, *Fira de Santa María del Camí*, Landwirtschafts- und Kunsthandwerksmesse (Ende April).

Mai. *In Estellencs Fira del Vi i el Formatge*, Wein- und Käsemesse (1. Mai) – In Sineu, Campos, Campanet, Felanitx, Lloret de Vistralegre, Sencelles und Sóller werden Mai-Messen (*Fira de Maig*) gefeiert.

Juni. Sa Pobla, *Fira nocturna de sa Patata*, Gastronomiemesse rund um die Kartoffel, in der Nacht (Anfang Juni).

Juli/August. In Manacor, Ariany, Muro, Sant Llorenç, S'Illot, Consell werden Nachtmessen (*Fira Nocturna*) veranstaltet.

September. Vilafranca de Bonany, *Fira del Meló*, Melonenmesse (Anfang Sept.) – Felanitx, *Fira de Sant Miquel*, Landwirtschaftsmesse (Ende Sept.) – Binissalem, *Fira del Vi*, Weinmesse (drittes Wochenende).

Oktober. Búger, *Fira de Ses Rondalles*, Märchenmesse (Anfang Okt.) – Campos, *Fira de sa Sobrasada*, Messe der Sobrasada-Wurst.

November. Inca, *Dijous Bo*, Großer Jahrmarkt (dritter Donnerstag) – Caimari, *Fira de s'Oliva*, Olivenmesse (Mitte Nov.).

Mitte: Das Landgut »Els Calderers«
Unten: Speisesaal des Gutes

48 Els Calderers
Zu Besuch in der Vergangenheit

Zwischen Sant Joan und Vilafranca de Bonany zeigt Els Calderers, wie der Landadel bis ins 20. Jahrhundert hinein gelebt hat. Die Wohnräume des Guts sind mit kostbaren Möbeln und historischen Gerätschaften ausgestattet. In den Wirtschaftsräumen bekommt man einen Eindruck von der traditionellen Landwirtschaft und der Verarbeitung von Feldfrüchten, Mandeln, Oliven und Wein.

Noch sind nicht alle herrschaftlichen Landgüter in schicke Finca-Hotels umgebaut worden. Manche bröckeln vor sich hin, weil die Restaurierung Summen verschlingen würde, über die nicht jeder Nachfahre jener meist angesehenen und alteingesessenen Familien verfügt. Andere sind wie seit Jahrhunderten in privatem Besitz und tabu für neugierige Touristen. Zwei Ausnahmen gibt es auf Mallorca, die Museumshäuser La Granja und Els Calderers.

Els Calderers liegt zwischen Sant Joan und Vilafranca, unterhalb der Wallfahrtskirche Ermita de Bonany. Auf dem Autobahnkreisel bei Vilafranca folgt man dem Hinweisschild »Es Calderers«, um zur bukolischen Szenerie zu gelangen. 1285 wurde der Landsitz erstmals erwähnt, allerdings sah er zu jener Zeit noch anders aus. Das mächtige Herrenhaus, in dem der Besucher ein originales Ambiente des 18. und 19. Jahrhunderts erleben kann, wurde um 1750 im typischen mallorquinischen Landhausstil errichtet und über Jahrhunderte hinweg erweitert. Neben dem dreistöckigen Haupthaus sind verschiedene Stallungen zu besichtigen, eine Scheune sowie ein Backhaus und eine Schmiede.

Feudales Landleben

Bis zum Ausbruch der Reblausplage Ende des 19. Jahrhunderts wurde auf den Ländereien von Els Calderers Wein angebaut. Davon zeugen alte Weinpressen und Fässer im Keller. Nach dem Niedergang des Weinbaus verlegte man sich auf den Anbau von Feldfrüchten, Mandeln, Johannisbrot und Melonen. Interessant ist die Küche mit ihren originalen Gerätschaften, die bis zur Öffnung des Hauses als Museum 1994 noch in Gebrauch waren. Über den Speiseraum, wo eine große Tafel eingedeckt wurde, führt der Rundgang in den Wohnbereich. Ausgesuchtes originales Mobiliar und Gemälde aus dem 18. Jahrhundert geben dem Salon einen feudalen Charakter. Nach dem Essen zogen sich die Herren ins Waffen- und Jagdzimmer zurück, die Damen ins klassizistische Musikzimmer. Wie die Mode im 19. Jahrhundert ausgesehen hat, zeigt eine Puppe. An das Schlafgemach mit Himmelbett und Mahagonimobiliar schließen ein Ankleidezimmer für die Dame und eines für den Herrn an. Die Großgrundbesitzer lebten gut von den Erträgen ihrer Ländereien. Damit die göttliche Vorsehung den Hausherren und der Dienerschaft gewogen blieb, wurde in der Kapelle regelmäßig die Messe gelesen.

Im Kornspeicher

Die ehemalige Kornscheune ist eine auf Säulen gestützte Halle, wo Kichererbsen, Bohnen, Mandeln und Mais gelagert werden. Die alten Geräte für die Feldwirtschaft sind noch funktionstüchtig und wurden zum Teil bis in die jüngste Vergangenheit benutzt. In den Stallungen werden allerlei Tiere gehalten wie Gänse, Schafe, Ziegen und schwarze Schweine. Die mallorquinische Rasse der *porc negre*, der schwarzen Schweine, genießt auf der Insel höchstes Ansehen. Schließlich wird aus ihnen die beliebte Sobrasada-Wurst hergestellt.

Infos und Adressen

SEHENSWÜRDIGKEITEN

Els Calderers. Ausfahrt an der Ma 15 Palma – Manacor bei km 37, dann dem Hinweisschild folgen. Tel. 971 52 60 69, tägl. 10–17 Uhr, www.elscalderers.com
Für den Rundgang sollte man eine gute Stunde einplanen. Anders als im Finca-Museum La Granja erwarten den Besucher keine tanzenden Folkloregruppen, auch hält sich die Besucherzahl in Grenzen. Im Rahmen des ungeführten Rundgangs können hauseigene Speisen wie Sobrasada und Wein probiert werden.

Ermita de Bonany. Die auf 317 m gelegene Wallfahrtskirche Bonany erreicht man über Petra oder Vilafranca de Bonany. Es gibt fünf einfache Zimmer für Selbstversorger. Tel. 971 56 11 01. In der Ermita bewahrt man eine Marienfigur auf, die wie so oft in Spanien, nach der Reconquista auf wundersame Weise gefunden wurde. Sie soll aus römischer Zeit stammen, wirkt aber recht barock. Ihre Macht hat die Mutter Gottes im Dürrejahr 1609 bewiesen, als sie dabei half, dass auf den Feldern ausreichende Erträge geerntet werden konnten. Die Anlage der Einsiedelei wurde zwischen 1920 und 1925 erbaut.

Kornspeicher mit landwirtschaftlichem Gerät

Oben: Mallorquinische Küche im Kellerrestaurant »Can Amer« in Inca
Unten: Herr der Würste – Feinkost Colmado in Palma

49 Mallorquinische Küche

Der Geschmack der Insel

Mallorca lernt man nicht nur kennen, indem man seine Küsten, seine Landschaften und Dörfer bereist. Buchstäblich verinnerlichen kann man sich die Geschichte der Insel beim Essen. Die traditionelle Küche wird geprägt von den unterschiedlichen Kulturen, die auf Mallorca heimisch wurden, und den Produkten, die sie dort seit Jahrhunderten kultivieren.

Über Jahrhunderte hinweg hat man auf Mallorca gelernt, die Erde und das Meer bestmöglich auszubeuten. So hat sich eine eigene Kochkunst entwickelt, die einerseits mit dem auskommen muss, was die Insel und das Meer liefern können, und andererseits von der Geschichte ihrer Bewohner erzählt. Jede Kultur, die auf der Balearen-Insel ihre Spuren hinterlassen hat, tat dies auch kulinarisch – mit neu eingeführten Nutzpflanzen, mit neuen Rezepten und Essgewohnheiten. Die Römer, die Araber, die Juden und die Einwanderer vom spanischen Festland haben die traditionelle Küche am meisten geprägt. Mit dem Massentourismus ab den 60er Jahren des 20. Jahrhunderts kamen vielfältige Einflüsse dazu. Steak, Pizza, Pasta, Schnitzel und andere Klassiker der internationalen Küche drängen seitdem die typisch mallorquinische Küche zurück. Es gibt sie aber nach wie vor.

Renaissance der Landküche

Seit einigen Jahren ist ein deutliches Interesse an typischen und originären Produkten der Insel zu spüren. Wohl am deutlichsten zeigt sich die Rückbesinnung auf die eigenen Qualitäten im Weinbau. Wer in den 1980er-Jahren auf Mallorca einen guten Wein trinken wollte, fragte nach einem

Bordeaux oder einem Rioja. Die mallorquinischen Erzeugnisse galten als einfache Landweine ohne Potenzial. Heute weisen die Weinkarten der Spitzenrestaurants eine ansehnliche Zahl heimischer Gewächse auf, die durchaus mit den großen Weinbauregionen der Welt mithalten können.

Die Aufwertung mallorquinischer Produkte verlief mehr oder weniger parallel zur Entdeckung des anderen Mallorca, dem Interesse der Reisenden am Idyllisch-Ländlichen, an Finca- und Agroturismus sowie an der Positionierung der Insel als Ziel für Luxusreisende. Das eine wie das andere sucht das Besondere und Einzigartige. Irgendwann in den 1990er-Jahren trafen beide Entwicklungen aufeinander. Luxus in der Gastronomie bedeutet nicht mehr, dass die Zutaten aus entlegenen Ecken der Welt herbeigeschafft werden müssen – und das gilt nicht nur auf Mallorca. Exklusiv ist, was lokal, marktfrisch und unverfälscht, weil charakteristisch im Aroma ist.

Öl und Wein

Eine ähnliche Aufwertung wie der Wein erlebt das Olivenöl. Eigentlich müsste man vom Olivensaft sprechen, das steckt im arabischen Wort *al-zait*, aus dem das spanische *aceite* hervorging. Olivenöl ist seit je die Basis der mediterranen Küche. Bei Qualitätsölen handelt es sich immer um natives Olivenöl, das bei der ersten Pressung gewonnen wird, natürlich ohne Zufuhr von Wärme oder chemischen Mitteln. Durch moderne Anlagen und eine schnellere Verarbeitung lässt sich eine gleichbleibende und mitunter höhere Qualität bei den Ölen erzielen.

Ohne die Nachfrage durch die neue Art des Tourismus nach hochwertigen Erzeugnissen hätte es wohl nicht einen derartigen Boom im Weinbau und bei der Pressung edler Öle gegeben. Der

Infos und Adressen

DIE WELT DER WÜRSTE

Genau genommen ist Sobrasada eine Gattungsbezeichnung für Würste, die in ebenso unterschiedlichen wie grotesken Formen daherkommen beziehungsweise von der Decke baumeln. Die wichtigsten sind:

Riazada oder **Arrissada.** Die gängigste Form. Sie wird in einen Schweinedickdarm gefüllt und nach der Lagerung roh gegessen.

Llonganissa. Die Fleischmasse wird in einen Schweinedünndarm gefüllt. Gut zum Braten oder Frittieren.

Bufeta. Bis zu 8 kg bringt die mit Schweinehack gefüllte Harnblase auf die Waage.

Culana oder **Cular.** Endstück eines Schweinedarms.

Bisbe. Der »Bischof« ist ein prall gefüllter Schweinemagen.

Tarrina. Praktisch, aber langweilig. Die Wurstmasse wird in einen verschließbaren Behälter abgefüllt.

Im kleinen Laden Colmado in der C/ Santo Domingo in Palma findet man die Sobrasada in gewünschter Form.

Heiß begehrt – die Sobrasada

Trend, kulinarische Traditionen mit dem Wissen und den Methoden, die die moderne Technik bietet, zu verbinden, ist auch in der Küche angekommen. Neben den Restaurants, die nach wie vor echt mallorquinische Landküche bieten – es sind nicht allzu viele –, haben sich andere darangemacht, das Alte neu zu interpretieren.

Ein Beispiel ist das Kellerlokal »Ca'n Amer« in Inca. Generationen von Mallorquinern und Inselreisenden kennen und schätzen das Lokal wegen seiner gemütlich-rustikalen Atmosphäre und der köstlichen Rezepte von Antonia Cantallops. Seit einigen Jahren hat ihr Sohn Tomeu Torrens die Küche übernommen. Das Kochbuch der Mutter nutzt er als Grundlage für kreative Ausflüge. Klassiker wie Lammschulter, *frit* oder Mandelcremesuppe bleiben erhalten, allerdings werden sie leichter – und wenn man so will – transparenter präsentiert, lassen den einzelnen Aromen mehr Raum, sich zu entfalten und beziehen das Auge mehr mit ein.

Oben und unten: Spanische Tapa-Kultur ist mittlerweile auch auf Mallorca zu Hause.

MAL EHRLICH

VIELFÄLTIG GENIESSEN

Die deftige Inselküche schmeckt nicht nur gut, sie führt einen auch näher an Land und Leute heran. So gut und wichtig es ist, dass die mallorquinischen Traditionen nicht verloren gehen, so unangebracht erscheint es, bei Schnitzel, Pizza, Tempura oder baskischen Tapas die Nase zu rümpfen. Mallorca ist international, und das zeigt sich eben auch beim Essen. Außerdem würde das, was auf der Insel an Nahrungsmitteln produziert und im Meer gefangen werden kann, bei Weitem nicht ausreichen, um alle Restaurants mit heimischen Lebensmitteln zu versorgen.

Die traditionelle Landküche

Als die traditionelle Kochkunst Mallorcas gilt die Landküche vor Beginn des Massentourismus. Damals waren die Bewohner angewiesen auf das, was an den Bäumen und auf den Feldern wuchs und im Meer zu fangen war. Oliven, Mandeln, Feigen, mediterrane Gemüsearten, Reis, Früchte und Fleisch, meist vom Schwein, sind die Basis. Daraus werden deftige Gerichte gekocht, die teilweise noch den Einfluss verraten, mit welcher Kultur sie die Insel erreichten.

Die Römer brachten den Wein auf die Insel und waren begeistert von Kapern. Die Araber oder Mauren, wie man die Invasoren in Spanien nennt, führten Reis und Mandeln ein und veredelten die Olivenbäume. Das Arabische kam auch als Import über Katalonien auf die Insel. Typische Geschmackserlebnisse wie die Verbindung von Öl und Knoblauch, das »All i Oli« oder Kombinationen von süß und salzig sind ihr Erbe.

Aus dem Mittelmeer finden Sardine (Sardina), Seebarsch (Llobaro), Drachenkopf (Cap Roig), Krake (Pop) und Laxierfisch (Gerret) den Weg in den Kochtopf oder auf den Grill. Weit verbreitet in der Küche Mallorcas ist die Goldmakrele (Lampuga), doch auch köstliche Krustentiere wie die Rote Languste (Llangosta) und die seltene Rote Gamba (Gamba roja) gehören dazu.

Als rein mallorquinische Erfindung gilt den Inselbewohnern die Sobrasada, eine Wurstspezialität, die aus luftgetrocknetem Schweinemett, Paprika und anderen Gewürzen hergestellt wird und langsam reifen muss. Aus Katalonien stammt die Botifarró, eine Art Blutwurst aus Schweinefleisch, die sich gut braten lässt.

AUTORENTIPP!

NEUE WEGE FÜR DIE ORANGE

ÖKO

Mit dem arbeitsintensiven Terrassenbau und den vergleichsweise geringen Mengen, die im Tal geerntet werden können, sind die Orangen aus Sóller international nicht mehr konkurrenzfähig. Andererseits gibt es ein ausgesprochen günstiges Mikroklima und eine jahrhundertealte Tradition in Anbau und Pflege. Der Deutsche Franz Kraus hat aus der Not eine Tugend gemacht und bietet Privatkunden in Deutschland Kisten mit unbehandelten Orangen an. (Die Zehn-Kilo-Kiste kostet derzeit 23 € einschließlich Transport.) In seiner Eisfabrik *Sa Fàbrica de Gelats* an der Plaça del Mercat in Sóller wird aus frisch gepressten Orangen ein Speiseeis hergestellt, das sterneverdächtig ist. Im kleinen Laden Fet a Sóller, gleich neben der Eisdiele, findet man noch mehr Orangenprodukte, wie zum Beispiel Marmeladen, die von einer Kooperative des Dorfes hergestellt werden, und den Fruchtlikör *Angel d'Or*. Der Orangenlikör wird aus Sóller-Orangen in Deutschland hergestellt, während seine deutschen Eigentümer wiederum in jenem wunderbaren Tal zwischen Bergen und Meer zu Hause sind.

Fet a Sóller, C/ Romaguera 12, Sóller, Tel. 971 63 88 39, www.fetasoller.com

Oben: Süß und wurstig – Ensaimada mit Sobrasada-Füllung
Mitte und unten: Im Can Amer in Inca werden klassisch mallorquinische Rezepte weiterentwickelt.

Die Sobrasada

1403 wurde die Sobrasada erstmals in einem italienischen Schriftstück erwähnt. Möglicherweise stammt sie aus Sizilien, was man auf Mallorca allerdings für undenkbar hält. Glücklicherweise gibt es Lieferscheine, etwa aus dem 17. Jahrhundert, die den Herkunftsanspruch Mallorcas stützen. Die Landeskundler gehen davon aus, dass die Wurst, wie man sie noch heute kennt und herstellt, den Rezepturen des 17. Jahrhunderts ähnelt. Das heißt, dass man die Fleischfülle in Schweinedärme stopft und so lange hängen lässt, bis sie getrocknet ist und die Wurst einen mehlähnlichen Belag aus Hefepilzen anlegt. Die Sobrasada ist ein Identitätssymbol der Mallorquiner. Damit sich niemand an der geheiligten Wursttradition zu schaffen macht, wurde sie 1993 einem Kontrollrat unterstellt. Ähnlich wie im Weinbau oder beim Olivenöl gibt es also eine geschützte Herkunftsbezeichnung, die besagt, dass eine Sobrasada nur aus Mallorca kommen darf, und die außerdem regelt, was wie verarbeitet werden darf. Eine echte Sobrasada erkennt man am Gütesiegel »Sobrasada de Mallorca«.

Typische Rezepte

Sopes sind keine Suppen, auch wenn das Wort so ähnlich klingt. Eher kann man sie als Gemüseeintopf bezeichnen, da sie mehr fest als flüssig sind. In ihnen landet alles, was das Feld oder der Gemüsegarten gerade hergibt. Manchmal werden *sopes* mit Fleisch und Schwarzbrot, das in schmale Scheiben geschnitten wurde, ergänzt.

Auch beim *arròs brut*, dem »schmutzigen Reis«, variieren die Zutaten je nach Angebot. Grundlage ist ein Reis, der in reichlich Brühe gekocht wird und mit Fleisch, Fisch und jeder Art von Gemüse ergänzt werden kann.

Keine Angst vor Innereien darf man bei einem *frit de matances* haben, wo verschiedene Sorten Schweinefleisch und Innereien mit Gewürzen und Gemüse vermischt werden.

Für den Auflauf *Tombet* kommen geröstete Kartoffeln, Zucchini, Auberginen und Tomaten in einer flachen Tonform, einer *greixonera*, in den Ofen. Ideal für heiße Sommertage ist der *trempó*, ein Salat auf Grundlage von Tomaten, Pfefferschoten und Zwiebeln.

Als Beispiele für anspruchsvollere Hauptspeisen dienen gebratenes Spanferkel, Lammkeule mit Honig und Rosmarin, Tintenfisch oder Kaninchen in Zwiebelsauce, Huhn in Majoran usw. Auf Mallorca wurde auch eine Art Pizza erfunden. Sie nennt sich *coca* und besteht aus einem Hefeteigfladen, der mit Gemüse, Sobrasada oder anderem belegt ist. Im Unterschied zur italiensichen Pizza fehlen der Tomatensugo und der Käsebelag.

Ebenfalls herzhaft und ideal als Zwischenmahlzeit für den Vormittag sind gefüllte Teigtaschen, *panades*. Die Füllung besteht in der Regel aus Schweine- oder Hühnerfleisch mit Erbsen. Während der Fastenzeit werden sie mit Fisch gefüllt.

Der handgemachte *S'Atalaia*, eine Käsespezialität, wird aus Ziegen- und Schafmilch nach einem Rezept aus dem 15. Jahrhundert hergestellt. Bekannt ist Mallorca auch für Kapern. Man isst sie in Essig eingelegt als Aperitif, findet sie auf *cocas*, in Saucen oder Teigtaschen. Die Verwendung der geschlossenen Blüte des Kapernstrauchs als pikantes Würzmittel geht wahrscheinlich auf die Römer zurück. Auch Kapernäpfel, die Frucht der Kapernblüte, werden eingelegt und als Tapas oder Appetitanreger genossen. Der Meeresfenchel *Fonoll marí* wird in Essig eingelegt und passt gut zu Schinken und einem *pa amb oli*, einem Brot mit Olivenöl.

Infos und Adressen

PA AMB OLI – MEHR ALS BROT

Was würden die Mallorquiner nur ohne ihr *pa amb oli* machen? Nein, dieses »Brot mit Öl« lässt sich einfach nicht wegdenken aus der Esskultur Mallorcas. Manchmal sind es eben die einfachen Dinge, die leckerer sind als exklusive Delikatessen. Das wusste auch der »Archidux«, Erzherzog Ludwig Salvator von Habsburg, der das *pa amb oli* mit dem milden Olivenöl der Insel schätzte.

Natürlich kann man sich solch ein tomatenbestrichenes Olivenbrot auch zu Hause machen. So geht es: Das geröstete ungesalzene Landbrot wird zunächst mit einer Knoblauchzehe und anschließend mit einer aufgeschnittenen reifen Tomate eingerieben. Anschließend träufelt man etwas Meersalz und extra natives Olivenöl – natürlich aus Mallorca – darüber. Meist wird es mit Serrano-Schinken oder Käse serviert. Man kombiniert es traditionell mit sauer eingelegtem Meeresfenchel, mit Kapern oder eingelegten Oliven. Natürlich sollte auch ein Glas Rotwein nicht fehlen. Das *pa amb oli* genießt man als Zwischenmahlzeit oder als Vorspeise.

Pa amb oli mit Serrano-Schinken

Heiß geliebte Ensaimada

Der Star unter den süßen Backwaren ist ohne Zweifel die Ensaimada, die es schon seit dem 16. Jahrhundert gibt. Damals wurde sie nur zu Festen genossen. Sie wird in unterschiedlichen Größen hergestellt, gefüllt und ungefüllt. Immer ist es ein Teig aus Mehl, Zucker, Hefe und Eiern, der mit etwas Sauerteig vermengt und zu einer Schnecke gerollt wird. Anschließend wird er in Schmalz ausgebacken. Daher kommt auch der Name des herkunftsgeschützten Backwerks, denn *saim* heißt auf Katalanisch »Schmalz«. Backfrisch ist die Teigschnecke einfach unwiderstehlich. Traditionell wird sie nur mit Puderzucker bestreut. Beliebt ist auch die Variante mit Kürbiskonfitüre (*cabello del àngel*).

Palo und hierbas

Auf Mallorca werden nicht nur gute Weine produziert, auch auf dem Gebiet der Spirituosen hat die Insel ihre eigenen Traditionen. Der Aperitif *Palo* kommt ursprünglich aus Südamerika. Seine wichtigsten Zutaten sind Chinarinde, Enzian und Karamellzucker. Der dunkle, sanft abgehende Drink wird vor dem Essen genossen.

Nach dem Essen empfiehlt sich ein Kräuterlikör. Viele Mallorquiner haben ihre eigenen Rezepte für einen *hierbas*. Etwa drei Monate werden Rosmarin, Fenchel, Zitrone, Kamille und andere Kräuter in den Alkohol eingelegt. Es gibt süße, mittlere und trockene *hierbas*-Liköre. Mallorcas einzige Brandy-Destillerie in Pont d'Inca produziert den *Suau*, der allerdings nicht immer erhältlich ist, da im Jahr nicht mehr als 30 000 Flaschen abgefüllt werden. Er wird 15, 25 oder 50 Jahre im Barriquefass ausgebaut.

Oben: Geliebte Ensaimada
Mitte: Lokale Marmeladen und Honig von Fet a Sóller in Sóller
Unten: Orangenlikör Angel d'Or

Infos und Adressen

ESSEN UND TRINKEN

Celler Sa Premsa. Seit Ende der 1950er-Jahre ein beliebtes und volkstümliches Lokal in Palma. Die Küche ist rustikal und deftig und dabei erfreulich günstig. Pl. Bisbe Berenguer de Palou 8, Palma, Tel. 971 72 35 29.

Ca'n Mateu. In dem riesigen Lokal an der alten Landstraße zwischen Palma und Algaida bekommt man am Wochenende nur schwer einen Platz. Mallorquinische Familien in jeder Größenordung kommen gerne. Man isst wie bei Muttern, und draußen gibt es einen Spielplatz für die Kinder.
Ctra. Vieja de Manacor, km 21,7, Algaida, Tel. 971 66 50 36.

Sa Plaça. Im Herzen von Petra schon seit vielen Jahren eine sichere Adresse für ausgezeichnete Inselküche. Schöne Terrasse, Tagesmenü für 12 €. Pl. Ramon Llull 4, Petra, Tel. 971 56 16 46.

Ca'n Amer. Sehr angenehmes *Celler*-Restaurant mit uriger Weinfass-Kulisse. Köstliche klassische Gerichte mit dezenten Innovationen. Gute Weinauswahl. Hauptspeisen 10–20 €. C/ Pau, Inca, Tel. 971 50 12 61.

Ca'n March. Populäres Lokal in Manacor mit ausgezeichneter, kreativer Küche. Recht günstig, Degustationsmenü für 28 €. C/ Valéncia 7, Manacor, Tel. 971 55 00 02.

EINKAUFEN

Colmado Santo Domingo. Mallorquinische Feinkost, vor allem Wurstspezialitäten. C/ Santo Domingo 1, Palma.

Ca'n Miquel. Köstliche Ensaimadas und Cocas. Forn de Sa Pelleteria, C/ Pelleteria 5, Palma.

Ensenyat. Sehr gute Auswahl an mallorquinischen Spezialitäten. C/ d'Alcúdia 5, Pollença.

La Gloria. Inca ist bekannt für seine Backwaren. In der Konditorei La Gloria sind sie besonders gut. Pl. Espanya 21, Inca.

Casa del Vino. Weinhandlung in Manacor. Bei Weinhändler Norbert Deingruber kann man sich auf Deutsch beraten lassen.
Av. Salvador Juan 73, Manacor.

INFORMATION

Portal des Landwirtschaftsministeriums der Balearen mit vielen Informationen (auch auf Deutsch): www.illesbalearsqualitat.cat

»Celler Can Amer«-Restaurant – sehr angenehmes Restaurant mit Weinfass-Kulisse

Mitte: Portal des Santuari de Nostra Senyora de Cura
Unten: Im Umland des Klosterbergs

50 Puig de Randa

Der heilige Berg

Zwischen Algaida und Llucmajor erhebt sich der Puig de Randa auf 542 Metern Höhe. Gewissermaßen auf drei Etagen finden sich dort die Klöster Gràcia, Sant Honorat und Cura, die im 13. bis 15. Jahrhundert auf Mallorcas heiligem Berg errichtet wurden. Ganz oben, beim Kloster Cura, hatte der Legende nach der Philosoph Ramón Llull eine göttliche Vision.

Das Dörfchen Randa mit seiner Pfarrkirche aus dem 18. Jahrhundert und den sandfarbenen Häusern ist ein echtes Kleinod. Durch die schmale Ortsdurchfahrt geht es hinauf ins schöne Randa-Massiv, doch schon die fünf Kilometer lange Bergstrecke begeistert durch vielfältige und abwechslungsreiche Natur und schöne Ausblicke. Der Tafelberg im Südosten der Insel war seit dem 13. Jahrhundert der bevorzugte Ort für christliche Einsiedler. Mit seinen Eremitagen und dem Kloster Cura ist der Puig de Randa ein ebenso spiritueller wie populärer Ort.

Santuari Nostra Senyora de Gràcia

Auf der schmalen Straße zum Tafelberg sollten Autofahrer langsam fahren und nicht überholen. Und zwar nicht nur wegen der schönen Pflanzenwelt, der Aussicht und der Berglandschaft, sondern auch wegen der Radsportler, die auf der Bergstrecke sehr gerne trainieren und in halsbrecherischer Geschwindigkeit zu Tal rasen.

In einer Linkskurve tauchen rechts zwei große Torpfosten auf. Hier zweigt der Weg zum Santuari de Gràcia ab. Das Heiligtum klebt an – oder besser

Kloster Cura und die ehemalige Grammatikschule

gesagt unter – der Felswand im Süden des Puig de Randa. Ein herrliches Panorama über die Gärten und Felder des Migjorn eröffnet sich von hier oben. Man erkennt die Küste rund um das Kap Ses Salines und auf dem Meer die dunklen Umrisse des Cabrera-Archipels.

1440 beschloss der Franziskaner Antoni Caldés aus Llucmayor gemeinsam mit einem Glaubensbruder, in der Höhle d'Aresta eine Einsiedelei einzurichten. 1497 bekamen sie das Land der Eremitage von einem Mann aus Llucmayor mit der Auflage geschenkt, regelmäßig die Messe zu feiern und eine Marienfigur in Ehren zu halten. Die Skulptur der Nostra Senyora de Gràcia steht noch immer in der kleinen Kirche und gilt als Mallorcas älteste Darstellung einer *María Inmaculada*, einer unbefleckten Jungfrau.

Die kleine Kirche, wie sie heute zu sehen ist, entstand zwischen 1637 und 1819. In den 1980er-Jahren wurde die Aussichtsterrasse vor der Einsiedelei erweitert und die Klosterherberge erneuert. Als Marienheiligtum wird das Santuari Nostra Senyora de Gràcia ab dem 16. Jahrhundert verehrt.

Infos und Adressen

DIE MACHT DER TOLERANZ

Es ist ein helles, fast aufgeklärtes Mittelalterbild, was aus den Schriften und Lebenszeugnissen von Ramon Llull (1235–1315) spricht. Der christliche Philosoph, Dichter und Missionar vertraute auf die Macht des Wissens und des Verstandes. Der Weise vom Tafelberg Randa, der nach einer göttlichen Vision sein Leben als höfischer Lebemann aufgab und in den Dienst des Glaubens stellte, war in der Kirche nicht immer gerne gesehen. Llull vertrat die Ansicht, dass man Andersdenkende nicht mit dem Schwert, sondern mit Logik zu überzeugen habe. Dazu lernte und lehrte er auch Arabisch, setzte sich mit den Ideen des Judentums und Islams auseinander. Viele Jahrhunderte lang stand sein Werk auf dem Index, doch im 19. Jh. wurde er rehabilitiert und seliggesprochen. Hilfreich dabei war sein angeblicher Märtyrertod in Nordafrika, wo er als unerschrockener Prediger gesteinigt wurde. Es ist aber auch gut möglich, dass der weit gereiste und betagte Weise eines natürlichen Todes auf Mallorca starb. Er liegt in Palma in der Klosterkirche Sant Francesc begraben.

Der 542 m hohe Puig de Rande im Nebel

Oben: Blick auf die Llevante-Küste
Unten: Santuari Nostra Senyora de Gràcia – von hier aus hat man einen herrlichen Ausblick.

Ermita Sant Honorat

Einige Kehren weiter auf der Ma 5018 führt rechter Hand ein schmaler Weg den Berg hinauf, der auf dem kleinen Vorplatz der Einsiedelei Sant Honorat endet. Das Kloster liegt über dem großen Felsen, der das Santuari de Gràcia überragt. Von außen macht die kleine Anlage, deren Fassade 1888 errichtet wurde, einen verschlossenen und stillen Eindruck. Tatsächlich wird die Einsiedelei aber von einigen Mönchen bewohnt, weshalb der Besucher den Ort und die meditative Ruhe, die ihn umgibt, respektieren sollte.

Über dem Eingangsportal findet sich eine Darstellung des hl. Honorat. Über einen kleinen Innenhof erreicht man die Kapelle, die 1661 fertiggestellt wurde und in ihrem Inneren unter anderem ein Kruzifix aus dem 14. Jahrhundert birgt. Die Ursprünge der kleinen Kirche gehen auf das ausgehende 14. Jahrhundert zurück. Damals erwirkte der Adlige Arnau Desbrull vom Bischof von Palma die Erlaubnis, hier eine Kapelle zu errichten. 1890 wurde die *Congregació de Missioners dels Sagrats Cors* gegründet, die »Kongregation der Missionare

MAL EHRLICH

PRÜFUNG FÜR PILGER

Das Santuari de Nostra Senyora de Cura auf dem Gipfel des Klosterbergs ist ein Wallfahrtsziel. Immer wieder wird empfohlen, den Aufstieg auf einem alten Pilgerweg zu unternehmen. Das wäre schön, aber leider geht das nicht, jedenfalls nicht so, wie man möchte. Der Pfad von Randa hinauf zum Kloster beginnt und endet, wo er will. Mag sein, dass manche den rechten Weg gefunden haben. Andere weichen entnervt auf die Straße aus, und das ist angesichts des starken Rennrad- und Mietwagenverkehrs, der hier herrscht, kein Vergnügen.

der heiligen Herzen«. Mönche des Ordens bewohnen noch heute das kleine Kloster und pflegen einen sehenswerten Kräutergarten. Sant Honorat ist der Schutzpatron von Algaida.

Santuari Nostra Senyora de Cura

Da der Puig de Randa zunehmend lichter und baumfrei wird, glaubt man, weit höher zu sein als nur auf 500 Metern. Auf der Nordseite des flachen Hochplateaus stören riesige Radaranlagen die durchaus spirituelle Atmosphäre des Klosterbergs. Am anderen Ende liegt das Santuari de Nostra Senyora de Cura.

Möglicherweise stand an seinem Ort einst ein maurisches Kastell, allerdings gibt es dafür keine gesicherten Beweise. Wahrscheinlich wurde der Berg seit der Rückeroberung im 13. Jahrhundert als Rückzugsort von Eremiten genutzt. Der prominenteste soll Ramón Llull gewesen sein, der sich 1273 in einer Höhle unterhalb des heutigen Klosters der inneren Einkehr verschrieben hatte und dort eine göttliche Vision erlebt haben soll.

Heute findet der Pilger, Besucher oder Radsportler eine festungsartige Anlage vor, mit Kirche, Museum, Klosterherberge, Restaurant, Souvenirshop und Picknickplätzen. Man betritt sie durch ein großes Tor, das ein Zitat des Philosophen und Mystikers Llull ziert sowie sein Familienwappen mit dem Halbmond und das Wappen der Franziskaner. Die Übersetzung des Zitats lautet: »Lieber Sohn, begrüße unsere Liebe Frau, sie ist unser Heil und unser Segen.«

Schule der Grammatik

Links vom Portal schließt sich der Gebäudetrakt mit der 1947 erbauten Klosterherberge an, wo man einfache Zimmer und Apartments mit präch-

AUTORENTIPP!

ZERBRECHLICHE KUNST
Bei Vidrios Gordiola, der ältesten noch existierenden Glasmanufaktur Mallorcas, werden seit 1719 feine Gläser gearbeitet, die man auch an den Königshöfen Europas schätzt. In der Glasbläserei an der Straße nach Palma kann man den spannenden Prozess verfolgen, wie kunstvolle Schalen, Vasen und anderes entstehen. Der Verkaufsraum trübt das Bild ein wenig, denn hier findet sich auch viel angestaubter Kitsch. Im Obergeschoss zeigt ein Glasmuseum kostbare Stücke.

Vidrios de Arte Gordiola. Ctra. Palma – Manacor, km 19, Tel. 971 66 50 46, Mo–Sa 9–19, So 9–13.30 (Verkauf und Museum). Die Werkstatt schließt jeweils eine Stunde vorher.

Oben: Wandern, rasten, pilgern – auch so lässt sich Mallorca erleben.
Unten: Klosterrestaurant des Santuari de Cura

tiger Aussicht mieten kann. Über den großen gepflasterten Hof, unter dem sich eine riesige Zisterne befindet, die die Anlage mit Wasser versorgt, gelangt man zum Kloster. Der Brunnen, auf der Platzmitte, wurde erstmals bereits im 16. Jahrhundert erwähnt. Über dem Eingang zum Klostertrakt in dem sich eine von Llull gegründete Grammatikschule befand, hängt in einer Nische ein Bildnis von Ramón Llull. Im ehemaligen Saal der Grammatikschule haben die Mönche des Klosters ein sehenswertes Museum eingerichtet. Gezeigt werden seltene Ausgaben von Llulls Büchern, Manuskripten und Gemälden.

Ab 1510 wurde an der Stelle der einstigen Schule Llulls die Grammatikschule wiederaufgebaut, in der den Schülern eine allgemeine Bildung sowie Grammatik, Rhetorik und Latein gelehrt wurde. Während Mitte des 16. Jahrhunderts noch 100 Schüler auf Cura unterrichtet wurden, stellte man den Schulbetrieb 1826 ein.

An der Stelle der kleinen Klosterkirche, die ab dem 17. Jahrhundert erbaut wurde, standen bereits andere Klosterkapellen. Rechts vom Eingang ist eine Weihnachtskrippe zu sehen, die nach französischer Tradition das ganze Jahr über aufgebaut bleibt. Über einen Seitengang kommt man zum Gnadenbild Mare de Déu de Cura. Die Muttergottes von Cura wurde Anfang des 16. Jahrhunderts gearbeitet.

Von der Klosteranlage hat man eine sehr gute Aussicht über die Insel. Vom 542 Meter hohen Tafelberg kann man in Richtung Norden bei gutem Wetter bis zur Halbinsel Formentor sehen, nach Westen schaut man über die Zentralebene und die Bucht von Palma. Bei gutem Wetter ist im Südwesten die Nachbarinsel Ibiza auszumachen.

Infos und Adressen

WICHTIGE SEHENSWÜRDIGKEITEN

Santuari Nostra Senyora de Gràcia. Marienheiligtum mit der ältesten Darstellung einer »unbefleckten Maria« auf Mallorca. Großartiger Blick nach Süden.

Ermita Sant Honorat. Kleine, bewohnte Klosteranlage. Im Inneren der stillen Kapelle ist ein Kruzifix aus dem 14. Jh. zu sehen. Herrlicher Blick nach Südosten.

Santuari Nostra Senyora de Cura. Klosterkirche mit Gnadenbild Mare de Déu de Cura, Llull-Museum (Di–So 11–13 und 16–18 Uhr), Klosterherberge, Restaurant, Souvenirshop und Picknickplätzen.

ESSEN UND TRINKEN

Klosterrestaurant Cura. Die Konventsbibliothek dient teilweise als Restaurant und Bar für alle Gäste des Klosters. Einfache und günstige Speisen. Mo geschl. Tel. 971 66 11 83.

Es Recó de Randa. Restaurant des gleichnamigen Hotels. Sehr gute mallorquinische geprägte Küche. Hauptspeisen ab 14 €. C/ Font 21,
Tel 971 66 09 97 und 971 12 03 02.

S'Hostal D'Algaida. Am Ortsrand von Algaida legen viele Radsportler eine Rast bei Kaffee und Kuchen oder Ensaimada ein. Auch vom Mittag- oder Abendessen wird man nicht enttäuscht. Mallorquinische Küche, günstig und gut.
Ctra Vieja Manacor, km 21, Tel. 971 66 51 09.

ÜBERNACHTEN

Es Recó de Randa. Schon seit vielen Jahren überzeugt das Landhotel mit seinem gediegenen rustikalen Charme. Am Ortsrand von Randa. Mit Pool und gutem Restaurant. C/ Font 21, Randa,
Tel. 971 66 09 97 und 971 12 03 02,
www.esrecoderanda.com

Klosterherberge Cura. Familien, Reisegruppen, Pilger oder Individualtouristen können auch länger im Kloster Cura bleiben. In der Herberge werden Zimmer und Apartments angeboten.
Tel. 971 12 02 60, Fax 971 66 20 52.

UMGEBUNG

Algaida gehört zu den wenigen Dörfern, die noch nicht vom Tourismus geprägt wurden. Schöner Dorfkern mit monumentaler Pfarrkirche. Am Ortsausgang in Richtung Palma ist Mallorcas älteste Glasmanufaktur Gordiola (siehe Autorentipp Seite 271).

Llucmajor. In dem landwirtschaftlichen Zentrum verdient vor allem die Plaça d'Espanya einen Besuch – und die nostalgische Bar Café Colom von 1928.

Porreres wird langsam vom Individualtourismus entdeckt. Schön ist der alte Dorfkern. Sehr zu empfehlen sind die Weine von Jaume Mesquida. Die Bodega befindet sich in der C/ Vileta 7–9,
Tel. 971 64 71 06.

MALLORCA VON A BIS Z

KLIMADIAGRAMM

Mittlere Tagestemperatur in °C

Jan	Feb	März	Apr	Mai	Juni
15	14	16	18	22	26
Juli	Aug	Sept	Okt	Nov	Dez
32	32	27	23	18	16

Mittlere Nachttemperatur in °C

Jan	Feb	März	Apr	Mai	Juni
6	6	8	11	14	18
Juli	Aug	Sept	Okt	Nov	Dez
21	22	18	15	11	8

Mittlere Wassertemperatur in °C

Jan	Feb	März	Apr	Mai	Juni
13	13	14	15	17	21
Juli	Aug	Sept	Okt	Nov	Dez
25	26	24	21	18	15

Sonnenstunden pro Tag

Jan	Feb	März	Apr	Mai	Juni
4	5	6	8	9	11
Juli	Aug	Sept	Okt	Nov	Dez
11	12	9	7	5	5

Durchschnittliche Regentage pro Monat

Jan	Feb	März	Apr	Mai	Juni
10	9	9	8	7	5
Juli	Aug	Sept	Okt	Nov	Dez
2	1	5	12	12	11

Vorangehende Doppelseite: Von oben hat man den großen Überblick; eine Fahrt mit dem Ballon gibt die Möglichkeit dazu.
Oben: Ab Februar blüht die Insel auf.

Klima und Reisezeit

Mallorca hat ein gemäßigtes mediterranes Klima mit milden Wintern und zum Teil ergiebigen Niederschlägen, die in den Höhen der Serra Tramuntana auch als Schnee fallen können. Die Mandelblüte beginnt Ende Januar. In diese Zeit fallen oft ausgesprochen warme Tage, die die Mallorquiner den »kleinen Sommer« nennen. Von Mai bis Oktober kann man mit sommerlichen, sehr heißen Temperaturen rechnen. Durch den Meereseinfluss bleibt die Sommerhitze selbst im Juli/August erträglich.

Fremdenverkehrsämter

Deutschland – Spanisches Fremdenverkehrsamt
Touristeninformationen und Prospektbestellung: Tel. 0180/300 26 47, Litzenburgerstr. 99, 10707 Berlin, Tel. (0 30) 88 26 55 43, berlin@tourspain.es

Grafenberger Allee 100, 40237 Düsseldorf
Tel. (02 11) 6 80 39 81, duesseldorf@tourspain.es

Myliusstr. 14, 60323 Frankfurt/Main
Tel. (0 69) 72 50 38, frankfurt@tourspain.es

Schubertstr. 10, 80336 München
Tel. (0 89) 5 30 74 60, munich@tourspain.es

Österreich – Spanisches Fremdenverkehrsamt
Walfischgasse 8-14, 1010 Wien 1
Tel. 081 02 42 408, viena@tourspain.es

Schweiz – Spanisches Fremdenverkehrsamt
Seefeldstr. 19, 8008 Zürich
Tel. 008 00 10 10 50 50, zurich@tourspain.es

Mallorca im Internet

www.illesbalears.es, www.visitbalears.com.
Offizielle Seite vom Institut für Balearen-Tourismus IBATUR. Umfassend mit Infos zu allen Themenbereichen.

www.palmademallorca.es. Seite der Inselhauptstadt mit Veranstaltungskalender (auf Deutsch)
www.infomallorca.net. Seite des Inselrates mit Informationen für Touristen und Residenten
www.mallorcaonline.com. Portal mit umfangreichem Verzeichnis für Hotel- und Finca-Suche
www.spain.info. Portal des Spanischen Fremdenverkehrsamtes
www.mallorcamagazin.net. Seite der deutschsprachigen Wochenzeitung aus Mallorca mit Nachrichten zum Inselgeschehen

Tipps von A–Z

Anreise mit dem Auto/ der Bahn

Wer mit dem Auto anreist, muss die Autobahngebühren in Frankreich, Spanien und der Schweiz berücksichtigen. Mit dem Autoreisezug kann man bis ins französische Narbonne fahren. Mit Bahn oder PKW steuert man Barcelona oder Valencia an, von wo regelmäßige Fährverbindungen mit Palma bestehen. Die Überfahrt dauert mind. vier Stunden.
Acciona Transmediterranea, Tel. 0034 902 45 46 45, www.trasmediterranea.es;
Iscomar, Tel. 0034 971 43 75 00, www.isocmar.com, buchbar auch über Portale: www.directferries.de

Anreise mit dem Flugzeug

Selbst von kleineren Flughäfen in Deutschland, Österreich und der Schweiz werden Direktflüge nach Mallorca angeboten, etwa von Germanwings, Airberlin, Condor, LTU, Niki und Swiss. Iberia fliegt die Insel im Linienverkehr über Madrid an. Auch Lufthansa bietet nur indirekte Verbindungen mit Stopp in Barcelona oder Madrid.

Oben: Unterwegs im Hinterland – am besten mit Mietwagen oder Fahrrad
Mitte: Die Bahn verbindet Palma mit Sa Pobla und Manacor.
Unten: Die meisten Urlauber reisen mit dem Flugzeug an.

Oben und unten: In den Touristenzentren wie hier in Port d'Alcúdia gibt es das größte Angebot an Freizeitmöglichkeiten. Roller- und Fahrradverleih, Kutschfahrten, Touristenbahnen gehören zu den Standards.

Der Aeroport de Sant Joan (PMI) liegt acht Kilometer südöstlich der Hauptstadt Palma (www.aena.es). Im Bereich der Gepäckbänder haben Mietwagenfirmen ihre Büros, die Fahrzeuge parken im Erdgeschoss des Parkhauses gegenüber dem Hauptgebäude. Mit dem Taxi kostet der Transfer ins Zentrum von Palma de Mallorca ca. 20 €. Günstiger ist die Fahrt mit dem Bus der Linie 1 (Plaça d'Espanya), der beim Ausgang D abfährt.

Autofahren

Mitzuführen sind Ausweis, nationaler Führerschein, Fahrzeugschein und Versicherungsnachweis. Die Höchstgeschwindigkeit beträgt 50, 90 bzw. 120 km/h (Stadt, Landstraße, Autobahn). Wer außerorts wegen einer Panne aus dem Auto steigt, muss eine Signalweste anlegen. Hohe Geldbußen werden fällig bei überhöhter Geschwindigkeit, Falschparken und Telefonieren ohne Freisprechanlage. Gelbe Randstreifen bedeuten Halteverbot, in blau markierten Zonen muss ein Parkschein gelöst werden.

Bus/Bahn/Taxi

Bahn: Auf Mallorca gibt es derzeit zwei Bahnlinien. Der historische Tren de Sóller verbindet seit 1913 die Hauptstadt mit Sóller (mehrmals täglich ab Plaça d'Espanya, www.trendesoller.com). Vom unterirdischen Bahnhof an der Plaça d'Espanya startet eine moderne Bahn in Richtung Sa Pobla mit Stationen in Marratxi, Santa María del Camí, Alaró, Binissalem, Llosetta, Inca, Llubi, Muro, Sineu, Petra und Manacor (Fahrplan/Infos unter: http://tib.caib.es).

Bus: Das wichtigste öffentliche Verkehrsmittel der Insel ist der Bus. Der zentrale Busbahnhof von Palma liegt bei der Plaça d'Espanya in der C/ Eusebi Estada. Von dort starten die Busse der TIB (Transports de les Illes Balears, Tel. 971 17 77 77, www.consorciodetransports.org) sowie privater Unternehmen in alle größeren Orte der Insel. Zwischen Palma-Stadt (ab Plaça Espanya) und Flughafen pendelt die Linie 1 (tägl. 6–1.30 Uhr).

Taxi: Taxis stehen am Flughafen und an Taxiständen bereit. Funktaxis kann man an jede Adresse der Insel rufen. Nachts und sonntags gilt ein höherer Tarif. Taxiruf: 971 75 54 40 (Taxiradio), Palma 971 40 14 14; Alcúdia 971 54 59 75; Andratx 971 23 55 44; Arenal 971 44 02 12; Artà 971 83 62 02; Puerto Pollença 971 86 62 13; Sóller 971 63 84 84.

Einkaufen, Shopping, Souvenirs

Die Hauptstadt Palma bietet beste Einkaufsmöglichkeiten. Spanische Modemacher und Einkaufsketten finden sich hier ebenso wie Filialen der mallorquinischen Schuh- und Lederwarenhersteller Camper, Lottusse, Barrats 1890 oder Munper. Deren Hauptniederlassungen sind jedoch in Inca, wo Outlets mit günstigen Preisen locken.

Typisches Kunsthandwerk sind handgefertigte Töpferwaren etwa aus Marratxi, dort werden auch die Siruells gefertigt. Die kleinen weißen, mit bunten Strichen verzierten Pfeiffiguren sollen böse Winde und Dämonen vertreiben. Traditionelle Ikat-Textilien mit Lenguado-Muster werden noch bei Bujosa (C/ Santa Eugenia 53) in Santa Maria del Camí gefertigt. Für täuschend echt wirkende Kunstperlen ist Majorica in Manacor bekannt. Die Glasbläsereien Gordiola bei Algaida und Lafiore bei Consell fertigen zerbrechliche Kunststücke. Kulinarisch lohnen sich Mandeln, Honig, eingelegte Kapern, Olivenöl, Ensaimada, Feigenbrot, Kräuterlikör (*Hierbas*) und Wein. Das *Flor de Sal d'es Trenc*, ein unraffiniertes und mineralreiches Salz, wird von den Salzseen bei Es Trenc abgeschöpft. Kunstgalerien gibt es in Palma, Pollença und Santanyí.

Elektrizität

220 Volt Wechselstrom

Oben: Palma bietet das beste Shoppingangebot.
Unten: Von Mallorca kommen ausgezeichnete native Olivenöle und Weine.

Oben: Überromantisch – die Bar »Abaco« in Palma
Unten: Salchichon – mallorquinische Hartwurst

Essen und Trinken

Die traditionelle Küche Mallorcas ist reichhaltig und deftig. Typisch sind *frit*, ein Schmortopf aus Gemüse und Innereien wie Leber, Niere und Blutwurst. *Arroz brut* heißt ein Eintopf mit verschiedenen Fleischsorten und Reis. *Tumbet* vereint gebratenes Gemüse mit Tomatensauce. Unverzichtbar ist *pa amb oli*, geröstetes Bauernbrot mit Knoblauch, Tomate und einer Scheibe Serrano-Schinken. Beliebte Spezialitäten sind *botifarró* (Blutwurst) und *sobrasada* (Streichwurst) sowie *ensaimada*, eine in Schmalz gebackene Hefeschnecke.

Feste und Brauchtum

Am Abend des 5. Januar wird der Einzug der **hl. drei Könige** (*els Reis Mags*) gefeiert. Ähnlich wie beim Karneval freuen sich besonders die Kinder auf die geschmückten Prozessionswagen, von denen es Bonbons regnet.

Am 16. Januar werden zu Ehren des **Sant Antoní** in vielen Gemeinden Feuer entzündet, in denen symbolische Figuren des Teufels verbrannt werden.

Sant Sebastià in Palma wir am 20. Januar mit Feuerwerken und Musik gefeiert.

Die **Karwoche Setmana Santa** wird auf Mallorca mit Prozessionen von christlichen Bruderschaften (cofradías) begangen. Dabei werden verehrte Marien- oder Christusfiguren durch die Gassen getragen. Besonders inbrünstig wird in Palma, Alaró, Sineu, Pollença und Artà die **Osterwoche** begangen.

In der **Johannisnacht** im Juni wird in vielen Orten die Revetla de Sant Joan gefeiert. In der *Nit de Sant Joan* werden Feuer entzündet, es gibt Tanz und Musik. Um Mitternacht ist es Brauch, etwas ins Feuer zu werfen, von dem man sich symbolisch trennen möchte. Besonders sehenswert in Palma, Deià, Muro, Felanitx und Son Servera.

Jeweils am 11. Mai in Port de Sóller und am 2. August in Pollença wird die Verteidigung der Christen gegen maurische Piraten nachgespielt. Das Spektakel **Moros i Cristians** ist ein buntes Kostümfest.

Viel Andrang herrscht bei den **Landwirtschaftsmessen (Fira)**, die meist im Spätsommer oder Herbst abgehalten werden. Die größte Herbstmesse, der *dijous bo*, wird jedes Jahr in Inca ab Oktober in drei Etappen gefeiert.

Geld

Bargeld lässt sich an Geldautomaten (mehrsprachige Menüs), in Banken und Wechselstuben abheben (werktags von 9–14 Uhr, Wechselstuben meist bis abends). Mit Kreditkarten kann man problemlos einkaufen. Weniger gebräuchlich ist die EC- bzw. Maestro-Karte. Allgemeine Sperrnummer bei Kartenverlust: Tel. 0049 116 116.

Gesundheit (Ärzte, Notruf)

Notarzt und Krankenwagen: Tel. 112
Es gibt zahlreiche deutsche Ärzte/Ärztehäuser auf Mallorca: Ärztehaus Palma, C/ Unió 9, Tel. 971 22 80 67; Deutsches Fachärztezentrum, Avda. Picasso 57, Palma, Tel. 971 22 06 66; Internationales Fachärztezentrum, C/ Porto Pi 8, Palma, Tel. 971 70 70 55. Man kann sich auch direkt an die Notaufnahme (*urgencia*) eines Krankenhauses wenden. Üblicherweise muss die Behandlung direkt in bar bezahlt werden. Die Rechnung reicht man anschließend bei der Krankenkasse ein. Die Krankenhausbehandlung ist bei Vorlage des Formulars E111 oder der europ. Versicherungskarte EHIC kostenfrei.

Apotheken (*farmàcia*) haben Mo–Sa von 9–13 und 16–20 Uhr geöffnet. Adressen von 24-Stunden-Apotheken und Notdiensten findet man in der Tageszeitung oder den deutschsprachigen Wochenzeitungen (siehe »Medien«).

FEIERTAGE

1. Januar
6. Januar
1. März
Gründonnerstag
Karfreitag
Ostermontag
1. Mai: Tag der Arbeit
15. August: Maria Himmelfahrt
12. Oktober: Jungfrau des Pilar
1. November: Allerheiligen
6. Dezember: Tag der spanischen Verfassung
8. Dezember: Maria Empfängnis
24. Dezember, Heiligabend
25. Dezember, Weihnachtsfeiertag
26. Dezember, St. Stefan

Festes de Sant Sebastià in Palma

Kulinarisches Begriffslexikon

katalanisch	kastilisch	deutsch
albergines farcides	berenjenas rellenas	gefüllte Auberginen
all	ajo	Knoblauch
allioli, aioli	alioli	Knoblauch-mayonnaise
ametles	almendras	Mandeln
ànec	pato	Ente
anxoves	anchoas	Sardellen, Anchovis
arròs	arroz	Reis
bacallà	bacalao	Kabeljau/ Stockfisch
boccata	bocadillo	belegtes Brötchen
bolet	setas	Pilze
bou	vaca	Rindfleisch
boquerons	boquerones	Sardellen
botifarra	butifarra	Blutwurst
bunyols	bunuelos	Krapfen
cabrit	cabrito	Zicklein
calabacins	calabacines	Zucchini
calamars	calamares	Tintenfisch
cargols	caracoles	Schnecken
ceba	cebolla	Zwiebel
ciurons	garbanzos	Kichererbsen
col	col	Kohl
conill	conejo	Kaninchen
costella	chuleta	Kotelett
empanades	empanadas	gefüllte Teigtaschen
ensaladilla	ensaladilla	Kartoffelsalat
escalop	escalope	Schnitzel
escarxofes	alcachofas	Artischocken
espàrrec	espárragos	Spargel
espinacs	espinacas	Spinat

katalanisch	kastilisch	deutsch
faves	habas	weiße Bohnen
fenoi	hinojo	Fenchel
fesol	judias	grüne Bohnen
figa	higo	Feige
formatge	queso	Käse
fruita	fruta	Obst
ostra	ostra	Auster
ou	huevo	Ei
pa	pan	Brot
paella	paella	Reispfanne
palo	palo	Aperitif-Likör
patata	patata	Kartoffel
pebre	pimienta	Pfeffer
peix	pescado	Fisch
perdiu	perdiz	Rebhuhn
pernil serrano	jamón serrano	luftgetrockneter Schinken
pesol	guisantes	Erbsen
pilotes	albóndigas	Hackfleischbällchen
pinya	pina	Ananas
pollastre	pollo	Hähnchen
poma	manzana	Apfel
porc	cerdo	Schwein
porcella	lechona	Spanferkel
rap	rape	Seeteufel
sépia	sepia	Tintenfisch
sopa	sopa	Suppe/ Eintopf
taronja	naranja	Orange

Haustiere
Der Zutritt in Bars, Restaurants und städtischen Verkehrsmitteln ist mit Haustieren nicht gestattet, Blindenhunde ausgenommen. Wer mit Hund oder Katze nach Mallorca reist, sollte sich versichern, dass sie in der gewählten Unterkunft auch zugelassen sind. Im EU-Heimtierausweis müssen die Kennzeichnung des Tieres und eine gültige Tollwutimpfung eingetragen sein. Kampfhunde oder als gefährlich eingestufte Hunderassen müssen Maulkorb tragen und an der Leine geführt werden.

Kinder
Zum Baden für kleine Kinder eignen sich die sehr flach abfallenden Strände in den Buchten von Pollença und Alcúdia. Große Ferienhotels bieten Kinderpools, Spielgruppen u. Ä. Allerdings sollte man bei der Buchung genau schauen, welche Angebote tatsächlich bestehen. In den Touristenzentren finden sich Fahrradverleih sowie Wassersportangebote. Spaßbäder gibt es bei Arenal (Aqualand, Autovía Palma – Arenal, Ausfahrt 13, km 15) und Magaluf (Aqualand, Ctra. Cala Figuera – La Porrasa). Lehrreich ist ein Besuch im Palma Aquarium an der Platja de Palma (Manuela De Los Herreros I Sora, 21).

Medien
Deutsche Presse ist in den Touristenzentren in großer Auswahl vorhanden. Über das Inselgeschehen und die spanische Politik berichten die auf Mallorca ansässigen Wochenzeitungen »Mallorca Magazin« und »Mallorca Zeitung«. Das Inselradio sendet auf FM 95,8 MHz in deutscher Sprache.

Mietwagen
Zur Anmietung braucht man Ausweis, Führerschein, Kreditkarte und oft ein Mindestalter von 21 Jahren. Die Anbieter haben meist einen neuen Fuhrpark.

Oben und Mitte: Mensch und Tier – auf Mallorca ein heiß diskutiertes Thema
Unten: Kinder beim Saftpressen

Oben, Mitte und unten: Mit den atemberaubenden Tramuntana-Bergen und dem Mittelmeer im Hintergrund ist das elegante »St. Regis Mardavall«-Resort ein Luxushotel, das durch seine einzigartige Architektur und seinen berühmten St. Regis Butler-Service beeindruckt.

Da die Konditionen variieren, empfiehlt es sich auf die Vertragspunkte Deckungssumme, Freikilometer, Selbstbeteiligung und Tankregelung zu achten. Der Tagespreis für einen Kleinwagen beginnt in der Nebensaison bei ca. 30 €. Unter Umständen ist es günstiger, noch von zu Hause aus zu buchen. www.billiger-mietwagen.de liegt meistens unter dem Normaltarif. ADAC in Spanien: 935 08 28 28 ADAC-Notrufzentrale Deutschland: 0049 89 22 22 22

Öffnungszeiten

Banken: Mo–Fr 8.30–14.30 Uhr, Sa 9–13 Uhr. Kleinere Geschäfte öffnen Mo–Fr 9.30–13.30 und 17 bis 20 Uhr, Sa 9-13 Uhr, größere auch durchgehend von 10–20 oder bis 22 Uhr. Restaurants: 12 bis 15 Uhr und 19–24 Uhr, sonntags oft geschlossen.

Post

Briefmarken bekommt man in Postämtern (*oficina de correos*) oder Tabakläden (*estancos*). Das Porto für einen Standardbrief oder eine Postkarte innerhalb der EU kostet derzeit 0,65 €.

Telefonieren

Vorwahlen aus Spanien: Deutschland 0049, Österreich 0043, Schweiz 0041. Danach die erste 0 der Orts- oder Mobilfunkvorwahl weglassen. Bei Anrufen nach Spanien wählt man 0034 und dann die komplette Rufnummer. An Telefonzellen kann man entweder mit Münzen oder Telefonkarten telefonieren. Letztere sind in Tabak- oder Telefonläden (*locutorios*) erhältlich. Beim mobilen Telefonieren muss man mit relativ hohen Kosten rechnen.

Trinkgeld

Anders als in Deutschland rundet man normalerweise nicht auf, sondern hinterlässt, wenn der

Kellner das Wechselgeld gebracht hat, etwa 10 % der Summe auf dem Tisch. Beim Taxifahrer rundet man den Betrag auf.

Übernachtung

Hostelzimmer beginnen bei 50 €, individuell gebuchte Hotelzimmer bei 80 €. In der Hauptsaison ist kaum etwas unter 120 € zu bekommen. Für Design und Luxus muss man ab 180 € die Nacht zahlen. Unter Umständen lässt es sich über www.hotel.de, www.hrs.de u. ä. Portale günstiger buchen.

Hostel. Privat geführte Pensionen oft mit Hotelstandarts wie Klimaanlage, TV, WLAN. Die Zimmer sind etwas kleiner als im Hotel.
Hotel. In den großen Touristenzentren finden sich zum Teil riesige Hotelanlagen für Pauschalurlauber. Poolanlagen und Restaurants sind Standard, Fitnessraum, Spa, Kinderbetreuung bleiben den komfortableren Anlagen vorbehalten. Die Strandhotels haben meist drei oder vier Sterne. Die luxuriösesten Häuser gehören zur Kategorie *****GL.
Apartamento. Apartments für Selbstversorger finden sich in großen Strandhotels sowie in rustikalen Fincas auf dem Land.
Agroturismo. Landhotels auf bewirtschafteten Höfen. Oft beschränkt sich der bäuerliche Aspekt auf eine Schafherde oder auf bewirtschaftete Ländereien. Die besten Finca-Hotels haben Restaurants, wo man ebenso gut wie kostspielig dinieren kann. Pool und Garten, häufig Spa und Fitnessraum gehören dazu.
Camping. Mallorca ist für Campingurlauber kaum geeignet. Lediglich beim Kloster Lluc (Tel. 971 51 70 83, info@lluc.net) und während der Sommermonate bei der Jugendherberge auf der Halbinsel La Victoria ist Zelten möglich (Tel. 971 54 55 42, reserves@tjove.caib.es). Caravan- und Wohnmobilurlauber finden weder Stellplätze noch Entsorgungsstationen.

TIPPS

TIPPS IM INTERNET ZUR HOTELBUCHUNG
Seiten zur individuellen Hotelsuche: www.mallorcahotelguide.com (mallorquinischer Hotelverband). Reis de Mallorca, geschmackvolle Stadt- und Landhotels: www.reisdemallorca.com. Seite des Agrotourismus der Balearen: www.topfincas.com. Jugendherbergen: www.inturjoven.com

Oben: Mallorca hat sich zu einem Ziel für Luxusurlaube entwickelt.
Unten: Das Spa des »St. Regis Mardavall« in Palma

REGISTER